祁承㸁藏书及文献学思想研究

张 玮 著

國家圖書館出版社
National Library of China Publishing House

图书在版编目(CIP)数据

祁承㸁藏书及文献学思想研究／张玮著. -- 北京：
国家图书馆出版社，2016.11
ISBN 978 - 7 -5013 -5815 -1

Ⅰ.①祁… Ⅱ.①张… Ⅲ.①祁承㸁(1563～1628)—
文献学—研究 Ⅳ.①G256

中国版本图书馆 CIP 数据核字(2016)第 099187 号

书 名 祁承㸁藏书及文献学思想研究
著 者 张 玮 著
责任编辑 王 雷 王炳乾

出 版 国家图书馆出版社(100034 北京市西城区文津街7号)
(原书目文献出版社 北京图书馆出版社)
发 行 010 - 66114536 66126153 66151313 66175620
66121706(传真) 66126156(门市部)
E-mail nlcpress@ nlc. cn(邮购)
Website www. nlcpress. com ──→投稿中心
经 销 新华书店
印 装 北京玥实印刷有限公司
版 次 2016 年 11 月第 1 版 2016 年 11 月第 1 次印刷

开 本 880 毫米×1230 毫米 1/32
印 张 9.25
字 数 250 千字

书 号 ISBN 978 - 7 -5013 -5815 -1
定 价 48.00 元

前　言

"忆否旷亭朱榻畔,牙签风过一铿然"①,这是叶昌炽为我们勾勒出的澹生堂晒书图。在精致的江南园林里,数十张朱红小榻之上静放着浅青色函装的各种书籍,微风拂过,"牙签如玉,有声铿然"②。如果说"天堂应该是图书馆的模样",那这青红交错间所勾勒出的场景,不仅是祁承𤤱晒书的场景,更是古往今来每一位读书人心中的天堂。

祁承𤤱是明代中后期"有名的藏书家,优秀的目录学家,卓越的图书馆学先驱者"。他的文献学思想上承汉宋,下启有清,对我们今日的文献收藏、整理、利用有很大的启示作用,其思想和行为既展现出明代社会的特性,又折射出时代与历史的作用;既具有明代私人藏书家的共性,又具有自身的个性魅力。

在文献采访方面,祁承𤤱有成熟而独立的思考,形成了系统的理论与方法,这成为澹生堂藏书品质的保证。在采访手段上,祁承𤤱采取了自行采购、合作采购、交换、赠送等多种方法。澹生堂藏书丰富且绝不盲目。与古代藏书家注重版本收藏不同,祁承𤤱的藏书有其自己明确的采访方针,以经世致用为目的,而不是单纯地追求藏书数量的增长。

在文献著录方面,祁承𤤱从文献的性质出发,采用"分析著录"和"互见著录"的方法,使《澹生堂藏书目》不是单纯的藏书登记簿,而是

---

① （清）叶昌炽.藏书纪事诗[M].北京:北京燕山出版社,2008:229.

② （清）全祖望.旷亭记[M]//朱铸禹.全祖望集汇校集注.第2册.上海:上海古籍出版社,2000:1133—1134.

能够体现编者编目思想的目录学著作。万历四十八年(1602年),祁承煠对澹生堂藏书进行了一次全面的整理,为规范藏书整理撰写了《庚申整书略例》四则,提出了在传统编目史上占有重要地位的"因""益""通""互"四字著录原则,有意识地以互见著录、分析著录的方法来揭示文献的内容。

在文献分类方面,祁承煠对四部分类法进行了修正和改良,提出了四部四十六类二百四十四目的分类法,四部之下多有创新,其中在分类学史上具有重大意义的是确定了"丛书"的独立地位。

在文献管理方面,澹生堂藏书十万册,为了管理如此庞大的藏书,祁承煠细致地思考了与馆藏管理有关的各方面内容,他在与子孙规约中明确了藏书的利用、阅览与出借问题,对图书保存、文献整理、古籍修补等问题都提出了自己的观点和主张。此外,祁承煠在藏书楼的设计与建造方面也颇费心思,巧妙设计,防火防潮,兼顾有江南知识分子的园林情怀。

总而言之,祁承煠对于图书,不论在聚书、读书、鉴别、购求上,还是在分类、编目、典藏、借阅上,都有精辟的言论、独到的见解、新颖的方法和可行的规约。他不仅继承发扬我国先哲有关图书馆工作中和目录学上的优良传统,而且通过自己多年的实践,创造了不少可贵的经验。尤为难得的是,他的一切活动,能以经世致用为鹄的;所有的工作,能以理论联系实际为准则,不尚空谈,对今天的图书馆工作尤可借鉴。

祁承煠对文献内在特性的掌握及其对有关图书事业多层次、多方面的考察,从现代图书馆学的观点来看,已初步建立起一套系统的私人图书馆采、编、阅、藏的完整格局,奠定了其在书史上的首创地位;同时,在文献学的大视野下,对目录学、辨伪学、辑佚学等方面提出了自己突破性的观点,并积极应用于文献利用的实践之中。

　　"图书馆"是近代的产物,"图书馆学"是一门近代产生的学科。虽然在我国的古代社会并没有形成完备的、自觉的"图书馆学"思想,但是祁承爜的《澹生堂藏书约》的出现比欧洲第一本图书馆理论的专著法国人诺德所著的《关于图书馆建设的意见》早了 14 年,而且无论在图书采访、分类、馆藏管理、借阅等方面都形成了成熟而系统的理论,并有意识地付诸实践。《澹生堂藏书约》有可能是目前可见的世界上第一部完整而成熟的图书馆学理论著作。

　　可以说,正是因为用现代图书馆学的角度去考察祁承爜的目录学、文献学思想,才更能突显其在藏书史,在图书馆史上的学术地位和价值,才更能体现祁承爜的创新与突破。这也成为我做这个选题的初衷。同时,在研究过程中,我也尽力避免以现代的学术观点去苛责他,而是把他放在历史的学术发展脉络中去进行纵向的、横向的比较。

　　呈现历史的原貌,总结前人的经验固然重要,但以古鉴今,展望未来更为可贵。祁承爜的文献学思想所体现的经世致用的实用主义原则、创新意识以及以人为本的精神内核,更是我们今日同行应该学习和把握的。

　　本书的写作过程得到了很多前辈和同仁的帮助。首先要感谢我的导师陈力教授。我于 2007 年的秋天前往金陵求学,现在仍记得当时鼓楼校园桂花飘散的美景。先生以他渊博的学识、严谨的学风、宽广的学术视野,带领我探索科研的世界;而他谦和的处事风格、坚守的处世原则、温和的为人态度,也是我为人处事的表率。先生于我,在学习、在生活、在工作处处关心,在我浮躁倦怠时给我鞭策,在我迷茫困惑时给我鼓励。在论文写作过程中,无论是论题的选择、大纲的架构,还是最终的定稿,无论是资料的查找,还是标点符号词语的润色等具体工作,都是在老师的悉心指导下完成的,整个过程都倾注了老师大量的心血。还要感谢同门的师弟师妹马学良、曹宁、刘净净,大家如家人般和睦相处,倾吐心中困惑,他们认真研究的态度和对学术的不断追求是我学习的榜样,不断敦促我继续努力下去。

在南京求学的岁月里,南京大学信息管理学院的郑建明教授、孙建军教授、张志强教授、叶继元教授、沈固朝教授、徐雁教授、陈雅教授、吴建华教授、李刚教授、杨海平教授为我授业解惑,帮助我扩展学术视野,点拨、启发思路,他们对我的耐心指导,使我受益良多。

书稿的写作,几易寒暑,终于脱稿付梓,但由于能力有限,书中内容总有很多不尽之处,在此恳请各位专家、学者不吝赐教。

张玮

2016 年仲夏

目　录

第一章 绪论

在中国传统目录学史上,明代极富个性,特色鲜明。受前代目录学、文献学思想的影响,在当时印刷术繁荣、书业昌明的背景下,明代私人藏书家突破前代传统,有许多创新之举,弥补了官方府库藏书目录的疏简。在他们之中,祁承爜是一位杰出的代表,一位朴实无华的佼佼者。

第一节 清代以来对祁承爜藏书及文献学思想的研究

一、清代学者对祁承爜藏书及文献学思想的研究

祁承爜这样一位在文化史上占有重要地位的藏书家、文献学家,在有清一代并没有得到应有的重视和充分的研究,这是时代的原因造成的。祁承爜生活在满族从东北发迹,进而南下的年代。在王朝更迭中,祁承爜的子孙纷纷加入抗清斗争,祁承爜之子祁彪佳在清军攻入杭州时自沉于池,以身殉国;其孙祁理孙、祁班孙加入抗清起义。受此影响,祁承爜苦心经营的澹生堂藏书在其辞世40年后分崩离析;所撰《澹生堂集》①(除《澹生堂藏书约》外)在清代的文化统治中被列为"禁毁书",难以流传。这不得不说是战祸书厄的又一恶果。

---

① 引自:美国国国会图书馆摄制北平图书馆善本缩微胶卷,祁承爜.《澹生堂集》,明万历(1573—1620)刻本。

尽管如此,在清代文集中仍然散落着若干关于澹生堂藏书的文章。全祖望、黄宗羲、赵昱等明末清初的著名学者作为澹生堂藏书散佚的参与者或见证人,在他们的文集中从某一个侧面留下了有关祁承㸁与澹生堂藏书的吉光片羽,极具参考价值。这些记录可以说是最早的一批对祁承㸁进行研究的成果。全祖望在《鲒埼亭集》①中收有《小山堂祁氏遗书记》《小山堂藏书记》《旷亭记》《祁六公子墓碣铭》等几篇关于祁氏藏书的记录。黄宗羲曾在祁彪佳掌理澹生堂时前往借书,更在祁家蒙难后为争夺澹生堂藏书而与吕留良交恶,成为学界各执一词的公案;黄宗羲还在《南雷文案》②和《思旧录》③中留下了纪念祁彪佳和记述澹生堂藏书下落的文字。赵昱的母亲在祁家长大,见证了当年澹生堂前"忆否旷亭朱榭畔,牙签风过一铿然"④的盛时繁华,在"旷亭"情结影响下,赵昱在他的《九方集》《春草园小记》⑤中留下两篇短文,并成为澹生堂藏书逸出后的重要收藏者之一。

上述清初流传的史料,其普遍特点是文字简约,虽具有极为珍贵的史料价值,唯内容多侧重于澹生堂藏书及散佚情况的记录,或者是通过对祁彪佳、祁理孙等祁氏后人抗清事迹的追述从侧面展现澹生堂藏书的价值,仅将祁承㸁定位为藏书家,几乎没有涉及对其文献学、目录学成就的评价。

在传记方面,《明史》中祁彪佳作为以身殉国之士而登列传,其中

---

①　全祖望.鲒埼亭集[M].台北:文海出版社,1988.

②　黄宗羲.南雷文案[M]//四部丛刊(正编).台北:商务印书馆,1979.

③　黄宗羲.思旧录[M]//丛书集成续编:第28册.上海:上海书店出版社,1994.

④　叶昌炽.藏书纪事诗[M].北京:北京燕山出版社,2008.

⑤　赵昱.春草园小记[M]//丛书集成续编:第57册.上海:上海书店出版社,1994.

有一部分介绍祁氏先辈的文字涉及祁承爜。相对较为全面地记录祁承爜生平的,是祁彪佳的好友陈仁锡为祁承爜撰写的《大恭祁父母夷度先生传》及《大恭祁父母夷度先生墓表》,收录在《无梦园遗集》①中。此外,祁理孙、祁班孙的好友朱彝尊、曹溶分别在《明诗综》②《静志居诗话》③和《明人小传》④中有简短的祁承爜传。龚立本《烟艇永怀》⑤中同样留有传记。清末叶昌炽在《藏书纪事诗》中将祁承爜作为藏书家立传,是对祁承爜藏书成果的认同,可惜内容短小且引文偏少⑥。

由此可见,在清代严密的文网控制下,收录祁承爜全部成果的《澹生堂集》难以公开于世人面前。因此,时人很难看到一个完整而全面的祁承爜。而关于祁承爜及澹生堂的描述性文字更侧重于对往昔汉人知识分子气节的缅怀,尚称不上主动地对其学术思想的研究。随着时间的流逝和资料的零星散落,了解祁承爜的文献学思想、澹生堂藏书及散佚情形越来越困难,这种状况一直延续到民国年间。因资料的限制造成了对祁承爜及澹生堂藏书研究的缺乏,进而影响到对祁承爜的评价和学术定位,祁承爜和澹生堂日渐湮没于清人的视野中。

二、近现代学者对祁承爜藏书及文献学思想的研究

随着祁承爜《澹生堂集》和大量澹生堂抄本、藏书的陆续面世,民

---

① 陈仁锡.无梦园遗集[M]//四库禁毁书丛刊:集部,第142册.北京,北京出版社,2000.

② 朱彝尊.明诗综[M].北京:中华书局,2007.

③ 朱彝尊.静志居诗话[M].北京:人民文学出版社,1990.

④ 曹溶.明人小传[M]//明代传记资料丛刊:第一辑,16.北京:北京图书馆出版社(今国家图书馆出版社),2008.

⑤ 龚立本.烟艇永怀[M]//明代传记资料丛刊:第一辑,37.北京:北京图书馆出版社(今国家图书馆出版社),2008.

⑥ 叶昌炽.藏书纪事诗[M].北京:北京燕山出版社,2008.

国学者看到了一个较清人更丰富、更全面的祁承爜,进而开始了对祁承爜的重新研究和评价。20世纪上半叶有关藏书家研究的著作,如杨立诚、金步瀛合编的《中国藏书家考略》①(初版1929年),吴晗的《江浙藏书家史略》②(初发表于1932—1933年)等细数中国古典藏书家的著作中,祁承爜都是不可或缺的一位,其作为藏书家的地位在整体上得到了学界的普遍认可。

同时,祁承爜在目录学方面的贡献也得到了学者们的初步认同。1925年6月2日,梁启超先生在中华图书馆协会成立大会的演讲词中说:"就编目论,表面上看,像是分类问题决定之后,编目是迎刃而解。其他如书名人名的便检目录,只要采用外国通行方法,更没有什么问题。其实不然。分类虽定,到底那部书应归那类,试随举十部书,大概总有四、五部要发生问题。非用极麻烦工夫将逐部内容审查清楚之后,不能归类。而且越审查越觉其所跨之类甚多,任归何类,皆有偏枯不适之处。章实斋对于这问题的救济,提出两个极重要而极繁难的原则:一曰'互见',二曰'裁篇别出'。这两个原则,在章氏以前,惟山阴祁家淡生堂编目曾经用过,此后竟没人再试。我以为中国若要编成一部科学的利便的图书目录,非从这方面下苦工不可。"③姚名达在其《中国目录学史》(写于1935—1937年间)的《分类篇·对于隋志部类之修正与补充》一文中细数祁承爜在目录分类方面的创新之处,给予了高度评价④。另外,叶德辉在《书林清话》(初刻于1919年)一书中

---

① 杨立诚,金步瀛.中国藏书家考略[M].俞运之,校补.上海:上海古籍出版社,1987.

② 吴晗.江浙藏书家史略[M].北京:中华书局,1981.

③ 梁启超.饮冰室合集:第十册[M].北京:中华书局,1989.

④ 姚名达.中国目录学史[M].上海:上海古籍出版社,2005.

有专文评议《明以来之钞本》，称澹生堂抄本为"明以来钞本书最为藏书家所秘宝者"①。

第一个对祁承㸁进行全面研究的是大陆学者钱亚新。他于1962年发表在《图书馆》杂志上的论文《祁承㸁——我国图书馆学的先驱》，对祁承㸁及其思想进行了较为系统的研究，从图书馆学的角度，全面肯定了祁承㸁的重要成就②。19年后，钱亚新先生撰写了专著《浙东三祁藏书和学术研究》，为祁氏三代——祁承㸁、祁彪佳、祁理孙分别立一传，叙述三代藏书更迭承守的情况，并以卓越的图书馆学先驱者、出类拔萃的剧评家和优秀的目录学家分别定义了祁氏祖孙三人，高度评价了他们在图书馆学、文学批评和目录学上的巨大贡献③。全书篇幅短小，文字简约，共88页，其中讲述祁承㸁的文字仅占全书的四分之一，可以说是钱亚新先生对祁承㸁及其子孙研究的纲要。通过他的文字为人们在文献学的研究中发掘出一位被湮没了的杰出藏书家、目录学家，引发了人们对祁承㸁的重新思考。全文考证翔实，颇见功底，然而，钱亚新先生虽然知道祁承㸁著有《澹生堂集》，但通观全文没有引用文集中的资料，想必是由于条件的限制造成的。

就专门研究而言，黄裳先生侧重于对祁彪佳《远山堂曲品》《剧品》的研究，以戏曲专目的研究为基点展现澹生堂藏书的价值④。黄裳研究最大的优势在于了解澹生堂藏书流传情况，他撰写了《淡生堂

① 叶德辉.书林清话[M].北京:中华书局,1957.
② 钱亚新.祁承㸁——我国图书馆学的先驱[J].图书馆,1962.
③ 钱亚新.浙东三祁藏书和学术研究[M].南京:江苏省图书馆学会,1981.
④ 黄裳.远山堂明曲品剧品校录[M].上海:古典文学出版社,1957.

二三事》①《祁承㸁家书跋》②《来燕榭书跋》③《关于祁承㸁——读〈淡生堂文集〉》④等文,详述澹生堂藏书的命运。黄裳先生本人也收藏有珍贵的澹生堂散出文献,他公开了祁承㸁的书信 32 通,是研究祁承㸁藏书、购书、藏书楼建造思想的重要文献⑤,弥补了祁承㸁晚年研究资料的不足。

在对祁承㸁的研究中,资料的占有是非常重要的。除黄裳外,著名藏书家郑振铎也是基于自己对澹生堂抄本的收藏而进行研究的学者之一。据黄裳记载,"郑西谛有明刊藏书读书训约、整书小记,共一册……似万历单刊之本,亦外集之一"⑥。郑振铎在《劫中得书记》中专门记载了澹生堂藏书的历史和价值⑦。

三、20 世纪 80 年代至今对祁承㸁藏书及文献学思想的研究

通过几代学者的不断挖掘,祁承㸁已经成为古典藏书家研究中不可忽视的一位,其学术地位较之清代有了极大的提高。在当代的藏书家研究专著中,大部分都有篇幅介绍祁承㸁及其成就,如傅璇琮、谢灼华的《中国藏书通史》⑧,郑伟章、李万健的《中国著名藏书家传略》⑨等。

---

① 黄裳.淡生堂二三事[J].社会科学战线,1980(4).

②⑤ 黄裳.祁承㸁家书跋[J].中华文史论丛,第三十二辑.

③⑥ 黄裳.来燕榭书跋[J].书城,1997(4).

④ 黄裳.关于祁承㸁[J].读书,1988(3).

⑦ 郑振铎.劫中得书记[M].上海:上海古籍出版社,2006:64.

⑧ 傅璇琮,谢灼华.中国藏书通史[M].宁波:宁波出版社,2001.

⑨ 郑伟章,李万健.中国著名藏书家传略[M].北京:书目文献出版社(今国家图书馆出版社),1986.

在学术期刊方面,据查检《中国期刊全文数据库(CNKI)》《万方数字化期刊》和《维普中文科技期刊数据库》不完全统计,80 年代以来,中国内地关于祁承㸁研究的论文发表了40 余篇。

对祁承㸁进行系统研究的有舒炎祥的《祁承㸁藏书理论简析》①,牛红亮的《祁承㸁的澹生堂藏书及其目录学思想》②,顾志华的《祁承㸁在历史文献整理工作中的贡献》③,李薇的《浙江著名学者祁承㸁述略》④,王燕飞的《祁氏澹生堂藏书小识》⑤等,从藏书鉴别、藏书分类、藏书著录、藏书保护等方面,全面分析了澹生堂藏书情况。

在澹生堂藏书的聚散方面,除了直接阐述澹生堂藏书聚散情况的黄裳、谢国桢⑥等著名学者外,另有王新田的《澹生堂藏书聚散考》⑦,彭杏花的《澹生堂藏书考》⑧等论文。但在研究黄宗羲与吕留良的关系时,澹生堂藏书散佚成为必须面对的问题,围绕这一段公案的研究论文有王俊义的《全祖望〈小生堂祁氏遗书记〉——有涉吕、黄关系史实辨正》⑨、陈居渊的《清初的黄、吕之争与浙东学术》⑩和《学术、学风

---

①　舒炎祥.祁承㸁藏书理论简析[J].绍兴文理学院学报,2004(2).

②　牛红亮.祁承㸁的澹生堂藏书及其目录学思想[J].图书馆建设,2000(4).

③　顾志华.祁承㸁在历史文献整理工作中的贡献[J].华中师范大学学报(哲社版),1988(4).

④　李薇.浙江著名学者祁承㸁述略[J].中国历史文物,1991.

⑤　王燕飞.祁氏澹生堂藏书小识——澹生堂重建四百年祭[J].绍兴文理学院学报,2002(3).

⑥　谢国桢.江浙访书记[M].上海:上海书店出版社,2004.

⑦　王新田.澹生堂藏书聚散考[J].江苏大学学报(高教研究版),1999(3).

⑧　彭杏花.澹生堂藏书考[J].图书馆界,2009(1).

⑨　王俊义.全祖望《小生堂祁氏遗书记》[J].社会科学战线,2006(3).注:全祖望所撰之文题名应为"小山堂祁氏遗书记"。

⑩　陈居渊.清初的黄、吕之争与浙东学术[J].宁波党校学报,2004(6).

与黄宗羲吕留良关系之新解》①、徐雁的《"难得几世好书人"——关于吕留良手札残卷的考定》②、赵永刚的《黄宗羲、吕留良交恶与澹生堂藏书之关系》③等,从中可见澹生堂藏书逸散之一斑。此外,张能耿、单家琇所撰写的《祁承爜和藏书楼澹生堂》④着重以类似于口述史的方式记录了澹生堂藏书在 20 世纪 50 年代的最后散出情况,十分难得。

在藏书建设方面,陈少川的《祁承爜藏书建设思想浅析》⑤、黄权才的《祁承爜藏书建设理论之三说》⑥和唐开的《"购书三术"与"鉴书五法"对图书馆采访人员的启示》⑦等论文主要围绕祁承爜关于文献采访的"三说""八法"及三原则等理论条文展开。另外,在杨祖逵的《略论明末私家藏书思想的进步》等文章中,也分析了祁承爜的藏书思想⑧。

在目录学研究方面,有秦佩珩的《祁承爜及其〈澹生堂藏书

———————————

① 陈居渊.学术、学风与黄宗羲吕留良关系之新解[J].史学史研究,2006(2).

② 徐雁."难得几世好书人"——关于吕留良手札残卷的考定[J].吴中学刊,1995(3).

③ 赵永刚.黄宗羲、吕留良交恶与澹生堂藏书之关系[J].贵州大学学报,2015(2).

④ 张能耿,单家琇.祁承爜和藏书楼澹生堂[J].书城,1996(2).

⑤ 陈少川.祁承爜藏书建设思想浅析[J].山东图书馆季刊,1988(1).

⑥ 黄权才.祁承爜藏书建设理论之三说[J].图书馆学刊,1987(3).

⑦ 唐开."购书三术"与"鉴书五法"对图书馆采访人员的启示[J].图书馆工作与研究,2012(4).

⑧ 杨祖逵.略论明末私家藏书思想的进步[J].图书馆理论与实践,2006(4).

谱〉》①、吴金敦的《祁承㸁目录学思想探析》②等。况能富在《中国十五至十八世纪图书馆学思想论要》一文中,将祁承㸁作为"图书馆整理说"的代表进行讨论,并简略分析了《澹生堂藏书约》及《庚申整书小记》《例略》的内容③。对祁承㸁的分类思想进行研究的有卢贤中的《略评祁承㸁的藏书与分类理论》④、刘东民的《祁承㸁图书分类理论浅析》⑤和陈少川、刘东民合著的《祁承㸁图书分类理论浅探》⑥等,其基本论述侧重于祁承㸁的图书分类理论和实践,以及祁承㸁对我国古代图书分类理论的贡献。除了整体论述祁承㸁分类思想外,还有一些论文对祁承㸁分类体系中的具体类目进行专论。其中研究最多的就是祁承㸁分类法对"丛书"地位的确定和提升,以及对后世分类法的影响,在研究丛书在目录学中的地位的文章中,几乎都有专门的章节分析祁承㸁的思想。此外,还有涉及史部分类的文章,如杨艳秋的《明代目录著作中的史部分类》⑦等,以及涉及戏曲、小说、文学批评等特色类目的研究论文。

　　著录方面,研究热点多选题于祁承㸁所提出的"因""益""通""互"四则与章学诚的"互著""别裁"理论之间的关系,以及这种类似分析著录与参照著录的方法在传统目录学发展过程中所处的地位。

　　① 秦佩珩.祁承㸁及其《澹生堂藏书谱》[J].河南图书馆学刊,1985(2).
　　② 吴金敦.祁承㸁目录学思想探析[J].四川图书馆学报,2008(6).
　　③ 况能富.中国十五至十八世纪图书馆学思想论要[J].武汉大学学报,1984(4).
　　④ 卢贤中.略评祁承㸁的藏书与分类理论[J].大学图书情报学刊,1995(4).
　　⑤ 刘东民.祁承㸁图书分类理论浅析[J].图书与情报,2003(2).
　　⑥ 陈少川,刘东民.祁承㸁图书分类理论浅探[J].河北图苑,1991(4).
　　⑦ 杨艳秋.明代目录著作中的史部分类[J].中国典籍与文化,2006(1).

相关的文章有罗友松、朱浩的《互著与别裁的理论探讨始于谁》①,王国强的《中国古代书目著录中的互著法和别裁法》②等。

西北研究方面,学者没有忽略祁承爍的重要贡献,以及祁承爍所撰写的专著《宋西事案》的史料价值,相关文章有胡玉冰的《明朝汉文西夏史籍述略》③和《〈宋西事案〉考略》④等。

此外,还有王延荣、朱元桂的《澹生堂主人祁承爍"爍"字音义考辨》⑤、许经纬的《藏书世家山阴祁氏家风家学及其传承》⑥等其他相关内容。在其他古典文献的考订过程中,澹生堂藏书目和澹生堂抄本也展现了很强的学术价值,这里就不一一赘述了。

纵观近30年来的研究论文,可以看出,当代学者对祁承爍的研究在广度上已经涉及与祁承爍相关的方方面面,主题多样,但相对集中于对祁承爍目录学思想和澹生堂藏书散佚情况的论述。内地学者一直保持着对祁承爍的研究兴趣,发文量虽与热点问题相去甚远,但从未间断过,年平均发表论文有一至两篇。这些研究成果的贡献在于梳理了祁承爍研究的文献资料和线索,奠定了祁承爍研究的基础;同时,引发了后人对祁承爍文献学理论的思考和进一步研究的兴趣。

同时,前人的研究也有一些普遍的不足和遗憾。其一,最显著的

① 罗友松,朱浩.互著与别裁的理论探讨始于谁[J].图书馆杂志,1982(1).
② 王国强.中国古代书目著录中的互著法和别裁法[J].郑州大学学报,2002(7).
③ 胡玉冰.明朝汉文西夏史籍述略[J].宁夏社会科学,2001(11).
④ 胡玉冰.《宋西事案》考略[J].民族研究,2005(2).
⑤ 王延荣,朱元桂.澹生堂主人祁承爍"爍"字音义考辨[J].绍兴文理学院学报,2008(9).
⑥ 许经纬.藏书世家山阴祁氏家风家学及其传承[J].图书馆杂志,2014(8).

问题是史料引用不全面,主要研究依据为《澹生堂藏书约》①《庚申整书小记》《庚申整书例略》②等,基本没有将史料范围扩大到《澹生堂集》等主要的一手资料。其二,研究以介绍性叙述为主,论题无论从深度还是广度上来看,都还有很大的论述空间可以进一步发掘和阐发。其三,论述相对零散,缺乏从历史的和社会的角度来系统考察祁承㸁。

四、港台及海外学者对祁承㸁藏书及文献学思想的研究

在台湾地区,祁承㸁的学术地位同样得到了学术界的重视。几乎与钱亚新先生同一时间,任职于台湾"故宫博物院"的昌彼得先生撰写了《祁承㸁及其在目录学上的贡献》一文,全面分析了祁承㸁,认为其"在图书目录学上的识见,比之宋代的郑樵、清代的章学诚毫无逊色,他对图书爱好之深,采访之勤,编目部次之精,都值得现代从事图书馆事业的人员来效法"③。昌彼得先生还在《互著与别裁》《章实斋的目录学》《中国目录学的源流》《中国目录学的特色》等论文中对祁承㸁的著录方法进行了详细的分析。

受昌彼得的影响,潘美月的学生严倚帆撰写了硕士论文《祁承㸁及澹生堂藏书研究》,并于1991年、2006年两次付梓出版,通过《澹生堂集》《澹生堂藏书目》及祁承㸁传记等清代以来论及祁承㸁的各种文献,来研究祁承㸁的生平和藏书情形,从分类编目、鉴别采访、图书管理等方面全面论述祁承㸁的卓越创见,是难得的藏书家案例研究

---

① 祁承㸁. 澹生堂藏书约[M].上海:上海古籍出版社,2005.

② 李希泌,张椒华.中国古代藏书与近代图书馆史料[M].北京:中华书局,1982.

③ 昌彼得.祁承㸁及其在目录学上的贡献[M]//版本目录学论丛:第二辑.台北:学海出版社,1977.

之作①。

在香港地区,1981 年,香港大学学生 Ho, Ying-kuen(何应权)完成硕士学位论文 *A study of Chi Cheng-han and his bibliographical research*(祁承爜及其《澹生堂藏书目》)。是目前可见的香港地区的相关研究成果。

可以说,在 1980 年前后,中国内地及港澳台地区同时兴起了对祁承爜的研究兴趣,从而达到了一个高潮。

在汉学研究发达的日本,日籍学者寺田隆信对澹生堂进行了多年研究。1987 年,寺田隆信发表论文《关于绍兴祁氏澹生堂》(《绍兴祁氏の「澹生堂」について》),认为明代澹生堂祁氏藏书,是与天一阁范氏、世学楼纽氏并称的浙江三大藏书②。近年,寺田隆信又发表专著《明代乡绅研究》(《明代郷紳の研究》)③,对祁承爜及其子祁彪佳为代表的乡绅生活有专门的论述。

总而言之,全面考察历代学者对祁承爜文献学思想的研究状况,可以描绘出这样的研究轨迹——清代对祁承爜研究尚谈不上具体的研究,更属于当时好友或晚辈对其事迹的追忆,文献重点在于对澹生堂藏书的评价以及散佚情况的叙述;近代随着文禁的解除,一手资料逐渐涌现,学者开始意识到祁承爜在中国文献学史上的地位,但论文篇幅还很短小,多侧重于藏书思想和目录学思想的研究;20 世纪 50 年代至 80 年代,随着《澹生堂集》的问世,学者开始对祁承爜进行较为系统的、整体的研究;进入 80 年代以后,对祁承爜研究更为深入,学者开始从各个

---

① 严倚帆. 祁承爜及澹生堂藏书研究[M]. 台北:花木兰文化工作坊,2006.

② 寺田隆信. 绍兴祁氏の「澹生堂」について[C]//东方学会创立四十周年纪念东方学论文集. 东京:东方学会,1987.

③ 寺田隆信. 明代乡绅的研究[M]. 京都:京都大学学术出版会,2009.

角度全面解读祁承㸁的功绩,希冀对当代图书馆工作有所借鉴。

第二节 选题缘由及意义

一、选题缘由

之所以选择以祁承㸁为研究对象,一方面是由于祁承㸁的思想和作为既能展现出明代社会的特性,又能折射出时代与历史的作用;另一方面是由于祁承㸁的思想既具有明代私家藏书家的共性,又具有自身的个性魅力。

作为私人藏书史上一位重要的藏书家、文献学家,祁承㸁在众多方面有理论突破和实践创新。祁承㸁手撰的《澹生堂藏书约》是我国"第一部全面系统的记录了藏书家关于读书、聚书、藏书体会和经验的专著"①,在《聚书训》《读书训》和《藏书训略》三部分中,对图书采访、文献分类、馆藏管理、前人读书事例等做了系统而深入的论述,是古典文化史中难得一见的图书馆学的系统论著。

以历史的观点来审读图书馆学史的发展脉络,可以发现祁承㸁占有重要的地位。在祁承㸁之前,只有郑樵的《通志·艺文略》论有"求书之道有八",祁承㸁之后才有曹溶《流通古书约》、丁雄飞《古欢社约》、孙庆增《藏书纪要》等论及图书整理、流通方面的著作。在西方,第一本图书馆组织与管理的书籍是 1627 年出版的,比祁承㸁晚了 14年。可见,不论在中国还是世界范围内,祁承㸁都不愧为图书馆学的先驱。

---

① 徐雁."难得几世好书人"——关于吕留良手札残卷的考定[J].吴中学刊,1995(3).

1. 澹生堂藏书之特色

祁承爜作为明后期一名著名的藏书家,对藏书的热情到了无以复加的地步,不仅倾尽所有,更是从职业的角度将藏书作为一种毕生的事业来追求。经过祁承爜的不懈努力,澹生堂藏书不仅数量庞大,而且形成了自己的风格和特色。

其一,澹生堂馆藏以文集,尤其是明人文集为最,其次是方志和明代史料。

其二,类书和丛书的收藏丰富,是其他明代藏书家无法比拟的。

其三,版本方面,不着重强调藏书的版本,而是以实用为藏书目的。

其四,澹生堂抄本制作精良,精心选择底本,并保存了底本原有的版式。

其五,收录了多种西学著作,包括《海外舆图全说》《职方外纪》《西方超言》《几何原本》《测量法义》《西洋火攻图说》等十余种多类型的耶稣会在华流传的著作①。

其六,戏曲类特色"馆藏"不仅数量多,而且在《澹生堂藏书目》列有"戏剧""今乐府"等专目。

2. 祁承爜文献学思想之特色

与其他藏书家相比,祁承爜有很多难能可贵的特质,在很多方面都有创新。这正是其研究的价值所在。

在藏书理念方面,其藏书思想体现了从郑樵的"会通"观到胡应麟的"综核"观一脉相承的文献收藏理念。

---

① 钟鸣旦,杜鼎克.简论明末清初耶稣会著作在中国的流传[J].尚扬,译.史林,1999(2).

在采访理论方面,较郑樵的"求书八法"更为全面、系统,更具有针对性。

在编目理论方面,因、益、通、互四法较章学诚的互著与别裁之法更早。

在分类法方面,祁承㸁分类法中"丛书"地位的确定和提升对后世产生影响。"统观有明一代中,对于隋志之修正,分类之研究,比较肯用心思,有所发明者,允推祁承㸁为冠军","尤以'丛书'之独立,于分类学之功勋最巨"①。

在藏书管理方面,《澹生堂藏书约》系统论述藏书管理、借阅规则,十分罕见。较之曹溶的《古书流通约》、丁雄飞的《古欢社约》为早,钱亚新先生即认为曹溶、丁雄飞二人的书约均受《澹生堂藏书约》的影响。

在其他学术方法方面,祁承㸁所提之辑佚法也颇有新意。辑佚法在明代并不昌明,但在清代却引起了学者的广泛重视和参与,其中是否有关联及启发的作用都很值得研究。

二、选题意义

首先,祁承㸁的理论思想全面,用现代图书馆学的观点来看,祁承㸁之说涉及采、编、阅、藏的方方面面,以及馆舍建设等配套方面。

其次,祁承㸁在继承前代思想的基础上,有许多开创性的观点,这种突破及其对后世学说的影响,都很值得探讨。

再次,祁承㸁注重实践,所提出的诸多理论观点都有相应的实践记录。祁承㸁重"藏"更重"用",文献入藏不是为了盲目彰显自己的

---

① 姚名达.中国目录学史[M].上海:上海古籍出版社,2005.

丰富藏书,而是根据经世致用的指导思想,充分发掘藏书的价值。

最后,祁承爜的图书馆学思想具有一定的现实意义,对当代的图书馆学研究仍有很强的指导借鉴作用,400年后,其思想仍有强大的生命力。

通过对祁承爜的研究沟通历史与现实,有助于更好地理解传统目录学,也有助于更好地理解当下的图书馆学。通过对祁承爜个人思想、意志和情趣的思考,使从故纸堆而来的目录学、文献学的研究摆脱了呆板的外貌,更彰显了人文主义的思考。

第三节　主要研究方法和路径

本研究借鉴多学科的研究方法,除古典文献学研究中主要采用的历史方法和逻辑方法外,还将采用比较、统计、考证、文献分析等方法,使论证更趋严谨全面。

(1)个案研究

在当前的学术研究中,案例研究法广泛应用于各个学科,本文的研究也是如此。目前在图书馆学研究方面,以研究祁承爜的论文为例,相同主题的论文往往采用的论述模式大同小异,忽略了对藏书家个性特征的研究。明代是一个极富个性的时代,明代目录学也具有个性风格。祁承爜是传统文化浸染下的一位文献学家,既具有典型性,又具有独特性,很值得作为个案进行更深入的研究。

(2)文献研究

本研究立足于对文献,特别是祁氏一手文献的梳理和挖掘,复原祁承爜的研究轨迹和实践作为,剖析思想内涵。

（3）比较研究法

对祁承㸁所提出的理论进行比较,既需要与同时代藏书家、目录学家、文献学家进行横向比较,又需要与前代和后代学者进行纵向比较,不仅分析祁承㸁与藏书大家、文献学家之间的同质性,更要分析祁承㸁与前代学者、当世学者和后世学者的异质性,从而挖掘其思想的创新之处和实际价值。

（4）统计分析法

遵循社会学的研究方法,对《澹生堂藏书目》进行统计和数据分析。

（5）历史学研究方法

郑樵所提出的目录学研究之“会通”观一直是祁承㸁所高度赞赏的研究视角。本书亦当以史为鉴,借鉴前辈的治学思想,以融会贯通的历史观点,将祁承㸁的学说放入整个历史的框架中进行分析,并从与前代的继承、同代的比较以及对后代的影响等不同角度考察其学术地位和文化价值。

第四节　本书研究的基础与存在困难

一、研究基础

坚实的史料是论文的基础。本书写作的基本条件——一手史料的搜集已经具备。明末清初之际祁承㸁的好友或后辈,作为澹生堂的见证人,所撰写的文章都具有很高的史料价值。而最具价值的当属祁承㸁本人所撰写的《澹生堂集》,文集收录了祁承㸁所撰写的诗文、日记、序跋、奏疏、祝文、铭记、尺牍、吏牍等。前六卷是诗,分为三言、四言、六言、五言、七言、八言，五言、七言又分古诗、绝句、律诗和排律，共计968首。后十五卷是文，依次为序、跋、引、题、书事后、奏疏、议、策问、记、读书志、传、墓志、墓表、行实、诔、讚、祝文、杂著、尺牍、吏牍。其中，卷十二、十三是研究祁承㸁藏书及文献学思想重要的一手资料，包括《数马岁记》《出白门历》《江行历》《戊午历》《巳未历》等，日记中记载了他的所见所闻、日常生活，有大量的关于访书、藏书、交换图书的过程和心得。卷十四《读书志》中包括《藏书训约》《藏书训略》《庚申整书小记》《整书例略四则》《读书杂记》等研究祁承㸁藏书思想的重要文献。《澹生堂集》原有陈继儒、范允临二序，范序做于崇祯六年（1633），由此可推断文集刻成时间应在崇祯中叶。其后有10篇旧序，均为祁承㸁著作单行刻本而做，作者有梅鼎祚（1549—1615）、姚希孟（1579—1636）、杨嗣昌（1588—1641）等晚明文人。这些单刻本均已亡佚，仅能从旧序中窥见一斑。由于《澹生堂集》位列清代禁毁书名录，因此，除卷十四中的几篇被单独刊刻为《澹生堂藏书约》出版流传外，其余绝大部分文字都没能流传于世。直到20世纪初，被祁氏后人小心保管的崇祯年间刊刻的《澹生堂集》问世。现在这一海内仅存的孤本存于台湾，中国国家图书馆另存有其一至六卷①。所幸美国"国会图书馆摄制北平图书馆善本书胶片"中复制了《澹生堂集》的全部内容，成为本次研究的最重要依据。

对于祁承㸁的研究，《澹生堂藏书目》自然是必不可少的文献。祁承㸁亲自编撰的《祁尔光先生全稿选》《澹生堂外集·宋贤杂佩》《皇明理学名臣言行录》《宋西事案》，以及对研究明代官制很有价值的《明南京车驾司职掌》《牧津》等文献也都是研究祁承㸁学术思想的重

---

① 《澹生堂集》卷一至六收录祁承㸁所作诗集。

要原始文献。

除了前文所提的名家序跋之外,祁氏后人的文集中也留下了研究祁承爜的重要文献,非常有价值。其子祁彪佳所撰的《祁彪佳集》《祁彪佳文稿》《祁忠敏公日记》等文献所收录的日记、尺牍、目录中留下了很多记述祁承爜行状、思想的文字。其孙祁理孙所留传的书目《奕庆藏书楼书目》中也可看到祁承爜思想对其的影响。祁氏后人祁昌征撰写的《山阴祁氏世系表》等重要的家谱资料,以及其他方志、笔记等文献也成为本书必不可少的研究资料。

二、研究难点

原始资料是本书写作立论的基础。如何更全面、更系统地搜集整理这些资料是本书撰写过程中最大的难点。一方面,祁承爜著述及澹生堂藏书散佚于全国,甚至全球各地,祁承爜流传至今的著述基本都难以看到原件,只有影印本或缩微制品弥补所憾;而澹生堂抄本和藏书则需要更多地寻访,除北京的国家图书馆外,主要藏于南京图书馆、上海图书馆、台湾汉学研究中心和台北"故宫博物院"等。另一方面,明末清初之人对祁承爜及澹生堂的著述篇幅短小,往往没有独立成书,且散编在各种文集之中,查找起来有相当大的难度。现在的方法是以《澹生堂集》中所涉及的人名为索引,逐一查找该著者流传的文集,颇费时间。

第五节　本书的创新之处

长期以来,和群星闪耀的汉、唐、宋、清目录学研究相比,明代的目录学就显得黯淡了许多。基于此,本书拟通过对祁承爜及其藏书的收集、编纂、管理这一个案的剖析,力图在充分而确凿的史料印证下,通过甄别和考证等方法展开严谨的论证,还原和揭示明代目录学的成果和贡献,并发掘和展现一个鲜活的人物、一个灵动的时代。

就个人而言,从文献综述中可以看出,随着史料的不断披露,抽丝剥茧间,祁承煠的学术定位经历了从藏书家,到目录学家,再到文献学家的蜕变。然而,前代学者对祁承煠的研究更多的是就事论事,缺乏严谨地从图书馆学、文献学的方面研究、考证祁承煠的思想观点,因为往往忽视了在明代这样一个变革的时代,这样一个思想活跃的时代,祁承煠身上所具有的这个时代士大夫阶层的典型特性和知识分子阶层的典型思维。可以说,祁承煠的思想外围远远超出了文献学的界定,而投射到明代政治、文化、社会等诸多方面。因此,只有把祁承煠放在时代的大背景下,把祁承煠的文献学思想放在一个历史的动态中,以文化的广域视角来审视祁承煠和他的思想,才能得出正确的结论。

就时代而言,祁承煠的思想不是凭空产生的。从纵向来看,他受前代学者的影响;从横向来看,他受时代的影响。除研究方法和研究史料的突破之外,本书最大的特点在于从文献学入手,以小见大,揭示明代社会所蕴含的思想学术特性,特别是在知识分子交游结社的过程中所展现的公共空间开放、市民社会产生,以及西学的冲击等方面对传统文化所产生的影响。

在论文设计上,本文冀图突破传统目录学史、文献学史研究中简单评述的模式,通过一位藏书家、一部藏书目、一座藏书楼,而深入到文献自身,深入到文献外在形式与具体内容相结合的评价、考证等研究。从目录学入手,并在此基础上展开对明代文献学、思想史、学术史的考察,揭示明代社会、政治和文化的特质,沟通历史与现实,使得对澹生堂藏书的人文主义思考具有了极大的现实意义。

第二章　澹生堂藏书的社会背景

有明一代，藏书文化昌明。无论是公家府库藏书、藩府藏书，还是民间的私人藏书都较为发达。官府藏书方面，内府藏书在宋、辽、金、元诸代国家藏书的基础上，广事搜求，成一时之盛，文渊阁、皇史宬藏书丰富，并专门设立了秘书监等机构来管理藏书；上行下效，内府藏书之外，其他各部院、国子监及各府、州、县学都有数量可观的藏书。

私人藏书方面，由于明代特殊的政治环境，分为藩府藏书和民间私人藏书两类。明代藩府藏书令人称羡，不仅数量大，而且品质高，这一方面是来源于朝廷向藩府颁赐的宋元旧本，另一方面也在于藩王自身经济实力雄厚，可以大范围访求藏书。

同时，民间私人藏书的数量也达到了高峰。据叶昌炽《藏书纪事诗》统计，自五代至清，藏书家共 1175 人，其中五代 15 人，两宋 184 人，辽金 5 人，元代 35 人，而明代则跃升为 427 人。今人范凤书也对各代藏书家进行过统计，他认为："确有藏书事实的藏书家四千七百五十一人，若按时代分：计北宋以前二百四十四人，两宋七百零一人，元代一百七十六人，明代八百六十九人，清代九百七十人。"①虽然两者由于统计标准的不同而得出不同的结论，但所揭示的事实是一致的，传统民间私人藏书发展到明代确实出现了数量大幅增长的繁荣局面。

---

① 范凤书.中国古代私家藏书概述[J].书与人,1997(4).

从历史的发展脉络来看,明代出现私人藏书的繁荣景象并不是偶然的,而是整个明代社会时代发展的结果,是各种因素叠加的产物。吴晗曾言:

> 藏书之家,插架亦因之愈富,学者苟能探源溯流,钩微掘隐,勒藏书故实为一书,则千数百年文化之消长,学术之升沉,社会生活之变迁,地方经济之盈亏,固不难一一如示诸掌也。①

可见,藏书活动的深层价值在于反映社会经济、文化、学术及民众日常生活的方方面面。而祁承爍澹生堂的藏书活动真实地反映出明代中后期藏书风气、社会风尚的转变与思想文化的发展。

第一节　明代中后期图书的刻印与出版

明代是社会经济,特别是手工业飞速发展的时期。得时代之势,其书籍刻印、出版业尤为繁荣,刊刻了大量图书,为文化传播、文献流通做出了巨大的贡献,由此形成了我国出版史上最活跃的时期。祁承爍所处的时代正是印刷术成熟的时代,图书出版蔚然成风,刊刻图书成为标榜尚文之举;其所处的地区也是刻书繁盛之地。胡应麟总结明代刻书的现状是:

> 凡刻之地有三:吴也、越也、闽也。蜀本宋最称善,近世甚希。燕、粤、秦、楚今皆有刻,类自可观,而不若三方之盛。

---

① 吴晗.江浙藏书家史略[M].北京:中华书局,1981.

其精,吴为最;其多,闽为最,越皆次之。其直重,吴为最;其直轻,闽为最,越皆次之。①

明代刻书,无论官私,都很兴盛。以官刻而论,到嘉靖、万历年间,刻书重心下移,私人刻书和书坊刻书尤为活跃。谢肇淛云:

> 宋时刻本以杭州为上,蜀本次之,福建最下。今杭刻不足称矣,金陵、新安(即歙县)、吴兴(即湖州)三地剞劂之精者,不下宋版。②

在这样的条件下,明代"二百年间,颇多缥缃之贮,对于空疏之习,多所纠正。而自嘉靖以降,海宇平定,私家藏书,极称一时风尚"③。

明人陆容《菽园杂记》也有记载:

> 国初书版为国子监有之,外郡县疑未有。观宋潜善《送东阳马生序》可知矣。宣德、正统间,书籍印版尚未广。今所在书版日增月益,天下古文之象,愈隆于前矣!④

陆容为明成化间进士,由此可见,明初图书出版刊刻以官方为主,经过宣德至正德年间的发展,至嘉靖、万历年间图书刊刻在民间广泛开展进入隆盛时期。

此外,民间刻书也有实力出现大规模的出版刻印活动,如毛晋汲古阁一次刻书就可以聚集工匠20人,20年间汲古阁刻印销售的图书达六百多种,一时间形成了"毛氏之书走天下"的态势。

明代刻书业的繁荣得益于诸多方面。

---

① 胡应麟.经籍会通[M].北京:北京燕山出版社,1999.
② 谢肇淛.五杂俎:卷十三[M].上海:上海书店,2001.
③ 袁同礼.明代私家藏书概略[J].图书馆学季刊,1927,2(1).
④ 陆容.菽园杂记:卷十[M].北京:中华书局,1985.

其一,政治上,得益于政策的优惠保证。早在洪武元年(1368)八月,朱元璋进行商税改革,"诏除书籍税"①,还免除了笔墨等与图书出版成本有关的用品的税额。这一诏令贯彻于有明一代,从制度上刺激了刻书业的蓬勃发展。洪武二十三年(1390)冬,又"命礼部遣使购天下遗书善本,命书坊刊行"②。官方的政策极大地刺激了民间图书刊刻业的发展,也是从国家角度对民间刻书活动的认同。

其二,经济上,明代社会土地兼并严重,大量破产农民涌入城镇,为城镇手工业的发展带来了大量廉价劳动力;洪武十九年(1386)政府改革工匠服役制度后,工匠在服役之外有时间自行从事生产、销售活动,可以靠出卖自己的技术谋生。低廉的工价降低了图书出版的成本。据记载,万历四十四年(1616)所刻的《弘明集》,总计12190字,所付给刻字工人的银钱不过六两三钱二分七厘③,也就是说每刻百字的工钱不过五分二厘。另据叶德辉《书林清话》中转引徐康的《前尘梦影录》所云:汲古阁刻字工价更廉,为"三文银刻一百字"。叶德辉在《明时刻书工价之廉》一条中记载:

前明书皆可私刻,刻工极廉。闻前辈何东海云:刻一部古注十三经,费仅百余金,故刻稿者纷纷矣。尝闻王遵严唐荆川两先生相谓曰:数十年读书人,能中一榜,必有一部刻稿,屠沽小儿,身衣饱暖,殁时必有一篇墓志铭,此等版籍,幸不久即灭,假使尽存,则虽以大地为架子,亦贮不下矣。④

明代经济发展中,值得特别注意的是手工业生产水平的空前提

①② 龙文彬.明会要:卷二十六[M].北京:中华书局,1956.
③ 李盛铎.木樨轩藏书题记及书录[M].北京:北京大学出版社,1985.
④ 叶德辉.书林清话[M].北京:中华书局,1957.

高,对书籍这种文化商品的生产起了极大的推动作用。书籍已成为一种商品,进入市场和千家万户,甚至远销海外。

其三,社会文化方面,由于社会稳定,升平日久,无论是上层士大夫,还是普通民众都喜好图书,以昭风雅,使得刻书经济拥有广大的受众群体,市场广阔。一方面,士大夫阶层普遍喜好藏书,在这样的社会风气影响下,一时之间,图书成为馈赠佳品,成为一种时尚,"今宦涂率以书为贽,惟上之人好焉"①,由此形成了明代风靡一时的"书帕本"。另一方面,市民阶层不断壮大,对小说、戏曲等文化产品的消费逐渐增多,《三国演义》《韵府群玉》《金瓶梅》、"三言二拍"等符合大众口味的社会小说,以及日用类书、经商用书得到追捧,这些都促进了明代文化市场的逐渐繁荣。

其四,市场的空前繁荣,带来了私人刻书业的激烈竞争,从而促进了刻书技术的改革,装帧形式、著述体裁上多有创新。在印刷技术方面,到明代活字印刷术被广泛应用,蔚然成风,江苏无锡华珵、华燧、华坚、安国等开始用铜活字印制《渭南文集》《宋诸臣奏议》等书,距无锡不远的常州、苏州、南京亦有铜活字本问世。据明人陆深在《金台纪闻》中说,常州还出现了铅活字印书,可惜未见其传本。除活字印刷术的变革之外,明代在印刷方面还有很多技术上的突破著称于世,如湖州闵、凌两家的彩色套印,安徽胡正言所发明的饾版拱花技术等,据当时人记载,胡正言采用饾版拱花技术所刻的《十竹斋画谱》《笺谱》受到大众欢迎,畅销于大江南北,引得当时人纷纷抢购,甚至于擅长此技术的工匠汪楷都成为"巨富"。

在造纸术方面,明代造纸生产远胜前代,为图书的大量印刷创造

---

① 　胡应麟.经籍会通[M].北京:北京燕山出版社,1999.

了物质条件。从宋应星的《天工开物》记载来看,其时福建、江西、浙江、河南、四川等地造纸业相当发达。万历年间,江西铅山石塘一地,"纸厂槽户不下三十余槽,各槽帮丁不下一二千人"。由此可见规模之大。随着技术的发展,纸张种类不断丰富,皮纸、竹纸、宣纸等不同质地不同功能的纸张类型都已出现。根据图书印刷的特殊需要,还出现了专门用于印书的太史纸、老连纸,专用于图书精印的闽浙生产的绵料白纸,以及为了书籍防蠹所研制的红黄色的防蠹纸等。明后期江苏常熟著名刻书家、藏书家毛晋的汲古阁刻书甚多,为印书用纸专门派人到江西等地大量定制或采购,后世称为毛边纸、毛太纸,至今仍沿用其名。

在装帧技术上,到明中后期,在包背装之外出现了线装法。此外还有"巾箱本""袖珍本"、插图本等符合民众各种需求的出版形式。

当然,随着刻书业的迅猛发展,在重商重利的商业价值观的影响下,图书出版刊刻也出现了盗版翻刻、造假作伪、篡改删并经典等出版百态。明代中后期,坊间所刻图说多假托李赞、袁宏道、钟惺、陈继儒等当时文坛之名流。其中祁承爣的好友陈继儒,更是书贾关注的对象,正如陈继儒的女婿汤大节所言,"先生集昔年曾为吴儿赓刻"①。当代藏书家郑振铎也曾明确指出,现代所流传的陈继儒的著述绝大部分都是明代书坊书商为谋取利益而假冒陈继儒之名所得②。此外,王世贞、焦竑、董其昌、项元汴、冯梦龙等当世名家都是书商假托的对象。

对古书擅自篡改删并,作为新书出版,是明代图书刊刻的又一恶习,甚至对明代学术发展产生恶劣的影响。顾炎武称:"万历间人多好改窜古字。人心之邪,风气之变,自此而始。"③此外,将古书部分章节

① 见(明)陈继儒《眉公先生晚香堂小品》明刻本,例言。
② 郑振铎. 劫中得书记[M]. 上海:上海古籍出版社,2006.
③ 见(清)顾炎武《日知录》卷二《丰熙伪尚书》条。

单独刊刻,独立成书;将古书文章拼凑为一部新作;或以残本冒充全本,以近刻版本冒充宋金旧本等都是书商牟利的常用伎俩。对于明代种种出版怪象,后世四库馆臣评价为"明人刻书而书亡",叶德辉也认为"明人好刻书,而最不知刻书"①。

明人刻书的现象是明代学风空疏的一大表现,"嗟乎,明人虚伪之习,又岂独刻书一事也哉"②。根据明代图书市场的特点,为甄别粗制滥造、翻刻偷印的图书,一些著名书商不惜重金延请名士校勘书籍,以保证刻印书籍的质量。徐笔洞于万历四十二年(1614)刻印《万宝全书》时开宗明义:"坊间《万宝全书》不啻充栋,然不一精检,鲁鱼亥豕,混杂编章者有之。本堂特请名士校雠,事物数度,一仿古典,启牍书札,别换新藻,端写绣梓,点画不差,应酬使用,价比南金矣。"由此形成了初步的校雠和辨伪。

第二节　明代中后期图书的流通与收藏

图书的买卖活动由来已久。据《三辅黄图》记载,西汉平帝元始年间(公元1世纪初)就有图书买卖活动,而《后汉书》中已开始用"书肆"一词作为记录民间图书买卖活动的场所。明代商品经济繁荣,图书市场也不例外,图书交易活动频繁,文献流通和采访都较前代大为便利。

从地理分布来看,除北京外,江南地区因其独特的地域环境,浓厚的人文底蕴,成为书籍生产、流通、销售的全国性集散中心,民间出版活跃。胡应麟总结到:

---

① ②　叶德辉.书林清话[M].北京:中华书局,1957.

　　　海内书凡聚之地有四：燕市也，金陵也，阊阖也，临安也。
闽、楚、滇、黔则余间得其梓，秦、晋、川、洛则时友其人。旁诹
历阅，大概非四方比矣。两都吴越，皆余足迹所历，其贾人世
业者往往识其姓名……越中刻本亦稀，而其地适当东南之
会、文献之衷，三吴七闽典籍粹焉……吴会、金陵擅名文献，
刻本至多，巨帙类书咸会萃焉。①

　　从图书市场形式来看，既有固定书肆，又有活动书摊，更有流动书船
等各种形式。据胡应麟记载：明代北京书肆，"多在大明门之右，及礼部
门之外，及拱宸门之西。每会试举子，则书肆列于场前；每花朝后三日，
则移于灯市；每朔望并下浣五日，则徙于城隍庙中。灯市极东，城隍庙极
西，皆日中贸易所也。灯市岁三日，城隍庙月三日，至期百货萃焉，书其
一也"；南京书肆"多在三山街及太学前"；苏州书肆"多在阊门内外及吴
县前"；杭州书肆"多在镇海楼之外，及涌金门之内，及弼教坊、及清河坊，
皆四达衢也。省试则间徙于贡院前；花朝后数日，则徙于天竺，大士诞
辰也；上巳后月余则徙于岳坟，游人渐众也。梵书多鬻于昭庆寺，书贾
皆僧也。自余委巷之中，奇书秘简，往往遇之然不常有也"②。

　　除固定的书肆之外，明代浙西一带还出现了书船这一流动的售书
场所。据郑元庆《湖录》记载：

　　　书船出乌程织里及郑港、淡（荻）港诸村落，吾湖明中叶
如花林茅氏、晟舍凌氏、闵氏、汇沮潘氏、雉城臧氏，皆广储签
帙。旧家子弟好事者，往往以秘册镂刻流传。于是织里诸村
民，以此网利，购书于船。南至钱塘，东抵松江，北达京口，走
士大夫之门，出书目袖中，低昂其值，所至每以礼接之。客之

---

　　①②　胡应麟.经籍会通[M].北京：北京燕山出版社，1999.

末座,号为书客,问有奇僻之书,收藏家往往资其搜访。①

嘉兴诗人陈鳣,目睹书船往来,有《赠苕上书估》一首,写下了"万卷图书一叶舟,相逢小市且邀留。几回展读空搔首,废我行囊典敝裘。人生不用觅封侯,但问奇书且校雠。却羡溪南吴季子,百城高拥释经楼"的诗句。书船利用四通八达的水路游走于江浙的乡乡镇镇,对于喜好读书、藏书的文人雅士而言十分便利,因而明清时期的藏书家,多与书船保持着良好的关系,最著名的例子就是湖州书船云集于常熟七星桥等候汲古阁主人毛晋前来选购图书的盛况②。

湖州书船是一种流动的售书形式,始自元代,盛于明清两代,即湖州书商将图书收购、出售的功能集于一叶扁舟之中,且为客户提供觅书服务。这些书商精于宋元旧本和当代精刻,熟悉图书的行情,与藏书家有较深的交谊,对明代藏书事业的发展起到了重要作用,对江浙两省在明代的私家藏书事业中居于全国之冠也起到重要的作用。

从市场交易来看,明代的图书定价体系已有规可循:"凡书之直之等差,视其本、视其刻、视其纸、视其装、视其刷、视其缓急、视其有无。本视其抄刻,抄视其讹正,刻视其精粗,纸视其美恶,装视其工拙,印视其初终;缓急视其时,又视其用;远近视其代,又视其方。合此七者,参伍而错综之,天下之书之直之等定矣。"③对于私人藏书而言,购书十分方便,"携金入市可立至数万卷"④。

---

① 宗源瀚,郭式昌.同治湖州府志:卷三十三,物产篇[M].上海:上海书店,1993.

② 叶德辉:"别家出一千,主人(毛晋)出一千二百。于是湖州书船云集于七星桥毛氏之门矣。邑中为之谚曰:三百六十行生意,不如鬻书于毛氏。"叶德辉.书林清话[M].北京:中华书局,1957.

③④ 胡应麟.经籍会通[M].北京:北京燕山出版社,1999.

第三节　明代学术发展繁荣

明初,为巩固统治,朱元璋采用了荐举、兴办学校、科举考试等手段来选拔官员,并推出了一系列鼓励读书的政策。因此,明代读书之风颇盛,"家有弦诵之声,人有青云之志",对书籍的需求也大幅度增加,从而带动了刻书、藏书事业的发展。"书香门第""诗书传家"等成为一种社会现象。在此环境的熏染下,藏书也成为一种社会风尚。这对有明一代藏书事业的发展起到了积极的推动作用。

明代哲学、史学以及文学艺术、科学技术等都十分繁荣。明代史学成就丰富,既有《元史》《明会典》《明实录》等官修典籍,也涌现出大量的私家修史,如王世贞为修明史而成的《弇山堂别集》100卷、何乔远的《名山藏》、谈迁的《国榷》、郑晓的《吾学编》、张萱辑《西园闻见录》、焦竑著《国朝献征录》等。这些史学家往往也是当时著名的藏书家,他们在修史和进行史学研究的过程中,对书籍产生了大量的需求,因而促成了私人藏书的发展。与此同时,明代编纂地方志亦十分盛行,据统计,有明一代修地方志达2800余种,出现了张邦政在《满城县志》序中所说的"今天下自国史外,郡邑莫不有志"的盛况,这与后来祁承爜澹生堂以方志为特色馆藏有着必然的因果联系。

在文学上,明代诗文成就也颇高,先后有台阁体、拟古派、唐宋派、公安派和竟陵派等问世,著述丰富。市民文学不断发展,《三国演义》《水浒》《西游记》《三言二拍》等通俗小说以及传奇戏剧等文化形式的发展,极大地促进了明代市民阶层的文化生活,将读书阅读之风带入了民间。尽管这些小说、传奇不被传统藏书家所重视,但祁承爜、祁彪佳父子等有识见的藏书家却注意到了这一社会风尚的转变,开始大量入藏这类文献,从而在藏书内容上突破了传统经、史、子、集四部的局限。

在哲学上,明代前期出现了薛瑄、吴弼两位大儒;后有陈献章这位心学的前驱;更有王阳明作为心学的集大成者。受王阳明思想的影响,又出现了"浙中王门""江右王门"和"泰州学派"等学派以及李贽等学者,他们著述丰富,讲学书院,宣扬自己的主张,对一代学子产生了深深影响,在客观上也对民间藏书、书院藏书起到了积极的推动作用。

从学术发展脉络对藏书的影响来看,明前期百年间,社会对前代古籍阅读、文献整理有着巨大的需求。一方面,科举制度将社会的阅读旨趣束缚在《四书》《五经》及程朱性理之学,学术思想被桎梏在狭小的圈子里,导致前代古籍出版稀缺,流传更少;另一方面,元明更迭,明代统治阶层迫切需要通过宣扬汉文化来强调统治的合法性、正统性,儒家知识分子迫切需要阐发被压抑百年的历史责任感,促使思想界掀起了一股"文必秦汉,诗必盛唐"的复古运动,这些都极大地提升了对古籍的需求。明代复古运动的发展使得明代学者对汉唐典籍的研究重新重视起来,很多学者投入典籍整理的工作之中。崔铣在《漫记》中记载:

> 弘治以前士攻举业,仕则精法律,勤职事,鲜有博览能文者,间有之,众皆慕悦,必得美除。自孝皇在位,朝政有常,优礼文臣,士奋然,兴高者模唐诗,袭韩文……弘治末,颇知习《左传》、《史记》矣。今日士著书则自谓周汉,撝词则自任风

雅,然皆六朝余习。①

这同样也是祁承㸁等藏书家大量涌现的文化动因。在这样的社会背景下,收藏、刊刻古籍之风达到前所未有的高度。许多藏书家以典藏古籍多寡为标尺,正是"好古"思潮的反映。

另一方面,"嘉隆而后,笃信程朱而不迁异说者,无复几人矣"②,程朱理学受到反思和批判,与理学相悖的新思潮得到发展,其中以王阳明心学体系对程朱理学发起的挑战最大。王阳明的学说为各个领域的新思潮的产生提供了学术土壤,在客观上起到了突破学术禁锢的作用。

虽然心性之学的盛行为明代招徕了"游谈无根""空疏无用"的诟病,但与之相对应的,作为对心学的批判,明代的实学也发展起来,并在天文历算、农学、医学、药学等自然科学领域取得了相当的成就,同时还表现在明人对社会现实有着清醒的认识,并竭力补偏救弊,从而带动了明代在社会政治层面上的发展。近人黄侃这样批评明清学者的治学风气:"清人治学之病,知古而不知今,明人治学之弊,知今而不知古。"③黄侃的批判虽有过激之嫌,但明人治学确实更注重现实。这一点也正是澹生堂藏书的特点,可以说,祁承㸁及其澹生堂藏书正是明代经世实用的学风的直接体现。

在这样的学术发展推动之下,明代经学思想活跃,辨伪之学兴盛,在祁承㸁的文献学思想中充分体现了这一变化。明代辨伪兴起,一方面与学术思想解放,疑古之风兴起的学术现实有关;另一方面,从更深层次来看,也是传统学术发展的必然产物,是对明代空疏学风的校正

① 崔铣. 漫记[M]//永瑢. 四库全书总目[M]. 北京:中华书局,1965.
② 张廷玉. 明史[M]. 北京:中华书局,1985.
③ 张晖. 量守庐学记续编[M]. 北京:生活·读书·新知三联书店,2006.

和反思。

袁同礼在概括明代刻书特点时总结道：

> 明代学术界虚伪之习，靡然全国。所刻之书，或沿袭旧
> 讹，或窜改原文，昔人谓明人刻书而书亡，盖有由矣。嘉靖以
> 前，风尚近古，时有佳本。万历以后，风气渐变，流弊极于晚
> 季。流弊既多，故有反动。反动之动机，一言蔽之，曰恢复古
> 书之旧而已。①

这股起于晚明的"反动"之风对清代学风产生了重要影响，终在清
代达至高潮。

第四节　明代社会风尚转变

明代中叶之后，随着赋税制度的改革，农村人口向城镇人口转移
的进程加快。万历时期"一条鞭法"推行后，流向城镇的农民增幅明
显，在富庶的江南地区城镇数量不断增多，城镇人口规模逐渐增大，由
此形成了一个相对悠闲、富裕的阶层——市民阶层，并逐渐发展壮大
成一股不可小觑的社会力量。市民阶层生活安定、富足，有一定的文
化基础和闲暇时间，因而也相应地具有参与文化消费的能力和需求。
他们的文化需求，刺激了戏曲、小说等通俗文学的繁荣。这些以市民
需求为基础的通俗读物成为嘉靖之后书籍流通中最主要的品种。

明代社会风尚转变，文化发展，园林艺术、小说、戏曲、书画的繁荣
带来了藏书风尚的转变。正因为如此才会出现《远山堂曲品》《远山

---

① 袁同礼. 清代私家藏书概略[J]. 图书馆学季刊,1926,1(1).

堂剧品》这样优秀的专门目录。

出现这种与正统文化相背离的社会文化风气的转变,其一,与明代知识分子际遇有着密切的联系。明代中后期,特别是万历中叶以后,皇帝怠政,内侍擅权,政治制度的危机日渐凸显,文官集团内部也是矛盾重重,党争内耗不断,政治人才缺失,很多衙署官位空置,正所谓"神宗怠于政事,曹署多空"①。

其二,与中国传统知识分子的人生追求,与士大夫的集体性格密切相关。"学而优则仕"是儒家价值取向,但出世的官员仍然保持着文人的品性,文学、戏曲、诗话品位等均昭显着士大夫阶层的文化身份,而园林则成为浓缩这些文化元素的空间符号。官场身份和文化身份成为士大夫阶层的二元定位,折射出他们的人生形态及认识世界,而园林景观正是这种精神世界的外化反映。

明代"士多出江南",士文化积淀深厚的江南成为观察晚明社会转型和士风转向的特殊地域。辞官、引退、致仕的官员回到经济发达的江南,标举东晋以来的隐逸文化,藏身山水园林之间,标榜独立、自由的精神空间。

可以说,正是外在的制度百弊、官场倦怠与内在的文人性格的合力,造成了明代社会风气的转变。明代统治者依靠"程朱理学"所建立起来的正统社会秩序和理念不断受到挑战,市民文化兴起,"人情以放荡为快,世风以侈靡相高"②,整个社会风气渐趋富侈。在这样的社会思潮中"阳明心学"及其后学应运而生,并在社会思想领域掀起了一股追求个性的思想解放潮流,在士大夫阶层中激起强烈反响,于官场政治之外追寻一种适情达意的人生。

---

① 张廷玉.明史:卷二百二十五[M].北京:中华书局,1985.
② 张瀚.松窗梦语:卷七[M].上海:上海古籍出版社,1986.

祁承㸁与祁彪佳官宦生涯中均有赋闲际遇,他们与当时同僚一样,在优美的园林中,在风花雪月和诗酒曲声之中消解着忧国忧民的情怀,在潜移默化中完成了观念的变迁,成全了明末特殊的文化构建。祁承㸁曾用 20 首五言诗表明"何谓园居乐"①,内有坐于小小的密园之中,"不用一文钱,买尽山阴道……浮名飞羽事,著作蠹虫余"②的诗句。

第五节　外来文化对明末思想文化的影响

明代部分知识分子思想开明,开始初步接受外来异质文化。明代中后期,社会经济繁荣,学术氛围相对自由,实学思潮和经世致用的学风得到认同并不断发展,这些都为西学及其文献的在华传播提供了宽松的学术空间和土壤,特别是王阳明心学为代表的学说客观上起到了解放思想的作用,为以利玛窦为代表的在华耶稣会士传播基督文化活动准备了受众基础③;而书籍印刷水平的不断提升和技术的不断进步,图书出版、流通和收藏等各环节的繁荣,也为西学著作的刊刻和流传创造了有利条件。同时,以利玛窦为代表的在华耶稣会士借助书籍传播教义和西方的意识形态,适时选择了本土化的流布策略,收到了很好的效果,西学进入中国后在学界掀起了很大的波澜。

在内外因素的共同作用下,在中国知识界逐渐形成了学习和传播

---

① 见祁承㸁《澹生堂集》卷二《园居乐》。

② 见祁承㸁《澹生堂集》卷二《密园杂咏》。

③ 裴化行.利玛窦评论[M].管震湖,译.北京:中华书局,1985.

西学的思潮。梁启超认为"西学的传入是明末值得大笔特书的一大公案"①。西学汉译著作承担了在华传布西学思想、西方科学的媒介作用。除耶稣会士外,明代士大夫也纷纷参与了介绍、刊刻、流传西学书籍的活动。

明末传教士带来的外来文化逐渐本地化,并为士大夫群体中的开明派所接受,耶稣会士的著作逐渐进入了民间藏书家的视野,在学科分类和内容上对目录学产生影响。据钟鸣旦(Nicolas Standaert)和杜鼎克(Adrian Dudink)在《简论明末清初耶稣会著作在中国的流传》中统计,除《澹生堂藏书目》之外,明清之际著录西书的书目主要有:无名氏的《近古堂书目》、陈第的《世善堂藏书目录》、季振宜的《季沧苇藏书目》、赵用贤的《赵定宇书目》、赵琦美的《脉望馆书目》、徐乾学的《传是楼书目》,徐𤊹的《红雨楼家藏书目》、钱曾的《也是园藏书目》《述古堂藏书目》,钱谦益的《绛云楼书目》、黄虞稷的《千顷堂书目》、董其昌的《玄赏斋书目》等,其总数为138种左右②。其中,《澹生堂藏书目》收录西书十余种,包括《海外舆图全说》③《职方外纪》④《西方超言》《几何原本》《测量法义》《西洋火攻图说》等十余种耶稣会在华流传的著作。

---

① 梁启超.中国近三百年学术史[M].太原:山西古籍出版社,2001.
② 钟鸣旦,杜鼎克.简论明末清初耶稣会著作在中国的流传[J].尚扬,译.史林,1999(2).
③ 被认为是庞迪我所作,正如费赖之所言,该书可能与庞迪我为皇帝准备的有关西洋地理与历史的著作相符。
④ 作者艾儒略,是介绍西方文化和地理知识的书,很受欢迎。

《澹生堂藏书目》所收西学著作①

类	类目	题名
史	史部·统志	海外舆图全说,注说"二卷,一册,庞迪我"
史	通志	职方外纪
子	诸子类、杂家	西方超言/天主实义/畸人十篇/交友论/七克/二十五言/正道论/灵性说②/测量法义/附异同论/简平仪说
子	天文家类	几何原本/测量法义/简平仪说
子	艺术家类,续收,兵家	西洋火攻图说

综上所述,明代私人藏书既受当时社会政治、文化、经济因素的影响,又遵循图书发展历程自身规律的制约。有明一代,私人藏书事业在图书刊刻出版、发行流通业等环节的相互作用下,促进了学术文化的繁荣和社会风气的转变,书籍作为学术思想的载体而流布于知识界,乃至整个社会。祁承㸁、祁氏家族、明末藏书家群体,乃至整个明代知识分子的活动都体现了明代在中国传统社会中鲜明的个性特征。

① 钟鸣旦,杜鼎克.简论明末清初耶稣会著作在中国的流传[J].尚扬,译.史林,1999(2).
② 《灵性说》是高一志1610年给许乐善(约1544—约1625)写的文章。

第三章　祁承爜生平及其文化背景

　　祁承爜是明代中后期"有名的藏书家,优秀的目录学家,卓越的图书馆学先驱者"①。他生于嘉靖四十二年(1563)②,卒于崇祯元年(1628),字尔光,号夷度,又号旷翁,晚年号密士老人、海滨询士(士,一作"叟"),浙江山阴(今浙江绍兴)人。他一生与书结缘,其手撰的《澹生堂藏书约》是我国最早的一部系统总结文献采访、收藏、管理与利用各方面成果的重要文献。而《澹生堂藏书目》是今存明代唯一的,也是我国最早的书目稿本③。祁承爜的藏书思想上承汉宋,下启有清,通过其对藏书的收藏、整理和利用,可窥见其鲜活的人生。

第一节　祁承爜生平与思想

一、政治抱负

　　祁承爜父亲早逝,由祖母和母亲养育成人,读书敏求,勤奋好学,25岁中举人,直到万历三十二年(1604)始登进士科,选为宁国县令。

---

　　① 　钱亚新. 祁承爜——我国图书馆学的先驱[J]. 图书馆,1962.
　　② 　关丁祁承爜的生年,现著作多记为1563年,钱亚新作1562年。据陈仁锡所做墓表,祁承爜"享年六十有四,崇祯元年冬月寝疾卒",则生于嘉靖四十四年(1565)。
　　③ 　江庆柏. 稿本[M]. 南京:江苏古籍出版社,2002.

此后，祁承爜展现出卓越的政治才能，他与笪继良一起施行教化，昌明理学，讲学授课，取得了良好的政绩。两年后，被提任长洲（今江苏省吴县）知县。上任后，恰逢长洲连续四十天无雨，旱情严重，祁承爜实行蓄米法，通过调拨粮食，平粜粮价，赈济灾民，免役三年，赢得了很好的口碑。

万历四十年至万历四十三年（1612—1615），祁承爜任南京兵部主事，万历四十三年（1615）迁任江西吉安知府。任职期间，祁承爜积极应对章贡水灾，重金悬赏营兵抢救百姓，上书为灾民申请救济粮食，使得当地百姓顺利度过了危机。水灾之后，又遇旱灾，祁承爜感同身受，亲笔写下《守吉祷雨文》《舟陈祁雨文》《谢雨祝》。陈仁锡在《大恭祁父母夷度先生传》中这样记载这段史实：

> 俄而章贡灾，水之狚而浸者无算，至于室庐漂没，妇子蔽江下，公隐此悬重金饵营兵，始回其将毙。再赈其余生矫请府粟，公之德则大。然犹痛未定也，骄阳随其后，公竭诚祷祠，回其虐吉。①

祁承爜日记中也有这样的记载：

> 是历（江行历）起二月之六日，终四月之三日，为期未及两月，而往来行役之路，考略询俗之，及亲师取友之概，大端已可枚举矣。此后别为治郡谱，乃未几而泽洞为灾，旱魃示虐，救焚拯溺，呼吸不遑，遂至搁笔，聊存此以见江行之梗概云耳。②

---

① 陈仁锡.无梦园遗集[M]//四库禁毁书丛刊:集部,第142册.北京,北京出版社,2000.
② 见祁承爜《澹生堂集》卷十三《江行历》。

祁承爜的施政得到了当地百姓的拥戴,也受到了章惇等人的诋毁。仅一年多后,于万历四十五年(1617)春天被罢官。祁承爜在日记中记载了当时的情景:

> 三月之二十三日,漏下一鼓,余方理讯牒,忽有一役持南昌徐郡公书来,内有南察报一纸,余挂名其内,阅竟复置案上,再完讯牒讫,退衙,徐呼儿辈出书示之,语家人曰,"旦日早束装",毋误乃公事。①

三月二十四日,罢官消息在当地传播开来,引发群情激愤,"相顾骇然,僚属环于厅,士绅环于馆,民环于门,强余一询状"②。

祁承爜自述送别之日(三月二十七日):

> 黎明出郡门,士民遮道,车轸不得前,有泣下不能仰视。余再三慰遣之,复拥舆不肯舍。余下舆而步乃以抵舟。比放舟,则士绅俱候于白鹭书院,盖先一日刘斗墟、贺定斋诸公各期设饯于途……诸公揽船固强之,余不得已应之曰,"赴饮则万无是理"。③

从闻信到返乡不足一月,祁承爜于"升沈得失之感,炎凉厚薄之态,无不备尝"④,因此撰诗以咏怀,有《闻计录怀》十首,其中云:

> 十年仕版挂浮名,今日方同退院僧。幸有吾臣吾自爱,任将卿法听卿评。倦知飞鸟投林意,懒慕蜗牛戴屋行。最喜生平无快意,不妨本色赋归耕。

> 丈夫自有行藏在,岂作篱头弃妇嗔。四壁尚存天地广,百城自豁古今侔。抄来简帙供馋蠹,解去衣冠免沐猴。

---

① ② ③ ④　见祁承爜《澹生堂集》卷十三《归航历》。

返乡后祁承爜醉心于藏书,并撰写了《两浙明贤著述考》。姚希孟做《旷亭小草序》时赞曰:"今以谣诼不根,左先生之官,其道似穷,然以六月息而沉酣万卷,缔构千秋,天之所以奉先生者,又何厚也。"

万历四十六年(1618)冬天,在同乡缙绅的劝说之下,祁承爜随参加会试的祁彪佳入京。次年得沂州缺。天启元年(1621)任宿州知州,因任职期间冷静处理了白塔山煤矿工人的起义而得到朝廷的赏识。是年,白塔山发生煤矿工人起义,祁承爜未动一兵一卒,以安抚的策略平息了事件,并撰写了《符离弥变纪事》一文详述事情经过。祁承爜本人对变乱的处理方式和结果也感到非常满意,他在给家人的信中写道:

> 我离任至徐州,而始闻曹州、郓城之白莲教为乱……及至淮安,而又闻滕邹两县之乱,亦未闻如此其甚也。今自此来者,皆言邹、滕两县残毁之后,夏镇又遭楚戮之事……前二月间,宿州有煤徒三四千,几至倡乱。若此时我不以镇定处之,计策散之,万一率兵去擒剿,则其铤而走险,岂在邹、滕之后哉?数千人团聚不散之流民,只以二、三白牌密地晓谕,阴为解散,不动寸兵尺刃,所全流民及地方之生命亦多。此自入睢阳一段恰心之事。[①]

天启二年(1622),祁承爜迁为兵部员外郎,后又任河南按察佥事,兼河北少参,备兵磁州。崇祯元年(1628)升任江西布政使司右参政。

如果说祁承爜中年为官侧重于社会民生的长治久安,那么晚年,随着社会矛盾激化,在内忧外患的勾缝之中,则彰显出祁承爜在用兵方面的才能。任职兵部时,祁承爜认识到北方边防军备的重要性,设

---

① 黄裳.祁承爜家书跋[J].中华文史论丛,第三十二辑.

标兵营广征百姓入营。

备兵磁州时，边防已屡有战事。祁承㸁为此殚精竭虑，正月"奴警之报又至，调兵调援，檄如雨点，人心惶惶，而兵部索兵于河南，要顷刻间集二万人。一日行文及手口各台者必五、六次，两目几盲。……自有奴警至今日，目未尝交睫"①。因而作《辽警》②20首，强调辽宁边防的重要性；祁承㸁在朝堂一片太平声中，敏锐地认识到："目今国事，莫大于辽左之溃决。然边疆之上，无日不报警，而庙堂之上，则无日不太平。事至而汹汹，事过而泄泄。……今日之事势棘矣。"③

同时，祁承㸁提出备战的方案："此地虽是重镇，然兵粮向在磁支放，每月逐名给散，如有事故，即存在州，不特本道无分毫之相涉，即营中将官亦无分毫之相涉。所以磁营之规制，为天下第一清楚之法，而三千之兵，费饷不过二万。如边上处处皆若此，不知省海内多少钱粮矣。"④

祁承㸁还认为备兵边疆首先要立足农业，"时事之可虑，第一在司农部，百端匮诎，朝不及夕，此实病也。若不讲求长策惟取支，吾目前日复一日忧不在外而在内"。祁承㸁以吉安府事为例抨击了不切实际的减免捐税的主张，提出切实可行的补救之道："驿传余银在吉安一府，每年可存三四千金，特苦为宗禄所借用，若各郡皆然，只此一项一省中约可得二三万于加派之数，已可抵其十三。余可类推矣。今建议者不先讲求补救之方，而但言蠲免之事，数十万待哺之征戍，何处可缺其一餐也。"⑤

---

①④　黄裳.祁承㸁家书跋[J].中华文史论丛,第三十二辑.
②　见祁承㸁《澹生堂集》卷五。
③　见祁承㸁《澹生堂集》卷十八《与邹南皋》。
⑤　见祁承㸁《澹生堂集》卷十八《邹南皋》。

二、经济状况

祁承爜一生酷爱藏书,无论是访求藏书,还是建设藏书楼,都需要雄厚的经济支持。祁承爜的经济来源除靠为官之薪俸外,更靠家族经营的田产。早年,祁承爜经济拮据,为求藏书不得不变卖夫人的嫁妆;为官之后,仍是要求全家"日用饮食,万分从简,省一分得一分之实用耳"[①]。但是作为官宦人家,祁承爜日常交际仍然足以保持文人的体面。祁承爜晚年寄给留守家中的祁麟佳、祁骏佳的信中常可见其细细嘱托经营田产、买地置房、兴造屋宇、垦荒桑价等事宜,从中可以看出地主乡绅、官宦人家的经营之道,现节录部分于此[②]:

一、明年起造之事,今年皆用预办。如七、八月买建树,我于此时当托的确人寄价来。即去年所留百金,亦可凑入。其四郎自收本年田租,可凑与石匠,令发绕门山大石料。此二事已分付二郎,盖我不欲四郎今年管一件事务也。其油饰新侧楼并盘钉楼板,皆已托二郎,只于四郎租银内支用。

一、大家每年收租田,连自种及收银、收米,约六百余亩,我俱有租簿可查;而每年桑叶池租及今下处机房之租,不在其内,算来当有赢余。盖一应纳粮及我之交际,皆不取用于此,特以汝母之意,或欲以所剩者密密自为生殖,意欲老年人少有所积,以遗汝辈,故我向来皆置之不问。今除五八舅新买租听起为每年起造之费,其每年纳粮,应在大家租银内支纳,如不足,即以四郎所收租补。总之,逐项算明,有入有出,决不累四郎一人任其费也。

---

①②　黄裳.祁承爜家书跋[J].中华文史论丛,第三十二辑.

一、大家收租田，除石泾溇仍听高二管，□姑戴家桥朱咸仍听贺二管，其余梅市近地及五八舅之田，俱写一帐（账），付冯明管，大约凑一百五十亩与之。如大家田不足，即以四郎所收田拨足之。其钱清田，俟我补汝三家之价，另行付人管业也。

一、天乐所请新涨地，不知已给帖否？其细价定不过十数金止耳。然宁纳价以为后日久远计。此地非得一有心力、有才干之人不能成事，可多方访求诚实可托之人。先令人渐次往来，营度其间，于总要之处先造草房三、四间，以便歇足；随召人开垦。明给与批约：成田之日，十分给与一分，即令其为世业，如人力众多者，即永远佃种此田，每年照常还租。然其人第一以守分不生事为要。此事须行之以渐，全以收拾一方之人心为主。我初意欲付四郎专理其事，今且不必。只先寻其可托之人，写书取决于我。

一、石泾溇徐家田，原系低田，与三十四叔同片分田，其价不过二十余两。我为他于守道处特准一词，又于黄父母再进一书，且于史家至亲又坏了体面。前王雅夷云，田外更有所谢，而尚以为价浮于事乎？即其孤嫠可念，然宁可他事相周旋，此则我已无歉于心矣。此田向系孔家种，原在大圩之外者，问高二自知之。

一、石泾楼今年桑叶价要用来起北圩后□小地处庄屋三间，另召一人住之，给与田二、三亩，专管北圩，及东西两头近北者，俱属之锄溉。其屋可任高二为之，不必多费。其水路一带必须开深，自庄门前直至连三池以至北大池一带小河，俱于夏间召萧山人开掘深三、四尺，必使大旱可常引大河之

水入来,庶无水旱之忧。其土即起于沿河圩上,令之极高,可
避水患。如此则此田大水大旱皆不妨矣。亦可托高二为之。

一、新寓是我得意文笔,今汝能邀集名流于此会文,甚惬
我意,可时加培植。其王剡生地价,有余即寄来,断不可无价
而□其地之理。只池前四面,我价已完。原说□业此池,即
可召人租之。机房租每年五两五钱,去年已收过二两五钱。

祁承㸁居乡期间,"躬督庄奴种稻,数十亩秋来便可收数百斛谷,
自此可免饥矣"①。

此外,祁承㸁身在官场,人情往来交际钱银也不可免俗。天启元
年(1621),祁承㸁在信中向其家人叙说转官之事:"只转一兵部,乃极
顺极妥之事。即工部有何不可? 此中紧关之着,我已托定在周春台身
上了。周与我二十年往来之情颇笃,己未到京听补,彼实未曾用一毫
情,昨过宿,我待之更厚,彼甚不自安,今又送十金与彼,益不自安,必
然尽力以挽回向年之不用力矣。盖周与王葱岳年伯,先后皆为任丘
县,又以旧选君与新选君声息相遇,最易为力。前王葱岳书礼曾已送
过了,今只再封二十金,同寄来书托周春老转送之。如前书未投,竟将
此书封三十两送之,前书竟可已也。此是最要紧切实之着。"②

祁彪佳殿试之后,祁承㸁又多次在信中细细告知官场交际之礼,
现节录部分条目于下,亦可见明末官场银钱往来之一斑③:

一、寄来银一百两,付汝登第分金使费之用,其四十二两
补还前用过之数。又一百八十两,乃寄进封书仪者。其馆中
各年伯处,初意且欲从容,今汝既在京,必然有公宴,有往来,

---

① 见祁承㸁《澹生堂集》卷十八《与黄寓庸》。

②③ 黄裳.祁承㸁家书跋[J].中华文史论丛,第三十二辑.

我安可恝然之理,故须一封送之。若大座师何昆老及本房座师,皆待汝一一写来备悉知,另须差人以厚礼修谢也。

一、书仪数如不足,可将稍缓者歇下二三处,以待再寄。如王葱岳年伯处再送二十两,则可将朱养翁、孙恺阳处酌迟其一可也……汝以年家子侄,正可执门生礼往来也。

一、郑先生此行,乃我念汝之极,不能飞身来看,故拜而送之,事事要他以傅兼保。我已先送他十二两,后又补之。汝每事与之商量,此人甚老成可托也。桑元勋亦是特选来者,可善待之。

一、姊夫正好留他在京伴汝,待他一面完监事,正是一得两便之计。待汝定了衙门,又为行止。我寄进百金,知汝不足五分之一。但我之费用多门,措置有限。汝须百事俭约,养德养身,借贷不给。我尚当再寄些来。有便人会些出来,还他亦便。

一、殿试录乃对君之体,止开我甲辰进士,见任宿州知州,此外不可多一字。若序齿录中,则开甲辰进士、前中宪大夫、江西吉安府知府、今见任宿州知州可也。汝之字以世培为妙,可顾名思义。若号则另取一的当者,虎子须改之,不便于称谓也。会试录一有,可寄数十册,送上司同僚。墨卷七篇,须再加删润刊之。

祁承㸁在家书中写道,"每年公费止七百金,而一年交际在千金之外"①。既要维持为官的体面,交际金额必不可少,为了弥补亏空,祁承㸁在公私事项上均注意节流,在公事上,"若道中额设可动之银,每

---

① 黄裳.祁承㸁家书跋[J].中华文史论丛,第三十二辑.

岁不过只此七百两之公费,此外毫无所设。即每期状呈,不过数十纸,一月两期,所准每期仅十余纸,则一年之光景,汝辈可想而知。所以衙中之人决不可多"①;在私,"衣服经年不洗补,我亦不要新衣"②,同时要求前来帮忙的儿子、女婿不可带家眷,且尽量少带奴仆,以减少开销。对于子辈也要求他们从俭做事。祁彪佳进士及第之后,祁承㸁特别要求他,"新科之时,第一以省俭为盛世",听说他所租住的房子"每季用二十金",遂要求"另寻精洁紧慎者,速迁一处可也"③。

三、治学成果

祁承㸁一生著作等身,著有《澹生堂藏书约》《澹生堂藏书目》《澹生堂集》二十一卷、《澹生堂外集宋贤杂佩》《宋西事案》等。祁承㸁还喜将搜集的古人遗书整理,编为丛书,有《国朝征信丛录》二百二十卷、《澹生堂余苑》六百零四卷、《诸史艺文钞》三十卷、《两浙名贤著作考》四十六卷、《牧津》四十四卷及《世苑》无卷数。

祁承㸁对编纂图书保持了很高的热情,"生平无他嗜,惟喜据案搔发,玩弄残编,辑忘寒暑"④。他所编纂的文献保留了许多稀见之本或罕有流传之书,具有很高的价值。和所有文人士大夫一样,祁承㸁也喜欢作诗为文。他的文章"瑰丽鸿肆而倾泄不竭,委宛不穷,奇正开阖,唯变所适"⑤,他的诗词"在发抒性灵,扶翼名理,方之珪璧涂山之合万重,譬彼云霞赤城之标万丈"⑥。

①②③ 黄裳.祁承㸁家书跋[J]中华文史论丛,第三十二辑.
④ 见祁承㸁《澹生堂集》卷十四《夏辑记》。
⑤ 见祁承㸁《澹生堂集》卷首:(明)梅鼎祚《梅序》。
⑥ 见祁承㸁《澹生堂集》卷首:(明)范允临《范序》。

1. 祁承爜著作述略

（1）《澹生堂藏书约》

《澹生堂藏书约》作于万历四十一年（1613），共分为五卷，"藏书约一卷，购书、鉴书之法各一卷，集录古人读书藏书者共二卷"①。

（2）《澹生堂藏书目》不分卷，稿本

万历四十八年（1620），祁承爜整理藏书，并编写《澹生堂藏书目》。其稿本初藏于八千卷楼，现藏于南京图书馆。

（3）《澹生堂集》二十一卷

崇祯八年（1635），祁氏家刻本，含《澹生堂初集》②。祁承爜去世后，祁彪佳"与诸昆编梓《夷度公文集》二十余卷"③。现存世仅一部，藏于台北"故宫博物院"图书馆，为前北平图书馆藏书。

（4）《宋西事案》二卷，海滨询士漫辑。天启元年自序刻本

《宋西事案》是祁承爜将读书为现实服务的典型案例。祁承爜编辑《宋西事案》正是明朝晚期统治危机四伏的时期，东北努尔哈赤所建的大金（史称后金）军队不断南下，威胁中原王朝的统治。祁承爜在边防备军练兵的同时，广辑资料，准备编写《宋西事案》。天启元年（1621）大金军队攻占沈阳，辽河以东70余城池落入努尔哈赤之手。归耕在家的祁承爜对此忧心忡忡，编辑此书的目的正是为从政者有所借鉴。祁承爜在《辑宋西事案引》中表明自己写作的时代背景："询士居海滨，于天下事慒如也，而独有恋巢顾卵之念。自奴酋狂逞，宇内鼎沸，闻之道路，言日危而事日危。夫天下乱则无安国，一国乱则无安家……"

---

① 见祁承爜《澹生堂集》卷十二《数马岁记中》。
② 即《千顷堂书目》中所著录的《澹生堂杂稿》。
③ 祁理孙.祁忠敏公年谱[M]//祁彪佳.甲乙日历.台北:台湾银行,1969.

《宋西事案》辑录了自宋明道至庆历十五年间（1032—1048），各种史籍中记载的宋人抵御西夏诸事，各附按语，以资借鉴。该书分上下两卷，分述西夏元昊始末45篇史事和宋人21篇奏议，台湾学者乔衍琯评价此书"汇集宋人与西夏事于一帙，足供治史者之参考"。是书对充实明代乃至汉文西夏文献史具有很高的文献价值，为了解明士大夫如何以西夏史为朝政服务等方面都有其重要作用。

根据祁承爜自述："《宋西事案》一书，都门或因书而求见其人，或托人以求其书，可见世间浪传事，不必有十分好也。作速带一百部进来。"①

在去磁州上任前，祁承爜要求子俌"《宋西事案》及杂著五、六种，皆小陈所经手，必用刷印一百二十余册来"②。此书在清代被列为全毁书之一。

傅增湘的《藏园群书经眼录》关于《宋西事案》一书有详细的著录：

> 《宋西事案》二卷，明祁尔光撰，明刊本。题明海滨询叟漫辑。据黄汝亨序知为祁尔光。有天启元年黄汝亨序。卷上辑史事，自明道元年遣使立元昊为西平王至庆历八年元昊死止；卷下录当时臣僚奏章论西事者二十一篇。有张方平二、夏竦、刘平、陈执中、范仲淹四、韩琦三、庞籍、张亢二、田况、欧阳修、张齐贤、李继和、王韶、苏轼，共十四人。钤有"吴江史氏藏书"、"吴江史氏贞耀堂图书"、"松陵史蓉若藏"各印记。③

---

① ② 黄裳.祁承爜家书跋[J].中华文史论丛,第三十二辑.

③ 傅增湘.藏园群书经眼录,第二册[M].北京:中华书局,2009.

(5)《两浙名贤著作考》四十六卷。稿本

《两浙名贤著作考》做于万历四十六年(1618),祁承爜贬官居家期间。在其日历中,有详细的编写记载。此书开启了专录一书以述一地著作的编写模式,具有很高的史料价值,弥足珍贵。该书未见于各公家图书馆、藏书机构,唯有黄裳称其购得《两浙古今著述考》稿本,当是此书。

祁承爜编写此书的目的是"保存文献"。他认为:

> 千年绝调或不留简籍于人间,一代雄文尚未列姓名于史册,景往哲而兴如林之慕;按遗编则抱寂寞之悲,用是不嫌管窥,漫为麟次,顾畅观于东序西昆之储易,搜辑于断简残编之后难,考征于信史实录之内易,询求于林薮岩穴之下难……幸时询之邺中故老,兼博采于稷下名流。如出载籍之未收,即为见闻之相助。撮其名目,略述生平,愿无惮于千里之邮筒,庶共成一方之文献。①

祁承爜所选取的作者为一地已故去的作者,他认为"生前之著作方日新而富有,其进固未可量也";所收录的著作则存佚兼收,"有其目而并有其书者亟列之,即其书亡而其目存者亦列之"。《两浙名贤著作考》的编纂体例先依作者排序,再按四部分类法列一总目于前,"不论经、史、子、集,凡出其一人之手者,总列于一人之前,惟统合一省之书,再依四部之例,另为总目,列于卷首,则不特展卷了然"。此外,在体例上还列有"叙录",以"略叙生平之大端,庶征一时之品概"。

根据祁承爜的日记,可以看出《两浙名贤著作考》的编写历程及其具体内容:

---

① 见祁承爜《澹生堂集》卷十四《两浙名贤著作檄、著作考概》。

（元月）二日……是日辑《两浙著作》始，首辑杭州府。

（元月）二十五日，返棹，《杭州府著作考》完。

（元月）二十六日……是日辑《绍兴著作考》起。

（二月）十二日，辑《绍兴著作考》完。

（二月）十三日……是日辑《严州府著作考》起。

（三月）朔日……是日辑《严州府著作考》完。

（三月）十五日，辑《宁波府著作考》起。

（四月）初八日，辑《宁波府著作考》完。

（四月）十八日，辑《金华府著作考》起。

（闰四月）十一日，辑《金华府著作考》完。

（闰四月）十六日，辑《湖州府著作考》起。

（五月）朔日，夏至，是日辑《湖州著作考》完。

（五月）初八日，辑《嘉兴府著作》起。

（五月）初九日，天色稍霁，是日再检《绍兴著作考》。

（五月）初十日，再检《宁波府著作考》。

（五月）十六日，辑《嘉兴府著作考》完。

（五月）十七日，辑《台州府著作考》起。

（六月）初六日，《台州府著作考》完。

（六月）初八日，辑《温州府著作考》起。

（六月）十一日，再检所辑《绍兴诸府著作考》，为补十七条。此书已尽半年之力，而尚有遗漏，如此乃知，著述一事慎不可草草。

（六月）十六日，《温州府著作考》完。

（六月）十九日，辑书。

（六月）二十日，再检《杭州府著作考》，为补九条，得新城与钱塘二志检入也。

（六月）二十一日，辑《处州府著作考》起。

（六月）二十五日，再检《金华府著作考》，补十一条，盖最后始得义乌新志采入者也。

（六月）二十九日，辑书尽一卷。

（七月）初十日，辑《处州府著作考》完。

（七月）十一日，辑《衢州府著作考》起。

（七月）二十日，再检《嘉兴府著作考》，因为补六条。

（七月）二十一日，辑《衢州府著作考》起。

（七月）二十三日……是日辑《两浙道家著作考》起。

（七月）二十四日，作书报周海翁师，因欲辑浙学编之举。

（七月）二十六日，再检《宁波府著作考》，有姓氏未确者六人，为之改正。

（七月）三十日，辑《两浙道家著作考》完。

（八月）初二日，辑《两浙名僧著作考》起。

（八月）初四日，作敬询《两浙名贤著作》檄传之同志。

（九月）十三日，雨甚，辑《两浙名僧著作考》完。①

（6）《世苑》卷数不详

《世苑》的编纂起于万历四十六年，祁承㸁遭贬官家居期间，缘由是因为"自园居以来，每散发林间，濯足溪畔，必令儿辈舆二、三门人，各疏举古今人世之事，以佐谈笑。儿辈亦辄为手记，久之成帙，因请余稍为诠次，而总名之曰世苑"②。

---

① 见祁承㸁《澹生堂集》卷十三《戊午历》。
② 见祁承㸁《澹生堂集》卷十四《世苑概》。

《世苑》的详细编纂情况不详,只在《戊午历》中有零星记载:

　　(万历四十六年,1618 年元月)十六日,作《世苑概》,并小引十四条颇有佳趣。

　　(五月)十五日,辑《世苑》起。是后以畏暑不复出园外,科头检书亦十余年来未畅之乐。

　　(五月)二十六日,作《世苑》小序,颇多快语。

　　(十月)二十七日,雨甚,为检集《世苑》三十余则。

　　(十一月)初七日,复检《世苑》十五则。①

(7)《牧津》四十四卷。明天启间原刊本,明崇祯六年(1633)又刊行之

　　天启间原刊本现存于故宫,湖北图书馆也有典藏。据《祁忠敏公年谱》所记:

　　祁世累世为循良吏,有传家治谱;夷度公已汇为成书,名曰牧津。先生至吴,分录以颁其属;咸谓可法,刊行之②。
《四库全书总目》职官类记载了此书的主要内容:“其书采辑历代循吏事实,分类编次,首列缉概一卷,分为五目:一考名,二稽制,三述意,四论世,五辨类,下凡四十四卷,分……三十二类。每则各有小序,征采既广,不无烦碎丛杂之病。”③

(8)《澹生堂明人集部目录》
　　汪辟疆据邓氏《风雨楼丛书》著录④。

①　见祁承爜《澹生堂集》卷十三《戊午历》。
②　祁理孙.祁忠敏公年谱[M]//祁彪佳.甲乙日历.台北:台湾银行,1969.
③　纪昀.四库全书总目提要[M].石家庄:河北人民出版社,2000.
④　汪辟疆.目录学研究[M].台北:文史哲出版社,1973.

（9）《国朝武功杂录》不知卷

著录于《澹生堂藏书目》国朝史类。

（10）《史记详节》十二卷

著录于《澹生堂藏书目》史钞类。

（11）《澹生堂外集·宋贤杂佩》一卷，万历、天启递刻本

包括《琅琊过眼录》《符离弭变纪事》《两游苏门山记》等六种。现存国家图书馆，9 行 20 字。另黄裳自述其有此书残本，9 行，18 字，收藏印有"檇李曹溶""萧山王端履年四十岁后所见书""节子辛酉以后所得书"等，卷尾有王端履手跋："澹生堂外集，吾不知有几种，所见者只此一册而已。此吾乡前辈遗书，子孙其宝诸。"①

（12）《皇明征信丛录》二百二十卷

著录于《澹生堂藏书目》国朝史类及丛书类。《千顷堂书目》也有著录，见于别史类及书目类，作 213 卷。该书编辑于万历四十二年（1614），这年"夏日，官舍仅如斗大，蒸灼如甑，生平惟有编摩，可以却暑。遂取所携书目，及从焦太史与友人余世奕各借得十余种，稍为类辑为纲者六十有一；为条者一千二百六十有六；为卷者三千三百八十有三，而总名之曰征信"②。

（13）《澹生堂余苑》六百零四卷

《澹生堂藏书目》丛书类及小说类均有著录，共 188 种。《千顷堂书目》亦有著录。

祁承爜自述之所以编撰此书，是因为其"性尤喜小史、稗官之类，曾搜取四部之余，似经非经，似集非集，杂史小说，裒而集之，名为《四部余苑》。函以百计，数以二千计，每二十种为一函，俟成帙之后，听海

---

① 黄裳. 淡生堂二三事[J]. 社会科学战线，1980(4).

② 见祁承爜《澹生堂集》卷十四《夏辑记》。

内好事者各刻一、二函。此亦宇宙间一大观也。然搜之者已十年,仅得一千八百余种,不但不佞之心力竭,即世间之书籍亦竭矣"①。

由此可知,《澹生堂余苑》四部之外所收之丛书,虽其自述有1800余种,但《澹生堂藏书目》中所列子目仅 188 种。此套丛书多已散佚,现存《温公琐语》《漫堂随笔》《真率纪事》《南窗纪谈》《南野闲居录》及《杨公笔谈》六卷六种。

(14)《诸史艺文钞》三十三卷。

《澹生堂藏书目》谱录类,及《千顷堂书目》书目类均有著录,但未见传世。只有汪辟疆认为此书乃考证之书,有明刻本传世,"或补注旧文,或取便观览,皆无当于史家目录之学"②。

(15)《旷亭集》不知卷。

据祁承爜日记中记载:

(万历四十六年,1618 年十一月)初九日,刻《旷亭小集》成。

(十一月)二十六日……是日舟中作《旷亭小草》引。③

(16)《河朔外史》。

在祁承爜与友人的书信往来中有关于此书的编纂计划,"欲合河北三郡为一志,名为《河朔外史》,而体裁不同于郡乘"④,但在各目录中均未见著录,不知是否成书。

2.《澹生堂藏书约》研究

在祁承爜的诸多作品中,《澹生堂藏书约》是系统阐释其图书采访

① 见祁承爜《澹生堂集》卷十八《与郭文学》。
② 汪辟疆. 目录学研究[M]. 台北:文史哲出版社,1973.
③ 见祁承爜《澹生堂集》卷十三《戊午历》。
④ 见祁承爜《澹生堂集》卷十八《与竹居宗正》。

与管理的重要著作,现特列一节作为重点介绍。

(1)《澹生堂藏书约》的体例

《澹生堂藏书约》作于万历四十一年(1613),共分为五卷,"藏书约一卷,购书、鉴书之法各一卷,集录古人读书藏书者共二篇"①。根据祁承㸁在《澹生堂集》卷十四中介绍,此五卷分为《藏书训约》《藏书训略》两篇。

《澹生堂藏书约》的主要内容有:①《藏书约》,第一部分为祁承㸁自述藏书历程,第二部分则为与子孙相约的藏书管理之法;②《购书训》,介绍了眼界欲宽、精神欲注、心思欲巧三条购书之法;③《鉴书训》,即审轻重、辨真伪、核名实、权缓急、别品类五项鉴书之法,《购书训》和《鉴书训》合为《藏书训略》一篇;④《读书训》,前有序言论读书之重要,后有祁承㸁精心收集的23则古人读书的事例,以诫子孙;⑤《聚书训》,前有序言论聚书之可贵,后有27则古人聚书足的事例。

由此可见,《澹生堂藏书约》的主要内容是,其一为藏书之约,其性质类似于现代图书馆的馆藏管理细则、流通借阅规定等;其二为文献采访理论及图书分类方法;其三为摘录的购书、读书的典故。

(2)《澹生堂藏书约》的版本

自明末开始,《澹生堂藏书约》经过多次刊刻,形成不同版本。

1)万历四十四年(1616),原刊本。

诸训依次为《藏书训略》《读书训》《聚书训》,最末为《旷亭集》二卷。

郑振铎《劫中得书记》中《澹生堂藏书训约(不分卷册)》一条

---

① 见祁承㸁《澹生堂集》卷十二《数马岁记中》。

记载：

> 《绍兴先正遗书》本《澹生堂书目》首附藏书约、庚申整
> 书小记及整书略例；缪筱珊尝刊祁氏之藏书约及藏书训、读
> 书训。此书为万历原刊本，读书训、约及整书小记等均备于
> 一编。诸藏书家皆未著录，诚秘笈也。首有郭子章、周汝登、
> 沈淮、李维桢、杨鹤、马之骏、钱允治诸人题序，亦他书所未见
> 者。叶铭三携明刊残书百数十种来，余选购数十种，价甚昂。
> 此书亦在其中，独不缺。余得之大喜。……缪刻多错字，《绍
> 兴先正本》亦多所删削。稍暇，当以此本重印行世，以贻诸好
> 书者。①

郑振铎所得当为原刊本无误，但是否为万历四十四年刻本则值得
商榷，因整书小记一文乃写于万历四十八年。

2）明崇祯六年（1633），刻《澹生堂集》本，收入卷十四《读书志》
之内。

3）原写本《澹生堂藏书谱》所附藏书训约，见丁丙《善本书室藏书
目》卷十四，又《八千卷楼藏书目》。

4）清康熙年间，宋氏漫堂刻《澹生堂藏书目》，卷首为《藏书约》，
并附《庚申整书小记》《庚申整书例略》。

5）清乾隆年间，鲍廷博刻《知不足斋丛书》本，在第五集中。诸序
依次为《读书训》《聚书训》《藏书训略》，无《旷亭集》。

6）清光绪八年（1882），卢氏艺林仙馆补刻乾隆本。

7）清光绪十八年（1892），徐友兰刻《绍兴先正遗书》，在第三集中
收录《澹生堂藏书目》，其卷首为《澹生堂藏书约》，与宋氏漫堂本

---

① 郑振铎.劫中得书记[M].上海：上海古籍出版社，2006.

相同。

8)清光绪二十二年(1896),缪荃孙刻《藕香零拾》本,收录于第一册中。诸序次序与《知不足斋丛书》本相同。

9)《汇钞祁氏藏书笔记六则》,遗一经斋抄录。依次为《澹生堂藏书约》《读书训》并序、《聚书训》并序、《藏书训略》《庚申整书小记》《庚申整书例略》。

10)清傅礼手钞本。附于曹溶、王端履旧藏《澹生堂外集》之后①。

(3)《澹生堂藏书约》的价值

《澹生堂藏书约》之所以得到历代学者的重视,在于其首创之处颇多。

第一,首创以文字规约的形式明确规定藏书管理及借阅的细则,其后才有曹溶的《古书流通约》和丁雄飞的《古欢社约》。曹溶和祁理孙、祁班孙兄弟往来甚密;丁雄飞则与黄虞稷相善,二人所处时代均晚于祁承爜,且曹溶藏有不少澹生堂藏书,其中还包括了祁承爜的《澹生堂外集》。因此,钱亚新便认为,曹溶与丁雄飞的著作,乃是受了《澹生堂藏书约》的影响而产生的。

第二,首创汇集读书、购书典故于一篇的记载体例,比《吴兴藏书录》《藏书纪事诗》《武林藏书录》等专记藏书家典故之书为早。虽然体例简略,也未依时代先后排列,"未免编次草率"②,但开创了"藏书家小传"的体例,为后代学者所效仿。

第三,《藏书训略》为目前已知的我国最早专论图书采访的文献。祁承爜之前,虽有郑樵"求书八法",但远没有祁承爜所论述的详细系统。祁承爜之后,孙庆增扩展了《藏书训略》的内容,撰写了《藏书纪

---

① 黄裳.淡生堂二三事[J].社会科学战线,1980(4).

② 张宗泰.鲁严所学集[M].台北:文海出版社,1975.

要》八则,内容涉及版本鉴别、钞录、装订、曝书等方法,但其体例仍是
延续了《藏书训略》的方法,可见《澹生堂藏书约》所产生的深远影响。

第四,就内容而言,《澹生堂藏书约》就有关图书选择、鉴别、查核、
采访及借阅、馆藏管理等方面一一规约,其见解与方法,都与现代图书
馆学相合,可见祁承爜之见识与思想。

因此,历代学者都对《澹生堂藏书约》给予了极高的评价。如张宗
泰认为:

> 全书精粹则在购书、鉴书两类。购书谓"眼界欲宽、精神
> 欲注、心思欲巧",持论宏阔,足当博古通今之目。鉴书谓在
> "审轻重、辨真伪、核名实、而权缓急"。而于四部之书,归重
> 读史。于书目之学,最取《通考》之《艺文略》①,持论俱当乎
> 人心。②

缪荃孙在为《澹生堂藏书约》所撰写的题跋中认为,是约"约简而
明,足为藏书者法"。

周中孚《郑堂读书记》则认为,《澹生堂藏书约》"虽为子孙而设,
是实可为天下法"③。

郑振铎认为:

> 快读数过,若与故人对话,娓娓可听;语语皆从阅历中
> 来,亲切之至。盖承爜不仅富于藏书,亦善于择书、读书也。
> 惟甘苦深知,乃不作一字虚语。余所见诸家书目序跋及读书
> 题跋,惟此书及黄荛圃诸跋最亲切动人,不作学究态,亦无商

---

①　应为《经籍考》。
②　张宗泰.鲁严所学集[M].台北:文海出版社,1975.
③　周中孚.郑堂读书记[M].上海:上海书店出版社,2009.

贾气。最富人性，最近人情，皆从至性中流露出来之至
文也。①

又云"余今晨得明刊本《澹生堂藏书训约》一册，不禁大喜，快读
数过，余味若犹在舌端。此诚是真藏书人，真读书人之精神也！语语
浅近，而无不入情入理"②。

郑振铎还认为在《澹生堂藏书约》的影响下，五年后，江阴周高起
编辑了《藏书志》不分卷二册。郑振铎得万历庚申（即泰昌元年）五月
玉桂山房刊本，"细读《读书志》，正似将祁承煠《读书训》扩大数倍之
物。不分卷，却分'好、蓄、护、专、癖、慧、适、友、助、激、观、遇、闻'十三
部。周氏编纂此书时，与《读书训》刊刻时间相差不过五年，或是受祁
氏影响而纂辑者。采摭颇富，而皆不注来历。仍不免明人纂书通病。
但甚罕见；亦足为好书者案头常备之物。一日而连获此二书，颇自喜
'书'运之佳也"③。

钱亚新评价《澹生堂藏书约》中的训诫和藏书管理方法是"我国
图书馆学一套理论和实践的先驱"④。

乔衍琯则认为，"私家富于藏书者代有其人，清叶昌炽《藏书纪事
诗》所录都千一百二十五人，叶氏未录者，又不知凡几……，然藏家编
印书目者尚不乏其人，能就其收藏情形有所记述者盖寡，有之，亦散见
文集随笔，鲜有能勒成篇卷，示同好者以涂轨者"。而祁承煠恰能将其
宝贵的购书、鉴书经验，撰之于文并公之于世。

况能富则认为祁承煠的学说带动了明末清初的经验图书馆学，使
其更趋成熟，"祁承煠《澹生堂藏书约》，《庚申整书例略》的图书馆整

---

① ② ③　郑振铎. 劫中得书记[M]. 上海：上海古籍出版社,2006.
④　钱亚新. 祁承煠——我国图书馆学的先驱[J]. 图书馆,1962.

理论,及华叔《贮书小谱》的小经验。接着曹溶提出以钱谦益为鉴,呼吁'流通'中经钱谦益的保藏整理思想,黄宗羲的藏书读书思想,徐秉义内府藏书记由'书者,载道之器,治法之所以出也'的认识,提出藏书患杂患伪,以至孙庆增《藏书纪要》,再现图书馆整理说,这就是本阶段①的逻辑过程,其中以祁承㸁和孙庆增的著作为代表……祁承㸁和孙庆增关于图书馆的整理学说,是我国经验图书馆学的成熟思想,所以得到了后继者的充分肯定"②。

(4)《澹生堂藏书约》的地位

"图书馆"是近代的产物,"图书馆学"是一门近代产生的学科。一般学者认为,在我国古代社会并没有形成完备的、自觉的"图书馆学"思想。但祁承㸁的《澹生堂藏书约》的出现却说明,在传统社会不但形成了图书馆学思想,而且无论在图书采访、分类、馆藏管理、借阅各方面都形成了成熟而系统的理论,并有意识地付诸实践。

欧洲第一本图书馆理论的专著,是 1627 年出版的法国图书馆学家诺德(Gabriel Naudé)所著的《关于图书馆建设的意见》(Advis pour dresser une bibliothèque)一书,其内容大略为:"陈述他的藏书哲学,强调现代书籍和古籍珍本的重要性,异教书籍和支持宗教的书籍同等重要,并主张依主题分类系统排列书籍,俾易了解。"③由此可见,诺第的著作不仅在年代上较《澹生堂藏书约》成稿晚,其内容也只限于图书采选的标准及分类,没有《澹生堂藏书约》完整而成熟。因此,《澹生堂

---

①　指况文中的第二阶段——图书馆整理说。

②　况能富.中国十五至十八世纪图书馆学思想论要[J].武汉大学学报,1984(4).

③　SHERA,HAUK J. Introduction to library science[M]. Littleton,Colo. : Libraries Unlimited,1976.

藏书约》有可能是目前可见的世界上第一部完整而成熟的图书馆学理论著作。

四、藏书精神

祁承爜一生不好名利,唯爱读书。读书是其最大乐处,藏书是其最大爱好,如遇好书,"如渴得饮,急取读之",达到废寝忘食之程度;为寻好书,不惜重金,"觅之收藏"。澹生堂藏书多达 10 万余卷,分类科学,编目清晰,管理条理,便于使用,是其毕生努力之结晶,体现了其鲜明的藏书思想和精神,是其精神寄托之所在,是其严谨治学态度的体现。

其一,以经世致用为目的。

澹生堂藏书以经世致用为目的,不以宋本为贵,既不单纯追求藏书数量的增长,也不简单追求版本的稀少。在他的藏书理念中既有传统知识分子注重历史的特点,又有自己的个性,有别于注重版本收藏的藏书家,更注重文献的内涵。澹生堂的特色馆藏中有许多当世藏书家所不重视的方志资料、民俗文献和当代的文集、史料等即是出于这种考虑。祁承爜自京城赴磁州上任之前,还要求家人"第一要紧,在大楼上卷箱内,有吉安府乡约、士约及《长洲救荒全书》,并一应拟底簿及各项条议书册带来"①。

自明代中期以来,"实学"思潮悄悄萌动,明末学者多有一种经世致用的思想,特别是随着明代社会矛盾不断激化,各阶层之间的冲突时有发生,甚至演变成地区的暴动和动荡,那些以天下为己任的士大夫更关注与富国强兵、国计民生相关的实际问题。因此,在明末内忧

---

① 黄裳. 祁承爜家书跋[J]. 中华文史论丛,第三十二辑.

外患的政治环境下,祁承㸁将藏书作为实现其社会价值、政治理念的
"墨兵"。他在与儿辈交谈中,解释自己为何在朝野内外一片言武之
时,仍用力搜访图书,整理目录:

> 儿辈乘间请曰:大人笃嗜亦已有年,昼夜之所拮据,远迩
> 之所搜访,殆无宁刻,儿辈既不敢引彦国摇扇视事之劳,愿大
> 人思仲容生平几两之屐。况今疆场羽书狎至,庙堂言武之时
> 也。大人虽不怀用世之心,亦宁无忧国之念,奈何敝敝然耗
> 精于鼠啮,而不鼓念于闻鸡乎,余笑曰:此是吾家墨兵。余日
> 来正于此中部署整搁,第汝辈不解兵机耳。①

可见,无论是藏书本身还是对藏书整理,都是祁承㸁心中经世致
用思想的体现。

祁承㸁最忌空谈,认为藏书虽然艰辛,但只有真正读过、用过,才
能发挥其作用,他认为:

> 慨遭书之难遇,残阙必收,念物力之不充,鼠蠹并采,或
> 补缀而成鹑结之衣,或借录而合延津之剑,此又吾之收散合
> 奔而转弱为强者也。所患者得之未能读,读之未能臆,如道
> 济之量沙,士终不能宿饱,亦如饼师作饼,终日未尝入口,与
> 旁观者同为柈腹耳。借箸空谈,固兵家之深病,亦吾辈之深
> 宜警惕者也。至于忧国,人孰无胸,先辈有云,士大夫当有忧
> 国之心,不当有忧国之语,谅哉斯言,先得吾心矣。②

其二,以锲而不舍为动力。

受家风影响,祁承爜从小就喜爱读书,10岁时就沉醉书海,乐而忘返。随着年龄增长,祁承爜开始主动地搜求图书。经过多年的苦心收集,"合之先世"所藏,祁承爜的藏书一度"颇逾万卷,藏载羽堂中",可惜在万历二十五年(1597)的冬天,尽毁于祝融,"先世所遗迹及半生所购,无片牍存者"①。正如他自己所言,"自童子时,喜弄柔翰,便好辑古人书。然时得时失,终无次第"②。

此后,祁承爜重头再来,开始了第二次收集图书的历程,采访的地域范围由杭州、南京扩展到全国。他利用在山东、江苏、江西、安徽、河南等地为官的便利,千方百计重新访求图书。祁承爜为求书殚精竭虑,每得异书,他无不"惊喜异常,不啻贫儿骤富矣"③。祁承爜一生两次藏书,历经20多年的积累,终使澹生堂成为当时江浙首屈一指的藏书楼。

其三,以开放兼容为视野。

祁承爜具有开放的视界。他对入藏文献的认识,着眼于实用的开放性阅读。祁承爜批判当时文人专守一经,"子弟稍窃窥目前书一二种,便自命博雅,沾沾自喜,不知宇宙大矣"④的现象,他枚举古往今来,煌煌巨著,名家藏书,无不内容丰富,包罗万象,因此只有拥有宽阔的眼界才能开拓图书入藏范围,丰富采选种类。

其四,以通达贯穿为灵魂。

祁承爜藏书不仅是为了"藏",更是要"读"。在少年时,祁承爜就酷爱读书,其自述道:"余十龄背先君子时,仅习句读,而心窃慕古……余每入楼启钥取观,阅之尚不能举其义。然按籍摩挲,虽童子所喜,吸笙摇鼓者,弗乐于此也。先孺人每促之就塾,移时不下楼,继之以呵

---

①③④　见祁承爜.澹生堂藏书约[M].上海:上海古籍出版社,2005.
②　　见祁承爜《澹生堂集》卷十二《数马岁记中》。

责,终恋恋不能舍。"①

陈继儒在为祁承爜所写的序中也指出:

> 士大夫读书不难而难辞达,达非易言也。得之书者,欲其达于口;得之口者,欲其达于心;得之心者,欲其达于文章政事;得之文章政事者,欲其达于子孙黎民。岂以巧绘冥搜衮衮与文人相雄长而已乎? 如山阴夷度祁公真可谓达也已矣。公累官至大恭青袍,素被,生平无他嗜,独嗜书。其所藏几与宛委山等,而悉以兵法部署之。宴坐密园内,环书为巢,抽取何籍,辄指某架、某部,十而不失其一焉。征问故实所自出,辄指某书某卷某几行,百而不失一焉。料拣贯串,巍然推东南一大儒矣。②

可见,祁承爜不仅藏书,更对图书内容了如指掌,不仅是藏书家,更因阅读而成为学问家。

其五,以嗜书成癖为情趣。

祁承爜一生酷爱图书,"少有玄晏之嗜,结庐储书,沉酣自适,每谓蠹鱼"③。祁承爜向其后人讲述自己对书的热爱:

> 惟移此种种嗜好,注于嗜书,余亦不逮望尔辈,以冥心穷讨,苦心编摹。惟姑以此书日置几席间,视同玩器,装潢校雠,朝斯夕斯。随意所喜,阅其一端。一端偶会,此卷自不忍不竟。一卷既洽,众卷复然。此书未了,恨不能复及一书。方读其已见,恨不能读其所未见。自然饮食寝处,口所噉嚅,

---

① 祁承爜.澹生堂藏书约[M].上海:上海古籍出版社,2005.
② 见祁承爜《澹生堂集》卷首:(明)陈继儒序。
③ 见祁承爜《澹生堂集》卷十一《密园前记》。

目所营注,无非是者。①

祁承爜的好友范允临如此形容其对图书之情:

> 所以寄志者,园曰密,堂曰澹云尔。簿书稍闲,辄手一
> 编,听断在庭,咿唔在口,比于手挥五弦目送归鸿矣。性有书
> 癖,志在搜奇,诸如紫台、青简、绿帙、丹经、玉版、秘文、瑶甋、
> 异牒,罔不募至架上,贯彼精凝,殚其旨趣夫。且发言成论,
> 吐词为经,风雨争飞,鱼龙互变。②

五、人生态度

祁承爜宦海沉浮 20 余年,虽不平坦,但也称得上是一时之良吏。
作为文臣,对救灾、平乱、用兵西北等政务都有很高的见地,为官所到
之处都颇有政声。同时官场见闻,也滋养了他淡泊名利、寄情书海的
人生态度。

万历三十八年(1610),祁承爜入京述职,因在长洲任上的政绩与
声望,本可获得升迁,但却没能获得要职。据陈仁锡《大恭祁父母夷度
先生传》中所述:

> 庚戌再当觐朝,台省宠以卓异,行高其冠盖。公无膻俶
> 萧寺一榻,担所藏龟山、无垢书,鸡鸣风雨,讽咏不辍,未尝一
> 履要门,是故清华之誉竟翻,于贝锦南比部,甘如素履。……
> 呜呼! 士自有品,岂得以口舌爱憎贵贱之哉? 公即日与同咨
> 凡同谭公共驾一叶而南,严霜苦云,誓若一心。嗣后忆密园,

---

① 祁承爜.澹生堂藏书约[M].上海:上海古籍出版社,2005.
② 见祁承爜《澹生堂集》卷首:(明)范允临《范序》。

恐其芜,再忆藏书,虞其散。不惜捐余俸以润密,益购名书以旷所观。仕澹而千卷,不啻浓,公真大学问人也。①

陈仁锡对祁承爜为官、为人的态度评价颇高。

祁承爜总结自己的为官:

> 涉世半生,初尝宦味,世路多端,惟仕途最纷,亦惟吾辈作县之途最险,稍不于性分职分中猛力坚持,则脚跟终难立定,所以古人独系途于仕,夫途则千溪万径皆从此出,苟非眼界阔大,归并一路,则堕坑落堑,其可胜道②?

祁承爜为官正直,为人超脱,坚持自我,在他看来:

> 人生心性须令坚忍,眼界须令宽广,前途事业尽自有无穷者。在吾辈不可将此身看作轻浅,一看作轻浅则依阿之态,贪得之念,无所不为矣。③

及至中年,祁承爜对官场已存倦怠之心。他在日记中写道:

> 余性爱闲,每欲郊居谢客,明窗净几,花朝月夕,形影徘徊,心口自啄,于此中得有少趣。而一入簿书,十年桎梏。④

祁承爜在与友人徐行父的信中表明了"功名富贵身外长物,又奈何于长物中作分别见耶?"⑤的处世观点。祁承爜自称"夷度",藏书之所取名"澹生",都表明了其淡泊名利的人生态度:"主人性畏涉世,世

---

① 　陈仁锡.无梦园遗集[M]//四库禁毁书丛刊:集部.第142册.北京,北京出版社,2000.

② 　见祁承爜《澹生堂集》卷十七《与余舜仲》。

③ 　见祁承爜《澹生堂集》卷十七《与尔器弟》。

④ 　见祁承爜《澹生堂集》卷十二《数马岁记》。

⑤ 　见祁承爜《澹生堂集》卷十七《与徐行父》。

亦见怜,门屏之间剥啄都尽,镇日危坐,清夜焚漱,典来成癖,时怀五岳之游,意到著书,不作千秋之想。顺逆境中,颇能自在。缺陷界上不碍纵横。主人自称夷度,意在斯乎?"①

而澹生堂之命名,是因为:

> (澹生堂)主人之居堂也。食无重瓯,饮无重罍,卧无重褥,执役无重仆,此亦天下之至淡矣,而要非主人之所谓"淡"也。夫天下之能累淡者,非浓也。人情当其沈酣而自溺,若蛾之赴火,而蝇之集羶。视天下之至味,独此矣。②

从祁承㸁的众多诗文中也可看出其淡泊的人生态度。有题为《澹生堂》的八言诗,一首:

> 解淡意之可以藏身,知有生之资于全神。
>
> 素椽远胜珠帘画栋,满经惟余翠筱松菌。
>
> 野马任教自鸣自舞,世情几令无喜无嗔。
>
> 一心但使如同墙壁,七尺何虑日就磨磷。③

从中可见祁承㸁淡泊世情,与世无争的心境。此外,祁承㸁斋头所题座右铭:"数声清磬是非外,一片闲心天地间。"④正是其淡泊人生的写照。

六、处世哲学

作为饱读诗书的文人士子,祁承㸁眼界开阔,思想开明,但受时代

---

① 见祁承㸁《澹生堂集》卷十一《夷轩》。
② 见祁承㸁《澹生堂集》卷十一。
③ 见祁承㸁《澹生堂集》卷四。
④ 见祁承㸁《澹生堂集》卷十一《蒿室》。

的局限,在他的身上也有典型的传统士大夫的脾性,如讲究星命黄道,笃信流年,不但起造建屋都要选择良辰吉日,"归家日期,亦必斤斤于一日之后先"①,就是对自己的子孙命运也是如此看待,畏忌冥冥之中天理报应,天道轮回,认为子嗣传承为家族第一要事,他曾告诫祁骏佳"汝今年若得一子,与媳妇更须万分修持,以报天意也"②,也曾对子辈言道,"所望者汝辈功名第一事,然忝孙尤第一事也"③。

晚年处理家中孕婢之事可谓典型案例。祁承爜之子祁骏佳婢女有孕,他首先认为是其子星命不好,"去年之星命原是十分不好,其金星在三月间始出,故逃婢之事正以应之。若戊寅之运而欲室家完完全全无缺欠之事,断不能也。故凡事只可安命而已"。进而希望其子,在此时仍能以科举事业为重:"能有一种料理举业心肠,此真是一段好光景。惟千忍万忍,以坚此进取之一念,即所谓皇天亦不负苦心人也。望之,望之!"

对于此事的处理,祁承爜所担心的是处理失当给家门带来噩运:

> 我日来之所深忧,在家中处孕婢之一事,恐其过当,不特关汝一生之事,亦关我一门之事。我非以此婢之孕必为子,亦非以汝失此一孕终身不复子,但只以造物之生机论之,凡世间一动一□,俱不要戕害他,况以我之骨血而必欲致之损伤?如此干和之恶业,造物肯更能为汝育子息否?不但汝也,肯更能为吾门广生育否?是以汝之一事而累吾一家也。

对于处置方法,祁承爜认为:

> 大抵汝母幸一生得子之易,每见人家妾婢之子,最所厌

___

① ② ③　黄裳. 祁承爜家书跋[J]. 中华文史论丛,第三十二辑.

薄。况此婢又自犯应出之条,何所逃罪。然不可因此以迁怒其腹中之物也。天下事多少从大不惬意处做出惬意事来。倘以汝命偃蹇,不易得子,而天以此懊恼之中令汝姑留一脉,亦未可知。《易》云:"鼎颠趾,利出否,得妾以其子。"正此谓也。暂送商姑娘处,此甚得之,只将产之时,必须接他归来。待其分身之后,如女则不可言,若是男,一体做好抚养。

对于此婢女的处置及所出子女的未来,祁承爜完全归于天命:

即此婢之出,亦须待我归家,我看其子之相貌星命是向上之人否,又看此婢之相貌是不至流落之人否,待自择一士人嫁之。倘得如真西山魏鹤山之事,两家皆有依靠,即汝子后日是能长慰子母之情。不然,如其母为流落狼狈之人,汝子长成,来何以为心?若既留,便须计及其后也。

祁承爜之所以如此周全思量,是出于对天道的敬畏,不想因为不合宜的处置影响家族运势:

所以惓惓于此者,正以天之待吾身者不薄矣,我家再堪不得有一毫上干天和之事。所以于衙中之恶奴尚尔留其一命者,只自念自入仕二十三年,自堕地六十五年,未尝亲手害人一命。天下有多少仕宦人毙人杖下者。而我从来幸无此等事,至临终之际,自反身心,亦觉快然。所以益自珍重,益不忍为晚年做缺欠事也。此亦天之所成就我者多。……造化不欲我有亲手害人之事耳。益以此自为坚执也。陈仲醇每教人杜杀机、养喜神,此二语不可不深思之。①

———————

① 黄裳.祁承爜家书跋[J].中华文史论丛,第三十二辑.

由此可见,祁承爜恰是一个生活在传统社会,受理教思想束缚的典型的士大夫。

第二节 家族传承

祁承爜的家族充分传承了江南私家藏书的传统。祁承爜的先祖可以上溯至春秋战国时代晋国大夫祁奚,家门显赫①,世居山西。

祁氏家族以宋代祁安禄为始祖。"祁安禄,字天爵,号关望,陕西韩成县人。随宋高宗南渡至浙江世居山阴。初居梅市其后人繁衍散居福严多村"②。其后五代姓名失考。

在祁承爜八世祖祁茂兴(温泉公)时,迁居梅福里(今绍兴袁梅乡)。

七世祖祁安,祁茂兴次子,"是为湖溪耕乐公,前后两分之祖"③,带领乡里抵抗倭寇,颇有侠义之名。

六世祖祁纪,祁安长子,"是为云林樵甫公,前分之祖"④,拓展家业,教子读书。

五世祖祁福,祁纪长子,字天赐,号直菴,"生永乐十八年(1420)五月十八日,卒成化廿二年(1486)五月初八日,享年六十有六。天顺二

---

① 陈仁锡.无梦园遗集[M]//四库禁毁书丛刊:集部.第142册.北京,北京出版社,2000.

② 见(清)祁昌征著《山阴祁氏世系表》。另有《祁氏世谱》以元末祁望为始祖,祁望带领家族由"洪洞大槐树迁居寿阳县北平舒村",此后十世隐居于田。(国家图书馆地方志家谱文献中心.祁氏世谱[M]//清代民国名人家谱选刊续编:卷35.北京:北京燕山出版社,2006:307,65.)

③④ 见(清)祁昌征《山阴祁氏世系表》。

年(1458)由岁贡任福建龙溪县教谕,升四川重庆府教授,赠文林郎广西道监察御史,晋赠中宪大夫直隶池州府知府"①。后人评价其为官"皆有法"②。

四世祖祁司员,祁福次子,字宗规,号梅川,成化十三年(1477)举人,成化十四年(147 年)进士,历任唐山县知县、广西监察御史、徽州知府等职,弘治九年(1496)出守池州,卒于池州知府任上,有《先忧集》《仕忧集》《奏议》等存世。此后,一直维系着良好的门风。高祖、祖父为官清廉,"祖、父世代清白吏"③,是当地著名的公卿世家。

曾祖父祁锦,祁司员三子,号闇斋,贡生,任中宪大夫及贵州按察副使等,"赠陕西布政使右布政使"④。

祖父祁清,字子扬,号蒙泉,嘉靖十九年(1540)举人,嘉靖二十六年(1547)进士。曾任南京礼科给事中、福州府知府、贵州副使、湖广参政等职,以直谏显名于朝廷,隆庆四年(1570),卒于陕西布政使任上。祁清为官清廉,去世时无下葬之资,"盖殁之日,发遗装而无以治丧也。时乡人王先生涂南者,臬于陕,宣言于众曰:'祁公廉吏,是不办治丧,吾辈何以慰九原?……'太夫人曰:'殁者无以为舆亲,存者无以治行李。未亡人诚苦之,然终不敢以数百金伤先君子廉。'……观者为之凄恻"⑤。

祁氏的藏书习惯始于祁清。祁清善阳明之学,并与王阳明的弟子

---

①④　见(清)祁昌征《山阴祁氏世系表》。

②　徐文梅.嘉靖山阴县志[M].乡贤传.上海:上海书店,1993.

③　张廷玉.明史:列传第一百六十三,祁彪佳传[M].北京:中华书局,1985.

⑤　见祁承爜《澹生堂集》卷十五。

相交,使得祁承爜深受理学思想的熏陶[①]。祖父母的典范作用对少年祁承爜产生很大的影响。祁承爜评价祁清:"先大父性沉实,绝不洗浮华。其于种种嗜好,澹如也。操行峭直,不善为貌。交一与之契,终身为异趋,临事挺挺有执持,一切毁誉是非,俱不能动。"[②]祁承爜给自己的书房取名为"澹生"也与祖父行事风格、人生态度有关。

祁承爜的父亲祁汝森,字肃卿,号秋宇,祁清第三子,生于嘉靖十八年(1539),卒于隆庆六年(1572),廪生,"赠河南按察使司副使"[③]。去世时年33岁,留给仅10岁的少年祁承爜最宝贵的遗产就是家族藏书。

祁承爜的伯父祁汝东,隆庆元年(1567)举人,任江西赣州同知,两淮盐运史等职。在父亲去世后,祁承爜"蒙伯父抚恤,过于所生,髫年以内,虽无父而有父"[④]。

祁氏一族可以说是出身名门,历经几代人的励精图治,终于成为绍兴文献世家,几任为官先祖皆颇有政绩,也清正廉明。正如陈仁锡赞言:"烨烨公族,为晋巨卿,汴流遐邈,徙越隶萌。五传开美,闻人乐耕,代衍忠节,门垂直声。"

祁承爜的家族世代读书,自称为"文献世家"[⑤],留下了一定的书

<hr />

① 王思任.祁忠敏公年谱[M]//祁彪佳.甲乙日历.台北:台湾银行,1969.

② 见祁承爜《澹生堂集》卷十五《先祖考通奉大夫陕西布政司右布政使蒙泉府君暨先妣金太夫人行实》。

③ 见(清)祁昌征《山阴祁氏世系表》。

④ 见祁承爜《澹生堂集》卷十七《上世父都运公》。

⑤ 祁承爜在给儿子的家书中写道:"我一生功名富贵皆不如人,而独于藏书一事,颇不忝七八代之簪缨。此番在中州所录书,皆京内藏书家所少,不但坊间所无者也。而内有极珍极重大之书,今俱收备,即海内之藏书者不可知。若以两浙论,恐定无逾于我者。以此称文献世家,似为不愧。"//转载自:黄裳.祁承爜家书跋[J].中华文史论丛,第三十二辑:265.

籍积累,"通奉公(即祁清)在仕二十余年,有遗迹书五七架,庋卧楼上"。更重要的是,受家族熏染,少年祁承㸁对图书就十分的痴迷,他"每入楼,启钥取观阅之,尚不能举其义,然按籍摩挲,虽童子之所喜,吸笙摇鼓者,弗乐于此也。先孺人每促之就塾,移时不下楼,继之以呵责,恋恋不能舍"①。

祁承㸁的后人同样继承了书香门第的传统。祁承㸁共生五子一女。长子祁麟佳。次子祁凤佳,字德公,号武夷,贡生,赠兵部员外郎。三子祁骏佳,号季超,拔贡生。五子祁象佳,字子音,号翁艾,贡生,娶妻朱燮元之女。

四子祁彪佳(1602—1645),秉承了其父实用主义的藏书思想,有藏书楼"八求",取名于郑樵的"求书八法"。有《远山堂曲品》《远山堂剧品》两部戏曲类专目代表作,对戏剧、传奇等进行分类,并撰写自己的品论,不仅在目录学研究上具有自己的特色,在戏剧批评史上也占有重要地位。

祁彪佳次子祁理孙(1625—1675),字奕庆,号杏庵,是清初遗民群体的代表人物,曾参与反清斗争,失败后热心佛法,有藏书楼"奕庆",并撰《奕庆藏书楼书目》,将四部分类法改为五部分类法,将丛书单独立部,称作"四部汇"类,体现了其目录学思想的创新与承继。

---

① 王余光.藏书四记[M].武汉:湖北辞书出版社,1998.

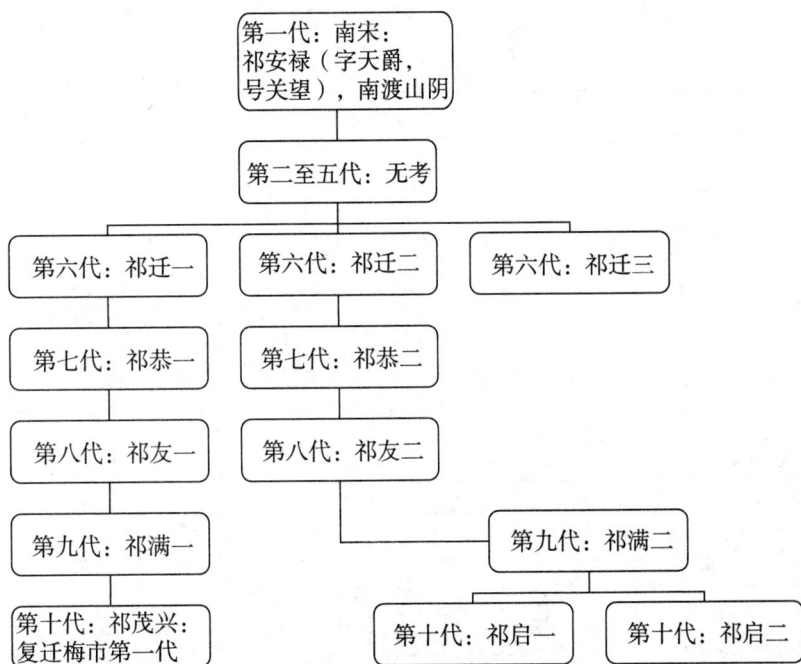

图 1 祁氏家族世系简表(以祁安禄为始祖)①

此外,以祁彪佳的夫人、诗人商景兰为代表的祁氏家族女性创作团体,在明末、清初的文坛中也占有一定的地位,体现了祁氏书香传承,以及对女性文学的支持。

正如《明诗综》所载:"祁氏之在明季,门材最盛。祁彪佳以故应天巡抚殉国难,又祁骏佳精小楷,弟豸佳书画摹董文敏逼真。又彪佳子理孙、班孙,兄子鸿孙,亦并有闻于时,则诗书之泽长矣。"②

---

① 见清嘉庆五年(1800)抄本,(清)祁昌征《山阴祁氏世系表》。

② 朱彝尊.明诗综卷六十九[M].北京:中华书局,2007.

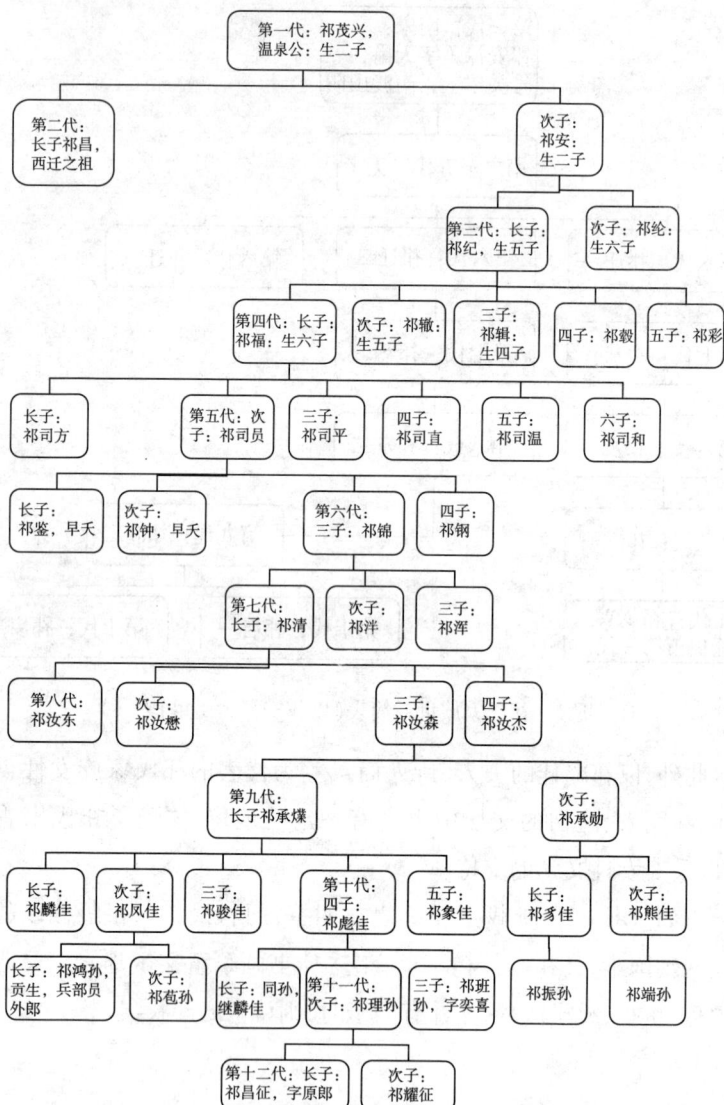

图 2　祁氏家族世系简表(以祁茂兴为始祖)①

————————————
①　参见(清)祁昌征《山阴祁氏世系表》《山阴祁氏家谱》。

第三节 学术网络

中国传统社会的私人藏书,从纵向上,以血缘宗族为基础,代代相传,子孙递守;在横向上,藏书家之间则广为结社,互通联谊。以浙东祁氏家族为代表的江南藏书家族,走出封闭的书斋,通过与当世知识分子交游把藏书从个人行为发展为群体行为,进而通过知识分子间的结社扩展为表达话语权的社会行为。

祁承爜在目录文献学中的真知灼见,除了对前人优秀成果的继承及弘扬,也离不开他与同时代文化名人交游时的汲取。《澹生堂集》的日记中载有祁承爜走出书斋,以书会友,与当下社会名流交往的大量记录,凸显其开放的治学态度,集中表现在共同的学术探讨、办学之道、寻书交流、藏书交换、结社交往等各个方面。

一、师承渊源

祁氏家族不仅是明代藏书家的代表,也是明末知识分子群体的典型。受时代及家族影响,祁承爜授业于理学家周汝登(1547—1629),并与当时的理学家们保持着密切的来往,其目录学深受理学思想的影响。

祁承爜与明代理学诸儒有很深的渊源。在当时著名学者为《澹生堂集》所撰写的序言中多次提及祁承爜与心学的渊源关系。

梅鼎祚写道:

> 若夫尚名理,析性命,则又皆? 曾其乡,濂洛其派……夫
> 园名密堂名澹,以之明志以之洗心,皆是物也,盖祁君之先王

父通奉公与王驾部先生一时私文成之绪,以正学鸣,东越王先生则尔光之外王舅,其渊源有自哉①。

冯时可写道:

> 盖当今之特起者,尔光王父为文成王先生高足,而尔光师于王父,特契良知之旨,养深蓄盛,故其所为诗与文自脱笙笛,独开堂奥,采菽中原而不竭,问途大块而不迷,风骨理脉兼长,并擅余情逸兴,侵淫于仙经佛乘②。

张涛序云:

> 其壁拈转□和无垢诸篇,根柢正学,标揭名理,而名理跃然语言文字中……尔光起家东越,而东越之道德功名,节义文章,冠冕昭代者,孰如文成王先生,尔先之王父躬师文成,而尔光家师王父渊源衣钵所从来矣。契曰元气混沌,孝在其中,良知一脉,赤子之心耳,尔光不失此心③。

浙江是王阳明心学的发源地。祁承爜的祖父祁清曾是王阳明的弟子,并与龙溪先生王幾私交甚密。祁承爜因父亲早逝,少年便受到祖父的悉心教导,受王学影响颇深。在婚事上,祁清为祁承爜"先聘职方王公应吉女,即南驾部龙溪王公之孙,未婚蚤故"④,后迎娶王幾弟子王钟瑞之女。

受家庭背景、姻亲关系的影响,祁承爜与理学家交游频繁。先拜

---

① 见祁承爜《澹生堂集》卷首:(明)梅鼎祚《梅序》。
② 见祁承爜《澹生堂集》卷首:(明)冯时可《冯序》。
③ 见祁承爜《澹生堂集》卷首:(明)张涛《张序》。
④ 见祁承爜《澹生堂集》卷十五《先考文林郎直隶苏州府长洲县秋宇府君暨先妣沈孺人行实》。

周汝登为师，又与晚明理学家、同乡刘宗周（1578—1645）往来密切。祁承爜任宁国令时，与笪继良相熟，并一起施行教化；在吉安任职时间，又与理学家邹元标、罗大弦等交往论学。在祁承爜的社交网络中，与明代思想家顾宪成谈论学问①；与樊良枢作"知己晤谈"②；与许光祚"二十年莫逆交"；与文震孟（1574—1636）彻夜长谈③。与申时行（1535—1614）痛陈时弊；与吴默建言救荒赈济一事。

周汝登（1547—1629），字继元，别号海门，浙江嵊县人。万历五年（1577）进士，先后任南京工部主事，历兵、吏二部郎官，官至南京尚宝司卿，后因不满朝政而遭贬官。主要著作有《海门先生集》《东越证学录》《圣学宗传》等。周汝登闻道于王畿，师从罗汝芳，以王阳明的"本心"之学为宗。

万历二十九年（1601），祁承爜自京城返乡，在病中感悟性命之道，因而拜周汝登为师。陈仁锡《夷度先生传》中记录了祁承爜拜师的缘由，"辛丑下第归自广陵，病几不起。夜半有灵神授以圭，诘日乃愈。公寝更以性命理大溯本于王父之宗，则王文成为上谱，因执弟子礼庄事周海门先生"。祁承爜在日记中记载了与周汝登多次见面的情形，可谓亦师亦友，交情甚笃。

基于此，祁承爜与周汝登的弟子、学友也有着密切的交往。在《泰州学案（五）》中依次著录有周汝登、陶望龄、刘塙三人。刘塙，为周汝登的弟子，黄宗羲说："学海门之学者甚众，而以入室推先生。"陶望龄的学说也多得之于周汝登，虽或尚未称门人弟子，与海门的关系亦在师友之间。因而，同样出于周汝登的祁承爜与此二人也交往颇深。

---

①　见祁承爜《澹生堂集》卷十七《与顾泾阳》。
②　见祁承爜《澹生堂集》卷十七《与樊致虚》。
③　见祁承爜《澹生堂集》卷十七《与文文起》。

刘墉，字静主，号冲倩，会稽州人。祁承爣称刘墉为"一字师"，是"难得共性命之友"。

陶奭龄(1571—1640)，字君奭，一字公望，号石梁，又号小柴桑老，会稽人，王阳明之三传弟子，与其兄陶望龄并称"二陶"。祁承爣与陶奭龄有"三十年同社同志之交"。在给陶奭龄的信中，除讲述自身理想、处世态度、为官哲学外，也涉及藏书及图书编纂活动：

> 功名固不敢望人，利欲向非所溺，惟好衰辑古人之遗书，表章前哲之遗范。而追悔六十年之间，何曾有经年历岁专功于此之日，如《绍兴文献志》、《两浙先辈盛德录》、《越中隐佚考》之类，皆有志而未能者也；如《世苑》，如《友鉴》，如《前贤大事案》之类，皆已辑而未就者也。惟自通籍二十余年来，回环郡邑之间，曾辑有古今守令之事，足为后人取法，名曰《牧津》，五十卷，分为三十类，于弥变安民化导肃法之事，颇为详尽。此书或于世有小补乎？至于《两浙著作之考》，为卷亦六十有四，于吾乡前辈之著述无不备哉，其名目第尚恐有遗于耳目闻见之外。此二书者虽已成卷，然更当请裁于兄者也。①

二、与藏书家之交游

在当时，江浙藏书家之间多有往来，千顷堂黄氏父子与丁雄飞签订《古欢社约》互借图书成为一时美谈。祁承爣的朋友郭子章、陈继儒、潘曾纮、梅鼎祚等都是藏书家，相互交往甚密。

（1）郭子章

郭子章(1542—1618)，字相奎，又号蠖衣生，江西泰和县（属吉安

---

① 见祁承爣《澹生堂集》卷十八《与陶公望》。

府)人。郭子章"能文章,尤精吏治"。他曾与邹元标等讲学于吉安青原山和白鹭洲,因而与时任吉安知府的祁承爣相熟。

祁承爣在澹生堂收藏了郭子章的《续豫章诗话》,四册十二卷,著录于《澹生堂藏书目》诗话类,并收入《澹生堂余苑》。《豫章诗话》从郡县方志集选取材料,专门评论江西籍诗人及其作品。这种专集一地作家著作的体裁方式与祁承爣的《两浙名贤著作考》有异曲同工之妙。二人多有书信往来,并就编纂著作等问题进行探讨,互相启发。郭子章也曾帮助祁承爣探访当地名贤著作。祁承爣在与郭子章的信中写道:

> 昨所请文献一志,盖据不肖生平所见者,惟新安、清源及淮郡三府耳。新安系程篁敦所辑,而清源则林宗伯之笔也。……大约豫章书中所载,吉州名贤皆可入献,特于奏议诗文之关世道者,须更一采辑之耳。大约取前志略一览可得其规模梗概矣。承示乾乾辑并《解老》二刻,如获拱璧。①

二人所探讨之学问,除理学方面外,在史学方面也有所涉及。祁承爣在吉安沿江考察地方政绩、民风时:"(三月)十五日,郭青螺司马来会……席间述黔中事甚悉,余因言国朝二百余年,尚无正史而一代史才如元美诸公者,已墓木拱矣。巍然灵光独存者,非先生而谁?"②可见,祁承爣对郭子章之学问评价甚高。同时,祁承爣也谈及编史之方法:"温公之《通鉴》,先具丛目次集长编,然后成史。今或以历朝大政所关,仿袁枢通鉴纪事本末之类,勒成一书。上之天府,颁行郡国,亦宇内一大典也。"③

---

① 见祁承爣《澹生堂集》卷十七《与郭青螺》。
②③ 见祁承爣《澹生堂集》卷十三《江行历》。

万历四十五年(1617)三月祁承㸁被罢官,消息传来,郭子章"乘夜至坐,语尽一鼓,不胜世道之慨"。祁承㸁念其"风雨凄凄中坐小艇昼夜行二百里,惟恐不获一握手言别。此段交谊,令去国之人倍增感叹"①。可见二人交谊之深厚。

三月二十七日,祁承㸁启程返乡,郭子章更是于舟上送行。郭子章劝慰道:"用之则行,舍之则藏。此是行藏各有其具。人知用行之具为难,而不知舍藏之具为尤难。愿勿需此岁月。"对此,祁承㸁认为更当勤勉作为,"以报知己"②。而祁承㸁也正是如其所言,归乡期间不仅在藏书整理方面,而且在著书立说方面也颇为精进。

(2)陈继儒

陈继儒(1558—1639),字仲醇,号眉公,华亭(今属上海松江)人,明末藏书家,有藏书楼"宝颜堂"。陈继儒29岁起以隐士自居,于诗文、戏曲、小说、书法、画艺等方面均有研究。陈继儒藏书丰富,对经、史、诸子、稗官与释道等书,无不研习,博闻强识,在江浙地区的知识分子群体中很有声望,是明代晚期山人群体的代表。

陈继儒对祁承㸁有很高的评价,认为其藏书而能用,读书而至练达。在陈继儒看来:

祁承㸁"初令宁国立社仓,置义田,而长洲荒政役法尤著,则朱子常平法富郑,公赈青州法也。自南比部出守吉安章贡男女蔽江而避水灾,公登城悬赏,呼营卒渔艇出之鱼腹中而又给谷千百石,则汲长儒便宜法也。讲武宿州,谈笑靖煤徒之变,俄报白莲起得无恙,则赵广汉破散法也。狱莲孽纵舍误辟者四十二人,则于定国虑囚法也。副职方筹辽筹黔筹粤………凡此非公读书至练达通达处乎?练达者,识必老,

①② 见祁承㸁《澹生堂集》卷十三《归航历》。

通达者,神必活。推而及于著作直家,常茶饭相似,书破万卷下笔尚可思议耶。即《澹生堂诗集》、《外集》,转一语而捷若河悬,卓一字而峻如山拔,讽喻闲适有清明寥渺之思。……学问如公斯,亦未可以少休乎?且赋诗曰:'良辰不可得,加飡尤努力,非为秉烛游,日夕自有职。'余尝读而悲之,人生不过百岁耳,必欲通天通地通人,立功立言立德,事事圆满,悉攒促于三万六千日之中,而丹元子不公待也,奈何哉。壮心未已,端望后贤,而世培侍御公出矣。……夷度公生前学问非直见之文章政事,实见之子孙黎民,其辞达孰大于是。若曰公卓异而不征台省,具文武经济才而不赐节钺,此利达之达非公之所谓达也。公以澹生堂名集,意味深远矣"①。

从陈继儒的文字中可以看出,祁承爃藏书是为了读书,读书是为了经世致用,以资国政。只有这样才能充分发挥藏书的价值。

此外,陈继儒与祁承爃搜书会成员张汝霖也是好友,他在《古今义烈传序》中写道:"肃之与余称三十季老友,而素心遥对,杖屦诗酒,呼吸相通。"

(3)潘曾纮

潘曾纮,字昭度,乌程人,"万历丙辰进士,崇祯七年,巡抚南赣。九年,羽书征天下勤王,曾纮提兵入卫,独先诸道渡江,以劳成疾,卒于军,赐祭葬"。潘曾纮是明末著名藏书家,其藏书为晚明湖州之首,"有意汲古,广储缥缃,视学中州,罗致更夥"。黄宗羲言及其藏书特色,"昭度欲改《宋史》,网罗宋室野史甚富"②。然而,潘曾纮的藏书在"鼎革时遭劫,士兵至以书于溪中叠桥为渡,以般运什物。书之受厄至此。

---

① 见祁承爃《澹生堂集》卷首:(明)陈继儒《陈序》。
② 见黄宗羲《天一阁藏书记》。

书目已不复存"①。

据《藏书纪事诗》描述：

> 细柳旌旗首渡江，将星黯澹落军幢。
>
> 乱书叠石人如蚁，不用飞梁驾急泷。

祁承㸁与潘曾纮志趣相投，感情深厚。祁承㸁在给潘曾纮的信中阐发对友谊的认识：

> 吾辈论交最忌泛泛，则无一事可凭，亦最忌狷狷，则无一念相关。而一体休戚中，又须有一段确然道义挺持之意，乃是真正朋友。独恨与兄相知之晚耳。②

在两位藏书家的交往过程中，必不可少的则是对藏书的认识，"天下真无无对之事，如弟嗜书，尝自笑为海滨奇癖，不意吾兄之臭味相合"③。

祁承㸁多次致信潘曾纮请其代为查访书目或采购图书。祁承㸁曾托潘曾纮"抄补周益公《平园续集》数卷，必须多方一觅，即录赐以成完书，至望至望"。祁承㸁之所以能如此请求潘曾纮帮忙正是因为"知兄于此有深情耳"。

对于这位志同道合的友人，祁承㸁也在信中通报所知信息："我朝会试廷试二录，自开科至今其板俱存礼部，此昭代大典，藏书家不可不存。知兄亦须办此，并为弟刷印一部。但一科不可使缺所刷者，即留之都门，弟自差人来领。至嘱。"④

---

① 见《吴兴藏书录》：《后林潘氏书目》下引《湖录》。
②③④ 见祁承㸁《澹生堂集》卷十八《与潘昭度》。

（4）天一阁范氏

祁承爜与天一阁范氏也有往来。据日记记载,祁承爜曾受赠于范氏天一阁,"(万历四十六年四月)十五日,得范元辰年兄寄示《天一阁书目》,并见贻司马文正公《稽古录》。此书大约与吕成公《大事纪》相类,晦翁独称其简要有体,恐亦公编摩《通鉴》后所成也"①。这是见于纪录的《天一阁书目》的最早本,也见著录于《澹生堂藏书目》中,可惜今已失传。

另一位天一阁后人范汝梓曾为祁承爜《澹生堂初集》撰序。范汝梓,字君材,鄞县(今浙江宁波鄞州区)人,范大澈之侄。他认为:"古人论三不朽,而以立德为上,立功次之,立言又次之……乃若德行博敏,孔室四科,经术深长,郑门六艺,吾未观其全也。越州祁夷度先生则真全人矣。"②可见其评价之高。

（5）焦竑

焦竑(1540—1620),字弱侯,号漪园,又号澹园,江宁(今南京)人,明代著名的思想家、藏书家。《明史·文苑·焦竑传》载:"(焦竑)博极群书,自经史至稗官,无不淹贯,善为古文,典正训雅,卓然名家。"祁承爜自述"金陵之焦太史弱侯,藏书两楼,五楹俱满,余所目睹,而一一皆经校雠探讨,尤人所难"③。后《中国藏书家考略》亦引用此说。

万历四十二年(1614),祁承爜编辑《国朝征信从录》,"取所携书目,及从焦太史与友人余世奕各借得十余"④。可见,他与焦竑确有往来,且曾参观焦竑藏书,并借阅藏书。

---

①　见祁承爜《澹生堂集》卷十三《戊午历》。
②　见祁承爜《澹生堂集》卷首:(明)范汝梓《范序》。
③　祁承爜.澹生堂藏书约[M].上海:上海古籍出版社,2005.
④　见祁承爜《澹生堂集》卷十四《夏辑记》。

（6）管席之

祁承㸁与管席之不仅在兴趣爱好上一致，更是心灵上的友人，一封来自管席之的手教，就可令祁承㸁"大破寂寞"。祁承㸁还向管席之阐发对藏书的兴趣，并请其代为抄录、借阅藏书：

> 白下山川自佳丽，寒暑自寂寞，惟堪闭门读书，自快蠹鱼之癖。日来喜阅古人嘉言懿行，意欲自三代至国朝，将名哲品格之可采者，辑为《古今范》，勒成一书，藏之名山，吾意足矣。但业须遍索之正史稗史之间，偶于记闻得数种，皆此中藏书家所绝无者。或宅上邺架中一检，不妨借阅。录竟即专人函璧。①

为了著书而向人借书，借得以后即抄成复本，澹生堂的抄本书，就是这样陆续积累，终于成为巨观的。

另在信中提到"适古白兄邮致手翰益动知己之感"②。可见，二人与陈元素（生卒年不详，字古白、孝平，号素翁，长洲（今江苏苏州）人，工诗文）亦有交往。

（7）梅鼎祚

梅鼎祚（1549—1615），字彦和，一字禹金，号胜乐道人，无求居士，安徽宣城人，著名藏书家，常说"吾与书若鱼之于水，一刻失之，即无以为生"，并建"天逸阁"专门从事读书写作。祁承㸁与梅鼎祚书信往来频繁，亦有诗赋应合。二人不仅为世交，而且有共同的理学背景和观点。梅鼎祚对祁承㸁的家学背景十分熟悉，是因为"先大夫尝从游王先生，及守越缔交于通奉，故鼎祚得其家世为详"。梅鼎祚称赞祁承㸁

---

①② 见祁承㸁《澹生堂集》卷十七《与管席之》。

的诗词文才"瑰丽鸿肆而倾泻不竭,委婉不穷"①。

二人不仅书信往来频繁,亦有诗赋应和。在《澹生堂集》中可见《游山门问瞿硎石次梅禹金韵》《赠梅禹金》等诗二首。

(8)余懋孳

余懋孳,字舜仲,江西婺源人,万历三十二年(1604)进士,官至给事中。在《澹生堂集》中有祁承㸁与余懋孳往来书信两封,及唱和诗词《寄怀邑侯余舜仲》三首、《余舜仲年丈之任吾邑握手春明门不禁闇然之态情见乎词为赋二言》《寄怀余舜仲给谏》《和余舜仲邑侯夏日镜湖泛棹四绝》《余舜仲年丈索寿姊》及《书余舜仲秋夜论文语》等,可见二人感情之深厚,交游之频繁。

(9)徐季鹰

徐季鹰,生卒不详。祁承㸁与徐季鹰共组搜书会,可谓志同道合的好友。祁承㸁在给徐季鹰的信中写道:

> 弟以半生食字鱼,改作牛马走。弩步屡顿,钝退同于六鹢,仅此蠹鱼之癖,日老日肥。踜踜焉访求异书,搜辑残编者,二十年如一日也。然苦于僻居海滨,闻见有限。必须相结同志者五六人,各相物色,而又定之以互易之法,开之以借录之门,严匿书之条,峻稽延之罚。奇书秘本,不踵而集。此亦人生之至乐,中天下而定四海,弗与易矣。弟知兄台有此同好,不识可收弟于臭味之末否?②

对于这种纠结同好,共同搜集图书的设想,在被黄裳先生评价为"是图书馆思想的早期萌芽,虽然粗略,也没有脱出个人收藏的局限,

---

① 见祁承㸁《澹生堂集》卷一《序》。
② 见祁承㸁《澹生堂集》卷十四《与徐季鹰》。

但到底是可贵的初步设想"。

此外,其子祁彪佳与绛云楼、述古堂钱氏家族也多有交往,钱谦益、毛晋、黄宗羲等当世著名藏书家、学者均曾前往澹生堂借书一阅。其孙祁理孙、班孙与当时学者曹溶、朱彝尊也是好友。

三、与学者、名士之交游

(1)张汝霖

张汝霖(1513—1573),字肃之,号雨若,又号园居士,名士张岱之祖父。祁承㸁与张汝霖交游深厚,在日记、诗文中多次可见二人结社交游的记载。祁承㸁与张汝霖、黄汝亨等十余人于南京结为"读史社",常相聚读史论文,其学术人品受到当时学术界推重①。

祁承㸁对张汝霖的诗文赞赏有加,他曾在信中写道"向坐山楼,与翁兄朗读天台诸咏,已使人神色俱飞,今阅纪游,真令四壁都响,最妙处在闲语佳谑,时时点缀"。两人感情至深,即便"秦娥小袖"之日常私事也娓娓道来,祁承㸁更是直言"欲与翁兄作丘壑侣烟霞缘者,非一日矣"②。

在《澹生堂集》中可见《夏日偕张肃之司马叶君坦比部来子由内翰及朱正臣中秘奉邀杨修龄……》《送张肃之职方奉使辽阳》《后初霁张肃之再订烟霞之约却和》《张肃之社兄同游虎跑各次坡翁韵》《菊月偕鲁圣修叶君垣张肃之奉迓胡直指于密园赋此》《九日张肃之招同社集表胜庵眺张公岭分韵得经字》《坐月共忆张肃之赋此为招》《张肃之台雁游草序》等多篇诗文。

(2)黄汝亨

黄汝亨(1558—1626),字贞父,号寓庸居士,杭州人,明代著名文

---

① 在张岱《琅环文集・家传》中也有同样的记载。

② 见祁承㸁《澹生堂集》卷十八《与张肃之》

学家、书法家。祁承爜游杭的日记记载:

> (八月)十五日。与郑孔肩坐湖中小艇快谈极畅。是日
> 同过黄贞父寓林,树老石奇,是湖中第一境。沿堤至西泠,复
> 至孤山,又携手过葛岭。阅闵氏朱刻书四种,精工之极。此
> 简编中清玩也,孔肩欢呼为书妖。天色已暮,始从钱塘门归
> 寓。至寓则居停主人已治具集儿辈待月矣。至漏下二鼓
> 乃罢。

祁承爜认为黄汝亨,“在海内则海内重,在白门则白门重,在桑梓
则桑梓重,人人愿交于兄者,实众有同情,而弟之所以委心于兄者,则
以兄有旷览一世之见,而不标独立一世之形,真恳热中与人同善者,直
超于利害毁誉之外,此真海内奇男子”。祁承爜自称“自白门追随一二
年来,知之甚彻”[1]。

听说黄汝亨身体不好,祁承爜还写信劝其“暂谢交游,暂辍笔砚”,
修养身体,同时听从“一二高年者云,生平多用血气之物,如全鹿丸之
类,奏功甚大”[2]。

在《与黄寓庸》的信中又劝他:

> 作表章前辈事,宋元江右诸名家,如庐陵之周益公、刘须
> 溪,吉水之杨诚斋,鄱阳之洪景庐,临江之刘贡父、原父者,著
> 作不下数百种,今海内尽已失传。兄可加意访求,即以其人,
> 刻之其郡。俾海内一睹往哲之全书,亦古今快事也。浙中辑
> 著作考,虽古人之遗书,十不存其一二,而使后人尚识其著作
> 之名目,犹有存羊之意也。合十一郡中大约有八十余卷。此

---

① 见祁承爜《澹生堂集》卷十七《与黄贞父》。
② 见祁承爜《澹生堂集》卷十七《与黄寓庸》。

书于世道无所关系,而于吾乡亦有小生色。①

在《澹生堂集》中可见《社集有怀贞父并寄蔡伯达》《送黄贞父》《春暮集贾园饯黄贞父分韵得无字》(二首)、《黄贞父先生寓林集序》《奠黄寓庸文》等诗文。

(3)邹元标

邹元标(1551—1624),字尔瞻,号南皋,江西吉水人,万历五年(1577)进士,官至刑部右侍郎,是为东林党首领之一,谥号忠介。

邹元标因党争求去,回乡广开学堂,其间适逢祁承㸁为吉安知府,两人因而相交。邹元标等人开设书院之事得到了祁承㸁的支持。祁承㸁曾向邹元标详细阐发了自己的治民理想,他认为"守土之责,首在于学校农桑,故兴起教化阜安民生,此本分内事"②,并细化了书院建造的计划、建材、监工等事项。祁承㸁非常期待与书生学者"修白鹭之会,朝夕讲艺矣"③。除修学之外,二人还多次讨论了缉盗、赈灾、修堤等地方事项,边境安危等国家大事。

祁承㸁被罢官后,邹元标多次劝慰于他,并亲自于江上送行。归乡后,祁承㸁"以去国之罪吏而重烦贵乡之垂念","一官何足为恨,所恨郡中一二重大之事稍有端绪而未能一面,其成功即梦魂犹为耿耿"④。此后,二人也有多次书信往来,论及对学理以及国家政治的观点。邹元标向祁承㸁出示其文集,"前承颁示《雪山草》,漱手读之"云云⑤。

祁承㸁虽未卷入党争,但在与邹元标这位东林党人的私信中,也表达了自己清议的态度和立场,在他看来:"今遍世界皆一片杀机,摧

---

① 见祁承㸁《澹生堂集》卷十八《与黄寓庸》。
②③④⑤ 见祁承㸁《澹生堂集》卷十七《与邹南皋》。

折人才,尤属第二。义辽事忙无定算,而枢臣方在水火,将相不调和自古患之,况将与将两相矛盾乎?"①

在吉安任职的一年间,除了邹元标,祁承㸁还与同在当地讲学的当地名儒罗大弦交往论学。

(4)笪继良

笪继良,字赤如,号我箴,江苏句容人。据《句容县志》记载:"其少尝梦朱、陆两先生延之,乃恍然心性之学。初从学谈见初先生门下,重为国器,遂以妹许之。嗣游梁溪,同顾泾阳、高景逸诸先生讲学东林。"祁承㸁在宁国令任上与笪继良相熟,并一起施行教化,"昌明理学,振兴风教,士民翕然蒸变"②,政绩斐然,"与士子讲业课艺,不啻家人父子"③。

祁承㸁在信中多次指出:"吾党一段交谊,全在于世情二字,划除净尽则自然一片肝胆脉脉相视,弥淡而弥真,弥真而弥久,此中意况即古管鲍犹不足以语此。"祁承㸁进而批评现实官场:"论门户而不论道义,求接引而不求箴规,翻手为云,覆手为雨,即欲为管鲍又不可得矣……独贵乡尚敦此谊,弟极为心折。周师尝语,'人立地顶天,有力人撑持世界',正须吾辈为交情作榜样耳。"笪赤如"所陈学政,语语实际,无一念为名"④。

祁承㸁认为笪继良为"经济之才"⑤。作为志同道合的朋友,祁承㸁一月之中两次收到笪继良的来信,在通信不发达的古代社会足以见

---

① 见祁承㸁《澹生堂集》卷十八《与邹南皋》。
② 见《宁国县志》卷五。
③ 见《宁国县志》卷四。
④ 见祁承㸁《澹生堂集》卷十七《与笪赤如》。
⑤ 见祁承㸁《澹生堂集》卷十八《与笪赤如》。

证二人感情之深厚,"此月中包生及许君后先至白门,两奉手教,恍如面晤"。

(5)吴默

吴默(1554—1640)[1],字言箴,一字因之,吴江人。万历二十年(1592)会试第一,官至太仆寺卿。祁承爃曾与吴默建言救荒赈济一事:

> 连日捧阅大议,事事洞悉弊源,实有经济,真荒政之津梁也。……承一缙绅见教云,城中以粥为赈,乡村以赈为粥,其乡中之赈,大约计一人应食十日粥,则总十日而给之以米。在待哺者无守候之劳,而开厂者省薪水之费,亦是一说。但如台臺所云,饥者必赈,犹易赈者必饥尤难。且给米之说,则凡稍有体面,稍可度日之人,无不人人思邀惠于上,但恐惠不能继耳。至于秋冬之间,有弃子草间,母去子存者,前某条议中尚未及此。今欲令凡遗弃子女,如女子及孩提在三岁之下者,责令里党中之好义者收养,官给以印照,长成即为其收用之人,父母不得于成熟之后争夺;如男子在三岁之上,俱逐名发与各寺院僧道收养,愿为徒者听,如此且全活孩提之命亦不少也。台臺以为何如?更有县中禁绝风弊一事,虽非为荒政之设,然于荒政实为拔本塞源之论。某蒙台臺谆切之爱,肺腑之信,故每事辄布其肝胆,以求明教,惟裁示之。[2]

---

① 吴墨生平见《太仆卿吴公传》。在《五人墓碑记》中记载:"贤士大夫是:太仆卿吴因之先生,太史文文起先生,姚孟长先生。"

② 见祁承爃《澹生堂集》卷十七《与吴因之》。

（6）刘宗周

刘宗周（1578—1645），字起东，别号念台，与祁承爜同为浙江山阴人，因讲学于山阴蕺山，又被称为蕺山先生。万历二十九年（1601）进士，累官至顺天府尹、工部侍郎。作为明末理学大家，刘宗周弟子遍布天下，黄宗羲、陈确、祝渊、张履祥等均师从于他。作为同乡，刘宗周与祁承爜、祁彪佳父子都保持着密切的交往。

祁承爜认为刘宗周"根器粹白，而学问从坚凝镇定中来，古自足担荷世道"①。万历甲辰年（1604），二人曾在京城有一次长谈，刘宗周"以二十年之学问其识力安得不过人乎"？祁承爜以"茹苦二字"评刘宗周之"本色"。

（7）文震孟、姚希孟

文震孟（1574—1636），初名从鼎，字文起，号湘南，别号湛持，一作湛村，长洲（今江苏苏州），文徵明后人。万历庚戌年（1610），祁承爜与文震孟于苏州见面：

> 客春舟渡吴门，与二三门人，过赵隐君别业，啜茗坐谈，各相娓娓，便入花山，闻老僧禅那事，更命酌天池，归路犹乘月色，方欲挂帆，席之诸兄复邀夜坐，至鸡喔乃别。②

多年后，回忆此事仍感意犹未尽。

文震孟外甥姚希孟（1579—1636），字孟长，号现闻，苏州府吴县人。姚希孟年仅十个月时，父亲就去世了，由寡母文氏一手抚养成人，他与舅父文震孟一起念书，为官后并执清议，在当时都负有盛名。他与文震孟同被列为东林党人而仕途坎坷。《澹生堂集》中收录有祁承

---

①　见祁承爜《澹生堂集》卷十八《与刘念台》。
②　见祁承爜《澹生堂集》卷十七《与文文起》。

· 93 ·

爜为姚希孟家人所撰写的《题姚孟长庶常太夫人清乔篇》等文。

（8）顾宪成

顾宪成（1550—1612），字叔时，别号泾阳，江苏无锡人。顾宪成是明代思想家，东林党领袖，世称"东林先生"。祁承爜曾写信与顾宪成谈论学问①。

（9）樊良枢

樊良枢，字尚植，一号致虚，进贤人。祁承爜曾在信中写道："炎炎方解，遂入高秋，人生佳趣，惟在知己晤谈，而每一念兄，即眉睫间，镇日翩翩霞举也。"②

（10）申时行

申时行（1535—1614），字汝默，号瑶泉，晚号休休居士，长洲（今江苏苏州）人，明末首辅重臣。祁承爜被贬家居期间，仍上书申时行降低田赋，痛陈时弊，指出："某向见有司清诡寄之途，真伪不易覆，而是非亦易淆，更不若缙绅明公念桑梓之至计，而承此清查自取赋籍逐一查考……所以惠簿书之吏也。"③

在《澹生堂集》中可见《寄题申文定公新祠十四韵》《奠故元辅申瑶翁文》《读申文定公遗集有感四首（并序）》等诗。

（11）许光祚

许光祚，字灵长，生卒年不详，陕西人，举于乡，太平县知县，能诗，著有《许灵长集》。祁承爜与许光祚是："二十年莫逆交，今日之同年兄弟，乃其偶尔。此是情至语，令人转展思想。……小记一册寄览，每阅一段，相当鼓掌。"

---

① 见祁承爜《澹生堂集》卷十七《与顾泾阳》。
② 见祁承爜《澹生堂集》卷十七《与樊致虚》。
③ 见祁承爜《澹生堂集》卷十七《与申瑶泉》。

祁承㸁写信与其邀约,"期与仁兄会京口,遍探金焦,泛长江,过琼花观,问迷楼故址,联床夜话,作旬日惧。然后偕我渡钱塘,探禹穴,修兰亭故事,了此夙愿"①。虽不知此行是否成真,但二人关系之深厚由此可见一斑。

四、与释道名人之交游

佛道文化自两汉以来,一直在传统文化中占有重要地位。士大夫与佛教、道教文人往来密切是一种普遍现象。就藏书方面而言,寺观藏书是与官府藏书、书院藏书、私人藏书并重的藏书形态。祁承㸁在其日记及书信往来中记载有不少与释道名人交游的情况。

(1)圆澄禅师

圆澄禅师(1561—1626),字湛然,号散木,浙江会稽(今绍兴)人。据《绍兴府志》卷五十七"仙释"所做圆澄禅师小传记载:

> 圆澄,字湛然,东关人,俗姓夏。诣天荒妙峰,薙发为僧,云栖莲池以古佛期之。掩关者六年,适大觉慈舟谒南海还寓,止风涂,相问契洽,遂付嘱焉,时万历辛卯(1591)也。历诸劳瘁,向不晓文字,一旦豁然,直接曹洞之宗。开辟显圣道场,讲经说法,俱有妙理。祭酒陶望龄口敬礼之。法传明怀、明雪、明方、明濲、明盂。

祁承㸁之子祁彪佳为圆澄禅师的弟子明濲所做的《东山尔密濲禅师塔铭》中,确切指出圆澄禅师的卒年为天启六年(1626)。塔铭说:"云门山显圣寺湛然禅师圆澄为曹洞宗英特之士,道法盛极一时。他

---

① 见祁承㸁《澹生堂集》卷十七《与许灵长》。

对传法授受甚为慎重，密验精勘，终席仅得徒众七人。"①

祁承㸁与圆澄禅师交谊颇深②。他曾为圆澄禅师的《慨古录》作序，也曾《题湛然禅师修塘募石簿》。在《祁彪佳集》中多处可见关于圆澄禅师和祁承㸁交往的记载。写于崇祯九年(1636)的《请石雨和尚(明澓)住显圣书》说："先大夫从令师湛和尚为方外交者三十年，受益良多。"③《石雨大师语录序》又提及祁承㸁"师事云门"④，两人的师友渊源可见。

祁氏父子与圆澄禅师及其弟子的交往也很密切。祁彪佳在另一文《会稽云门麦浪禅师塔铭》中也说："今彪兄弟知有西方圣人之道，而季兄(祁骏佳)得承宗门事，皆师(明怀)导引之力。"⑤麦浪禅师即圆澄禅师的大弟子明怀，他坐化后，祁氏兄弟还施地为他筑塔。在《请石雨和尚住显圣书》中又提及，"今大师具过师之智，为云门法嗣，而贱兄弟又得时时法座提耳命面，不啻父师之于子弟。不知寒门有何薄缘，得世受知识之教，其为庆幸，可胜言喻"。

中国古代文人很多都与佛道保持着密切的关系，祁氏一族多信奉佛理。祁承㸁自己信奉佛教，其子孙更甚。特别是魏耕事败后，其孙祁理孙后避世于佛学，祁班孙则落发为僧。

(2)鲍性泉

鲍宗肇，字性泉，绍兴山阴人，佛教居士。祁承㸁称与鲍宗肇为"共性命之良友也"。祁承㸁曾在信中回忆：

---

① 祁彪佳.祁彪佳集[M].卷四.北京:中华书局,1960.
② 黄宗羲.南雷文案,外舅广西按察使六桐叶公改葬墓志铭[M]//四部丛刊正编.台北:商务印书馆,1979.
③ 祁彪佳.祁彪佳集[M].卷三.北京:中华书局,1961.
④ 祁彪佳.祁彪佳集[M].卷二.北京:中华书局,1961.
⑤ 见黄宗羲《南雷文定·外舅广西按察使六桐叶公改葬墓志铭》,卷四.

　　往年示我手札,老婆心切,一盘托出,满幅淋漓,焚漱展
诵,得未曾有,欢喜无量。因呈示海门师与陶石老,即二公亦
缘此心折门下,遂远访山中,尚未识三君狭路相逢。①

　　祁承煠与鲍宗肇也相谈佛法,曾记录道:二人"联床夜话,几于狭
路相逢,但兄自说兄,弟自说弟,了无交涉。吾辈正当于无交涉处各不
相辜负,乃为不辜负处从上佛祖也。望日至融光寺,适见众僧阅《大
藏》,弟举一气转一《大藏》,因缘问一金和尚"②。

　　(3)庄翼庵

　　庄翼庵,身份无考。祁承煠非常仰慕庄翼庵作为"学道之人"的洒
脱,曾亲见其出行,"立地即可登舟,登舟即可解缆,只此一事,洒脱乃
尔,则何事足为翁兄粘滞,以此养德,以此应世,以此济时,迥然而解
矣"③。

五、与社会名人之结社

　　明代相较于其他朝代,学术氛围比较宽松。虽也有文祸发生,如
明成祖诏令焚毁有关靖难的史料,但主要是一些与政治直接相关的著
述,对于民间的学术文化活动则干涉较少。因而,形成了比较活跃的
文化氛围。明代知识分子结社成为当时社会的一个显著特点,士大夫
间只要对某种文化主题有兴趣,就会邀集志同道合的朋友结社聚会。
谢国桢曾如此评述明末结社的风气:

　　　　所以结社这件事,在明末已成风气,文有文社,诗有诗
社,普遍了江、浙、福建、广东、江西、河北各省,风行了百数十

①②　见祁承煠《澹生堂集》卷十七《与鲍性泉》。
③　见祁承煠《澹生堂集》卷十七《与庄翼庵》。

年,大江南北,结社的风气,犹如春潮怒上,应运勃兴。那时候不但读书人要立社,就是士女们也要结起诗酒文社,提倡风雅,从事吟咏。①

在这样的环境风气之下,文人士子结社交游、诗酒唱和成为时尚雅事。"明季盟社以南直隶、浙江为最盛,即今所谓江浙是也……浙江则以杭州为首,浙东之宁波、绍兴;浙西之嘉兴、湖州次之"②。

祁承㸁参加了读书盟社,以文会友,与江浙著名学者交往甚密:

有合辙社而通经学,有读史社而通史学,有海门③、青螺④、南皐⑤诸公而通理学,有云楼老人、天台、无尽而通禅学。⑥

《澹生堂集》中收录有给《社中兄弟》之信⑦,又有《社集梅花坞得八绝》《九日社集工部园亭分得文字》《社集桃花坞分赋得四月桃花》《社集清凉台即席途曹公得先字》等诗⑧,都是祁承㸁参加集社活动的记载。

知识分子的结社在吟诗作文、读史治学中广结友人,以诗会友,增进学识,获益颇多。参加盟社对祁承㸁来说也裨益良多,例如在《读书

---

① 谢国桢.明清之际党社运动考.北京:中华书局,1982.

② 朱倓.明季杭州读书社考[M]//中国社会科学院历史研究所明史研究室.明史研究论丛.第一辑.南京:江苏人民出版社,1982.

③ 即周汝登。

④ 即郭子章(1542—1618)。

⑤ 即邹元标(1551—1624)。

⑥ 见祁承㸁《澹生堂集》卷首:(明)陈仁锡《陈序》。

⑦ 见祁承㸁《澹生堂集》卷十七。

⑧ 见祁承㸁《澹生堂集》卷二。

杂记》记载："以甲寅年录之于白门,时与同社诸君子,互相校雠而成。"①又如同社友沈伯声切磋文字:"今作六首皆一遵社中之功令逼迫……故技不知能更稍进一格否?"②

祁承爜被罢官之后,社中成员更是对其起到了精神上的引导作用。"秋初得社中兄弟手教,如懋之则引弟以精诚,昌儒则诲弟以无著,冲倩则规弟以辨志,特倩则进弟以尚友,世弘则语弟以自信……弟宁敢妄自菲薄以负诸兄弟惓惓之训"。

在结社往来中,祁承爜与社中兄弟缔结了深厚的感情,"顷刻不能不念我二三兄弟耳,思君如满月,夜夜减清辉"③。

祁承爜的后人也是明季结社活动中的活跃分子。祁承爜之子祁骏佳也曾创立社团——文昌社。据祁承爜记载,"(万历四十六年,1618年)五月十六日举文昌社甚盛,首事者为祁骏佳及祁豸佳"④。祁承爜的儿媳商景兰也是绍兴女性社团的领袖,参与者有来自商景兰的朋友黄媛介、王端淑,也有商景兰的女儿、儿媳、侄甥女等。

总之,祁承爜之所以成为祁承爜,成为文化史上著名的藏书家,成为明代中后期"有名的藏书家,优秀的目录学家,卓越的图书馆学先驱者",与其个人性格、成长环境,以及家族传统有着重要的关系。首先,得益于明代较为宽松的治学环境,这种环境不仅带来文化的昌盛,也促进了学术的繁荣;其次,得益于澹生堂丰富的藏书,这些藏书为祁承爜钻研学问提供了深厚的支持,成为其取之不尽、用之不竭的知识源泉;再次,得益于开放的治学精神,祁承爜走出书斋,广交文化名人,共

---

① 见祁承爜《澹生堂集》卷十四《读书杂记,说郏》。
② 见祁承爜《澹生堂集》卷十七《与沈伯声社丈》。
③ 见祁承爜《澹生堂集》卷十七《与张懋之并社中兄弟》。
④ 见祁承爜《澹生堂集》卷十三《戊午历》。

同的求索不仅平添生活情趣,也扩大了知识视野。受家族氛围的熏染,祁承㸁不仅自己酷爱藏书,着力搜求,也影响了子孙后人,使得整个家族成为江浙重要的"藏书世家",传承三代。祁承㸁本人具有传统士大夫的典型性,以天下为己任,教化民众,"居庙堂之高则忧其民,处江湖之远则忧其君",官场起伏,使得其人生态度淡泊名利,但在野赋闲之时,醉心藏书,着力编著,其目的和出发点还是经世致用,以读书资鉴朝政。正是时代的呼唤、文化的积淀和坚持不懈的探索,成就了祁承㸁在中国目录学史上上承汉宋,下启有清的历史地位。

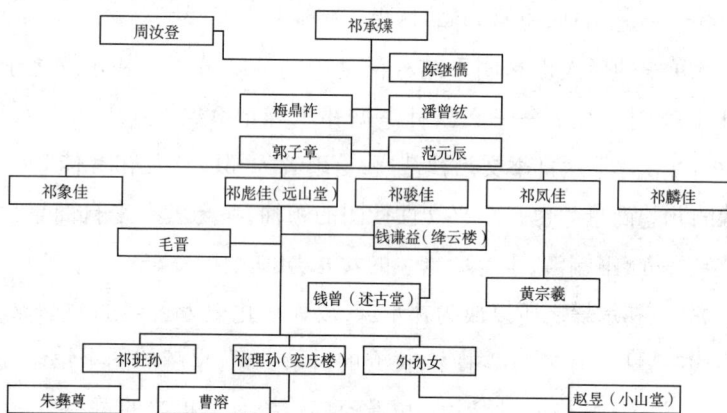

周汝登　祁承㸁　陈继儒　梅鼎祚　潘曾纮　郭子章　范元辰　祁象佳　祁彪佳（远山堂）　祁骏佳　祁凤佳　祁麟佳　毛晋　钱谦益（绛云楼）　钱曾（述古堂）　黄宗羲　祁班孙　祁理孙（奕庆楼）　外孙女　朱彝尊　曹溶　赵昱（小山堂）

图3　祁氏家族交游简图

第四章　祁承爜的采访理论与实践

古代藏书家藏书多偏重于图书的鉴别及版本的好坏,追求数量的增长,而很少有从内容上对藏书发展进行规划。可以说,藏书发展政策是近代才发展起来的概念。但澹生堂藏书丰富且绝不盲目,祁承爜访求图书以经世致用为目的,既不单纯追求藏书数量的增长,也不简单追求版本的稀少。澹生堂的特色馆藏中有许多当世藏书家所不重视的方志资料、民俗文献和当代的文集、史料等即是出于这种考量。

祁承爜对藏书建设有自己独立的思考,形成了系统的理论和方法,这成为澹生堂藏书品质的保证。他的采访思想上承汉宋,下启有清,对今天的古籍采访,甚至是文献资源建设都有很大的启示作用。

第一节　祁承爜采访思想的渊源

祁承爜的采访理论并不是凭空产生的。当前学者普遍认为在传统学术发展脉络中,古典文献学并没能发展出系统的图书采访理论或藏书建设理论,但采集图书实践活动却是由来已久的,伴随着图书的出现就同步产生了搜集图书的行为。随着图书出版数量的增多,藏书从官府藏书向民间私人藏书方向发展,逐渐发展为官府藏书、书院藏书、私人藏书和寺观藏书四大体系。公府藏书起源最早,周天子遣"輶

"轩使"采风,正如章学诚所说,后世"搜访遗文逸典,以补柱史之藏,亦俗轩采风之遗意也"。到西汉时期逐渐发展成为有意识、有组织、有规模的文献采访活动,中央政府三次组织大规模的图书搜访工作,由专人按类分工负责,并制定了专门的采访标准和缴送奖励机制。

在私人藏书方面,最早的私人藏书家可以追溯到孔子。此后,随着造纸技术的改进,特别是宋代以后,印刷技术的变革降低了图书出版刻印的成本,私人藏书的规模不断扩大,私人藏书家不断涌现。这些藏书家开始总结梳理与藏书相关的理论与方法,而郑樵就是在这样的背景下出现的一位集大成者,他提出了文献采访方面的重要理论"求书八法",即"求书之道有八,一曰即类以求,二曰旁类以求,三曰因地以求,四曰因家以求,五曰求之公,六曰求之私,七曰因人以求,八曰因代以求,当不一于所求也"[①]。

郑樵求书思想的基点是"使三馆无素餐之人,四库无蠹负之简,千章万卷,日见流通",这是一种"藏以致用"的实用主义的思想和方法论,对后世学者产生了重要的影响。

郑樵的"求书八法"极大地启发了祁承㸁的选书思想,祁承㸁认为此"八法"为"典籍中之经济"[②],他的文献采访思想是对郑樵思想的继承,并用"一巧以用八求"[③]总结之。祁承㸁的后人也高度认同郑樵的采访思想,祁承㸁之子祁彪佳还将自己的藏书楼命名为"八求楼"。

当然,祁承㸁并不是盲目推崇郑樵的选书之法,他认为:

自有书契以来,名存而实亡者十居其九,如丁宽、孟喜之

---

① 郑樵.通志二十略:校雠略[M].北京:中华书局,1995.

②③ 祁承㸁.澹生堂藏书约[M].上海:上海古籍出版社,2005.

《易》、《尚书》之年长章句,周防《杂记》。韩婴仅存诗外传,而亡其内传。董仲舒《春秋繁露》虽存,而《春秋决疑》二百三十二事竟不可得。夫经传犹日星之丽天,尚多湮没,况其他一人一家之私集乎?若此之类,即国家秘府尚不能收,民间亦安从得之?纵欲因地因人以求,无益也。①

祁承爜在思辨的基础上对郑樵选书之法进行了增益和补充,成为继郑樵之后系统地论述文献采访理论的又一人。通过丰富和发展郑樵的采访思想,祁承爜形成了自己关于图书采访方法的完备论述和合理主张,并在继承历代先贤学者所形成的经世致用的原则基础上,以对明代刻书实际情况的分析为出发点,开创性地全面总结了传统社会的访书理论,开一代之先河。

第二节　访书人员的基本素质

有明一代,随着印刷技术的改进和提高,出版成本大大降低,书坊、书肆不断增加,出版品种和数量激增,印书、刻书一度成为文人争相仿效的时尚,尤其是在文化昌明的江浙地区,出版活动更为活跃,不仅翻刻重印了大量古籍,还出版了相当数量的当代著作,各种丛书也大量上市。在这样的时代背景下,祁承爜提出访书人员只有遵循"眼界欲宽,精神欲注,而心思欲巧"②的原则,才能保证入藏文献的质量。

所谓"眼界欲宽"是指访书人员要视野宽广,充分了解图书刊刻、出版、流通的情况。祁承爜批判了当时文人专守一经,"每见子弟于四

_____

①②　祁承爜.澹生堂藏书约[M].上海:上海古籍出版社,2005.

股八比之外略有旁览,便恐妨正业,视为怪物;即子弟稍窃窥目前书一二种,便自命博雅,沾沾自喜,不知宇宙大矣"的现象,认为"习俗溺人,为毒滋甚"。祁承爜枚举古往今来,皇皇巨著,名家藏书,无不内容丰富,包罗万象,"令汝辈知旷然宇宙,自有大观"①。只有这样才能开拓图书采选的范围,丰富采选的种类。祁承爜选书就是秉承着"眼界欲宽"的精神,随时随地留意各种信息,即使是各种书后所附的引用书目也不轻易放过,一旦发现自己所没有的,即刻列出书单,留心查访。祁承爜还参阅同时代其他藏书楼的著名藏书目录,以丰富自己的藏书信息。祁承爜曾在日记中有"得范元辰年兄寄示天一阁书目"②的记载。

祁承爜提出的"眼界欲宽",敏锐地抓住了明代中期出现出版高潮的时代特点,要求选书者要放眼藏书所有环节来从事购书聚书事业,在内容上做到知识丰富,学科齐全。他所收藏的文献范围广泛,不仅四部兼收,而且对子部类书、地方文献等收藏尤其重视;在形式上,要不拘一格,无论是碑帖还是图志都应该收藏。这种以宽阔的眼界,主动搜集各种资料和出版信息,不自满于现有馆藏的做法,对于现代图书馆采访人员来说也是很有借鉴意义的。

所谓"精神欲注"是指购求图书要持之以恒、专心致志、认真钻研,因为"物聚于所好,奇书秘本,多从精神注向者得之"。祁承爜认为"古今绝世之技、专门之业,未有不由偏嗜而致者",因此访书人员应该把读书视为一种有吸引力的嗜好,与书籍朝夕相处。在祁承爜看来,任何嗜好都不如读书,"博饮、狭邪、驰马、试剑"等嗜好,均"伤生败业固不必言",至于"玩古之癖",则"令人憔悴欲死,又不足言矣",只有"移此种种嗜好注于嗜书"才能体会"人生之乐矣",也惟有如此才能专心

---

① 祁承爜.澹生堂藏书约[M].上海:上海古籍出版社,2005.
② 见祁承爜《澹生堂集》卷十二《数马岁记》。

致志访求图书,奇书异本自然聚集起来了①。可见,祁承㸁提出"精神欲注",是从职业的角度将求书作为一种毕生的事业来追求。

所谓"心思欲巧",是指在购求图书时,要想方设法,开辟多种途径和方法去聚集图书。祁承㸁根据明代图书出版特点,在郑樵所提出的八种求书方法之外,又提出了辑佚法、析出法,以及编制购求图书目录三种方法,形成了自己的采访方法。这些方法对清代辑佚之风起到了发凡起例的作用,对图书编辑、图书购求不无裨益。

一、辑佚法

辑佚法的提出是祁承㸁深受郑樵采访思想影响的体现。郑樵在《通志·校雠略》中阐述了"人有存没,而学不息;一世有变故,而书不亡"的论点。祁承㸁在此基础上进一步解释了"学"之所以能够"不息",书之所以能够"不亡",是因为"书有著于三代而亡于汉者,然汉人之引经多据之;书有著于汉代而亡于唐者,然唐人之著述尚存之;书有著于唐而亡于宋者,然宋人之纂集多存之"。因此,根据图书流传的这种规律,祁承㸁提出,为从著作中看到原著的风貌就应该"每至检阅,凡正文之所引用,注解之所证据,有涉前代之书,而今失其传者,即另从其书各为录出",以呈现其原貌②。他还举例说,"如《周易坤灵图》《禹时钩命诀》《〈春秋〉考异》《邮感精符》之类,则于《太平御览》中间得之;如《会稽典录》、张璠《汉纪》之类,则于《北堂书钞》间得之;如《晋简文谈疏》《甘泽谣》《会稽先贤传》、《渚宫故事》之类,则于《太平广记》间得之",举一反三,均是由辑佚之法而得。祁承㸁进一步强调,"又如汉唐以前残文断简,皆当收罗,此不但吉光片毛自足珍重,所谓举马之一体,而马未常不立于前也"。③

①②③　祁承㸁. 澹生堂藏书约[M]. 上海:上海古籍出版社,2005.

辑佚始于宋代黄伯思整理辑佚《相鹤经》。祁承爜提出的方法,较之郑樵的观点更进一步,可以从同时代所存书籍中辑录已经亡佚的图书的内容,并加以整理。辑佚法到清代时成为显学,清代学者的辑佚活动由经部扩大至史、子、集部,辑佚成果丰富,仅从《永乐大典》中就辑录出极具价值的亡佚图书 375 种,近 5000 卷;同时涌现了王谟、严可均、马国翰、黄奭等辑佚大家。现在虽然没有直接证据表明清代辑佚法大行其道是受到了祁承爜的影响,但祁承爜的提倡之功是显而易见的①。

章学诚在《补郑篇》中也提出了类似的论断:

> 若求之于古而不得,无可如何,而求之今有之书,则又有采辑补缀之成法,不特如郑樵所论已也,昔王应麟以易学独传王弼,尚书止存为孔传,乃采郑元易注书注之见于群书者,为郑氏周易郑氏尚书注,又以四家之诗独毛传不亡,乃采三家诗说之见于群书者,为三家诗。嗣后而好古之士踵其成法,往往缀辑逸文,搜罗略遍,今接纬候之书,往往见于毛诗礼记注疏及后汉书注,汉魏杂史往往见于三国志;挚虞流别及文章志,往往见于文选注;六朝诗文集,多采于北堂书钞艺文类聚;唐人载籍多见采于太平御览文苑英华,一隅三反,充类求之,古遥之可采者多矣。②

章学诚与祁承爜所引述的内容相近似,由此或可猜测,祁承爜的理论对章学诚也产生了影响。

---

① 昌彼得.版本目录学论丛:第二辑[M].台北:学海出版社,1977.
② 章学诚.校雠通义:卷一[M].北京:中华书局,1985.

二、析出法

与辑佚法相对的是析出法。在图书流传的过程中,随着时间的流逝,后人阅读前代著述会感到晦涩难懂,因此,古人在传抄的同时不断进行批注,以便理解,不断累积之下,批注、考证、注解等附加内容也具有了极高的叙述价值,甚至超过了原著的价值。

因此,祁承㸁认为:"一书之中,自宜分析,如杜氏《通典》著于唐,惟唐之故典可按耳,乃后人取欧阳永叔、吕伯恭辈议论附其后,不几淆淈乎? 如《水经》一书,注乃侈于其经,奇诡宏丽,后人但知郦道元之有注,而桑钦著经之名反隐矣。又如《世说》,词旨本自简令,已使人识晋人丰度于眉宇间。若刘孝标之注,援引精核,微言妙义,更自灿然,可与《世说》各为一种,以称快书。如此之类,析而为两,使并存于宇宙之间,是亦一道也。"①这样既可以为后人保留图书的本来面貌,又可以使具有很高学术价值的注解、考证、序跋、训诂等辑为一书,自成一体,提高藏书的数量和质量。

当然,若仅以此法提高藏书数量是没有实际意义的。正如古典文学出版社版《澹生堂藏书约》在出版说明中所指出的:

> 他于郑渔仲(樵)求书八道之外,另立三说,其间辑逸一说是极好的,对清儒的辑逸工作做出了重要的启发,但是提出"《世说》词旨本自简令,已使人识晋人丰度于眉宇间;若刘孝标之注,援引精核,微言妙义,更自灿然,可与《世说》各为一种,以称快书"之说,用这样的方法来增益图籍的种数,却是不足为法的。明季坊肆刻书,往往析一书为几,杜撰书名,一直是令人深恶痛绝的。

---

① 祁承㸁.澹生堂藏书约[M].上海:上海古籍出版社,2005.

三、书目购求法

郑樵在《通志·校雠略》中曾提道,"魏人求书,有阅目录一卷,唐人求书,有搜访图书目一卷,所以得书之多也。"祁承爜根据明代刻书特点认识到,在明代这个出版繁盛的时代,单靠简单的目录已不能有效地访求图书。他进一步提出:

> 余谓古书之必不可求,必非昭代所梓行者也。若昭代之梓行,则必见序于昭代之笔,其书即不能卒得,而其所序之文则往往载于各集者可按也。

因此,祁承爜提倡从图书的序跋中抽取有价值的信息编制选书目录,"以某集有序某书若干首,某书之序刻于何年,存于何地,采集诸公序刻之文,而录为一目,自知某书可从某地求也,某书可向某氏索也"。这样就可以起到"置其所已备,觅其所未有,则异本日集,重复无烦"的作用,按图索骥,如"夜行之烛,而探宝之珠"引导图书采访工作①。

在实际操作中,祁承爜自制选书目录,将古书分为"有必不可致者,有求之苦而得之艰者,有可随时随地而求辄得者"三类,并根据这三类将"集四部之名在而不传者,为《名存录》;集其艰于得而力于求者,为《苦购录》;以见有镂版者,为《广梓录》",并附《购书檄》②一篇,以此作为购求图书的工具。祁承爜认为随着书籍的积累,在购书过程中有难易之分,因为未集之前,采购图书可以来者不拒;而一旦聚集了一定量的图书后,就有可能造成重复购买,正所谓"购书于书未集之先

---

① 祁承爜. 澹生堂藏书约[M]. 上海:上海古籍出版社,2005.
② 见于《八千卷楼丛书·藏书训略》的按语。此按语在《知不足斋丛书》本、《藕香零拾》本等均刊落未载。

易",而"购书于书稍集之后难"①。因此,祁承爜编制书录的方法确实用心灵巧,很有实用价值。

第三节　祁承爜论选书标准

自宋代雕版印刷术普遍应用后,图书的出版发行事业有了重大的突破,各代出版、保存和遗留下来的古籍,浩如烟海,门类繁多。因此,在文献采访过程中,选书这一基础环节就显得尤为重要。祁承爜确定了鉴定图书真伪,鉴别图书优劣,鉴识图书版次的具体标准,明确提出"藏书之要在识鉴,而识鉴所用者在审轻重,辨真伪,核名实,权缓急,而别品类,如此而已"②。

其一,"审轻重"。是指在选择图书时要根据图书内容辨别判断图书的重要性,区别对待。根据经、史、子、集四部图书在历史潮流中刊刻、演变、流传和亡逸的过程,祁承爜寥寥几笔勾勒出一幅图书传承史的素描:经部图书"垂于古而不能续于今";史部图书"繁于前代而不及于前代";子部图书"日亡而日逸";集部图书"日广而日益",而类书、杂纂之流则"前有所亡而后有所益,聚散略相当";杂史与小说类则是"前者尚存,后者愈蔓,纷逦诙谲而不可律"。因此,若以内容为标尺,则应遵循经为最重、再史、次子、后集的顺序,正所谓"得史十者不如得一遗经,得今集百者不如得一周秦以上子,得百千小说者不如得汉唐实录一";若以出版时间为标尺,则先古后今,以古为重,"购国朝之书十不能当宋之五也,宋之书十不能当唐之三也,唐之书十不能当

---

①②　祁承爜.澹生堂藏书约[M].上海:上海古籍出版社,2005.

汉与六朝之二也,汉与六朝之书十不能当三代之一也"①。

祁承爜在与好友潘昭度(潘曾纮)的信中也表述了自己对图书价值的标准:

> 大约觅书如觅古董,必须先具赏鉴,乃可称收藏家。若只云漫尔收藏,则箧中十九皆赝物矣,虽多莫为。所以每遇古人书,便须穷究其来历。大约以《文献通考》及《艺文志》所载者为第一格;次之则前代名贤之著述;再次之则近代名贤之著述。然著述之中,以表章九经为第一格;次之则记载前代治乱得失事;再次之则考证古今闻见所未及事。若只以诗文鸣于时,无论近时,虽前代亦不足甚珍。但汉唐之集存者最少,有一部行世者,即当收此一部。宋元人之集十不存一,而世人所见者,亦不过眼前抄袭字句为举业家用……故弟于文集中,凡宋元人遗稿,倘得寓目,亦无不抄录而存之。盖文集一事,若如今人所刻,即以大地为书架,亦无可安顿处。惟听宇宙之所自为销磨,则经几百年而不销磨者,自有一段精彩,不可埋没者也。②

祁承爜提出的经重于史,子重于集,实录重于小说的标准,体现了他明确的选书思路,有助于图书资料充分地发挥作用。但从澹生堂藏书的实际来看,祁承爜在具体选书的过程中,也并没有完全拘泥于此标准。对明代文集和地方史料的大量收集表明,祁承爜的实际采访文献首先关注的依然是图书的实用价值。"审轻重"的实质是强调在采选图书时要以图书的实际价值为标准。

---

① 祁承爜. 澹生堂藏书约[M].上海:上海古籍出版社,2005.
② 见祁承爜《澹生堂集》卷十八《与潘昭度书》。

其二,"辨真伪"。不言而喻,是指在采访图书时要辨明真伪。作伪与辨伪是传统学术社会中一对有趣的文化现象,到明代时极为繁盛。祁承爍在采选图书中提倡鉴别真伪,正是当时疑古之风昌盛的学术现实的体现。

辨伪工作的展开,一般学者认为是从汉代开始的。其后,唐宋元明都有学者从事古书辨伪工作,明代胡应麟《四部正讹》一书的出现则成为我国辨伪学发展成熟的标志。孙钦善在《古籍辨伪学概述》一文中指出:

> 晚明的胡应麟,在宋濂、杨慎等人的直接影响下,总结发展前代辨伪的成果和经验,著成《四部正讹》一书,此书把考辨范围,扩大到四部(涉书六十六种及谶纬诗话诸书,仍以诸子书为多),不仅在诸书考辨上有不少卓见,而且更重要在于系统地归纳了作伪的复杂情况,总结了辨伪的各种方法,成为我国辨伪学发展成熟的标志。[1]

胡应麟在《四部正讹》中分析总结了四部书中伪书的种种情况:"凡四部书之伪者,子为盛,经次之,史又次之,集差寡。凡经之伪,易为盛,纬候次之。凡史之伪,杂传记为盛,琐说次之。凡子之伪,道为盛,兵及诸家次之。凡集,全伪者寡,而单篇别什,借名窜匿者甚众。"同时他也归纳了辨别伪书的八种方法:"核之七略,以观其源;核之群志,以观其绪;核之并世之言,以观其称;核之异世之言,以观其述;核之文,以观其体;核之事,以观其时;核之撰者,以观其托;核之传者,以观其人。"[2]

---

① 孙钦善.古籍辨伪学概述:中[J].文献,1983(1).

② 胡应麟.四部正讹:卷下[M].北京:朴社,1933.

祁承爜的"辨真伪"一说是在继承胡应麟的《四部正讹》的基础上，系统而全面地整理、对照伪书出版的种种情况而提出的。祁承爜根据图书出版情况分析认为，"四部自不能无伪"，而"经不易伪，史不可伪，集不必伪，而所伪者多在子"。汉以后的著作较之先秦古书，无论是在"深""精"还是"工"方面，都有很大的差别，真作尚且如此，更何况伪作，因此，祁承爜赞同孙文融的看法，认为"诸子至秦绝矣"。祁承爜分析了作伪的 21 种情况：从年代上区别，有"伪作于前代，而世率知之者"和"伪作于近代，而世反惑之者"；从手法上区别，"有掇古人之事而伪；挟古人之文而伪；传古人之名而伪；蹈古书之名而伪；袭取于人而伪；假重于人而伪"；从作伪原因分析，又有惮于自名；耻于自名；恶其人伪以祸之和伪以诬之等。此外，还"有本非伪，人托之而伪者；有书本伪，人补之而益伪者；有伪而非伪者；有非伪而曰伪者；有非伪而实伪者；有当时知其伪，而后世弗传者；有当时纪其伪，而后人弗悟者；有本无撰人，后人因近似而伪托者；有本有撰人，后人因亡逸而伪题者"[①]。祁承爜将图书作伪的情况罗列为以上 21 种，不仅对图书鉴别工作起到了指导性的作用，也是对先秦到明代以来辨伪学的一次总结和梳理，展现了祁承爜宽广的学术视野。

其三，"核名实"。是要详细审察图书的内容和题名是否相符，不要徒慕其名而枉费精力。随着年代的推移，不断有新书出现，也不断有古书亡佚。在选书过程中，如果仅仅按图索骥，根据书名而求书，则有可能"虚用其力""徒集其名"。在明代，图书出版昌盛，但也存在着华而不实、滥刻古书的弊端。随着尚文之风愈演愈烈，空疏浮夸的学风反映在引用古书和坊肆刻书时，甚至出现了析一书为几的"书帕

---

① 祁承爜. 澹生堂藏书约[M]. 上海：上海古籍出版社，2005.

本",使书籍成为一种交际品。祁承㸁总结了"实同而名异;名亡而实存;得一书而即可概见其余者;得其所散见而即可凑合其全文;本一书也,而故多析其名以示异"等五种名不副实的现象。因此,他要求在选书时必须仔细辨析图书出版过程中的分析离合,从图书内容方面了解其真貌,"逐一研核,不为前人所谩,得一书,始得一书之实矣"①。

后世学者章学诚在"辨嫌名"一文中有相似的论断:

> 篇次错证之弊有二:一则门类疑似,一书两入也;一则一书两名,误认二家也。……至一书两名误认二家之弊,则当深究载籍,详考史传,并当历究著录之家,求其所以同异两称之故,而笔之于书,然后可以有功古人,而有光来学耳……然则核书著录,其一书数名者,必当历注互名于卷帙之下。②

其四,"权缓急"。是指在选择图书时权衡其轻重价值。祁承㸁认为聚书不是为了显示数量的博大,而是要真正为国计民生有所裨益。在四部之中,祁承㸁作为传统的士大夫首先肯定了经学的尊崇作用,而更强调的是史部"考见得失,鉴观兴亡"的作用,"经济之易见者莫备于史",因此,"就三部而权之,则子与集缓,而史为急。就史而权之,则霸史、杂史缓,而正史为急。就正史而权之,唐以前作史者,精专于史,以文为史之余波,故实而可循;唐以后能文者,泛滥于文,以史为文之一体,故蔓而少实"。而且,祁承㸁非常重视当代史料和史籍的补充,认为"学不通今,安用博古? 故凡涉国朝典故者,不特小史宜收,即有街谈巷议,亦当尽采"③。这一观点是对"审轻重"中古重于今的观点的补充。祁承㸁以图书价值圈定的采访重点,以有限的资金和精力

---

①③　祁承㸁.澹生堂藏书约[M].上海:上海古籍出版社,2005.
②　章学诚.校雠通义:卷一,辨嫌名第五[M].北京:中华书局,1985.

投入到更重要的文献的采集中,展现的是经世致用的实用主义思想。

其五,"别品类"。是要区分图书的部类流别,按需求设置类目,"博询大方,参考同异,使井井不谬于前人,亦聚书一快事也"。祁承㸁详细地比较和评述了自《七略》以降的历代图书分类法,只有区别图书的品类,才能有效地保护图书,使图书不易亡佚,而且在鉴别图书的五种方法中,"以别品类为难,别品类于史则尤难"①。

归纳祁承㸁的选书原则和标准可以看出,在实际采选文献时,祁承㸁所依据的一是前代目录书,如《文献通考·经籍考》等;二是作者的名望;三是作品的年代;四是作品的内容。

第四节　祁承㸁的图书采访实践

经过对几十年来图书采访经验的累积,祁承㸁形成了一套完整的图书采访理论,也将这些理论用于实践。祁承㸁采访图书的途径主要有自行采购、抄写、受赠,以及与其他藏书家交换等。多种途径并举取得了很好的效果,祁承㸁自述其藏书每月均有增加,而且其中多罕见的秘籍。

其一,自行采购是祁承㸁澹生堂藏书的最主要来源。年轻时,祁承㸁每次到杭州应试时都"偏访坊肆所刻",更向"委巷深衢"尽享淘书之乐,"觅有异本,即鼠余蠹剩,无不珍重市归,手为补缀"。为了收集藏书,祁承㸁"十余年来,馆谷之所得,饘粥之所余,无不归之书",甚至"内子奁中物,悉以供市书之值"。由于经济拮据,祁承㸁甚至以典

①　祁承㸁.澹生堂藏书约[M].上海:上海古籍出版社,2005.

当妻子的嫁妆来换取购书经费。祁承爜爱书惜书，即使是残本也着力购进。

为官之后，祁承爜更是利用任职之机，游走于各省书肆角落访求图书。在他的日记中有多次前往书肆访求图书的记载①。祁承爜一生访书范围之广，正如他自己所言："奇书示获，虽千里必以求，异本方来，即片笺之必宝。近而渔唱，远及鸡林（即朝鲜），往往聚海外之编摩，几不减域中之著作。"②每得异书，祁承爜无不"惊喜异常，不啻贫儿骤富矣"。在他前往南京上任之后，更是有条件和精力大量购求图书，同时"力寻蠹好，询於博雅，觅之收藏，兼以所重，易其所阙"。

万历四十六年（1618），赋闲在家的祁承爜经常流连书肆，觅得不少好书③，并在日记中记下了他当时得书的情形，兹录于下：

（正月）七日，密云不雨，蚤至姚江市书七种，内有于文定公《读史漫录》，大有识力，《乔庄简集》，亦简令有体，舟中读之甚畅。午后雨甚。

（正月）十日，风雪俱狂，舟泊四明邮亭，推蓬四望，大雪弥漫无际，欲觅友人作白战不可得。呵雪水研墨作诗。复捡甬东所市书二十余种，内有熊仁叔《象旨决录》，此我朝解经第一手，觅之数年，如渴得饮。急取读之。时雪从篷隙入，遍满几席间。余以一毯褥拥身，都忘风雪。因跋为辟寒编。

（正月）十二日，大雾，舟如行沧海。中午至姚江，更入城觅书，见沈长卿《弋说要》，亦近日少年家所学李卓吾及袁中郎（即袁宏道，1568—1610）派也。然中间亦有自开眼界，硬

①③　见祁承爜《澹生堂集》卷十三《戊午历》。
②　祁承爜. 庚申整书小记[M]//李希泌，张椒华. 中国古代藏书与近代图书馆史料. 北京:中华书局,1982.

竖脊梁处，秉烛为阅竟乃寝。

（正月）二十四日，雪止而阴寒不减。午后步书肆间索书得十五种，内三先逸书有《珊瑚林》二卷，为袁中郎所著，其首举妙喜格物物格之语犹谚云……内《半峰语录》一卷，有寂照老人题，亦多葛藤。

（二月）初五日，为儿辈试事入城报谢郡邑。是日，得书七种，内有《仕学类抄》六卷，为黔人刘□所辑，多类学究事而亦自苦心。

（二月）初十日，见儿辈于书肆中，买得《王辰玉集》一部，卷首数序俱佳，内陈仲醇一序，叙生死交谊，颇为酸楚。

（二月）二十二日。有贾人持蠹余残书来市，得三十余种。内有陈植《木钟台》，此宋人解经史语也，颇类王伯厚《困学记闻》，不免作头巾气耳。他如杨铁崖《史义拾遗》及新刻张献公《曲江集》，皆佳本也。

（三月）初六日，还园，得坊间有《读书一得》四册，取阅之，为新安人黄训所著。

（四月）初五日，居停张卿子及钟瑞先。觅旧书得五十余种，然蠹余断简居其强半。此皆平日所渴嗜者，甚为畅意，中有抄录《阙史》二卷，为唐人参寥子所辑，竟不知为谁氏子也。

（四月）十二日，入城往坊间觅书，得叶水心及苏平仲二公全集，甚喜。

（七月）十九日，入城过书肆，补得《百家唐诗》残缺者十三种。

（八月）十二日，过书肆觅书，得十六种，内如宋人《方秋崖集》，极佳。又抄本《越峤书》，载交南古今事甚悉，得之欲舞。

（八月）十六日，又过书肆觅书，得二十余种，内有王明清《挥麈后录》三集共十卷。王氏《挥麈录》向所见止一卷，今其书乃数倍于前，因知前代之遗书十九皆非全帙。更有新刻《朝鲜史略》，向欲王董父①本录之而未果，今见刻本为之绝畅。

（八月）二十五日，午后闲步登云桥于肆中得《沈下贤集》及《长兴》、《西溪》、《云朝》三集，皆素所渴嗜，甚快。

（九月）初三，亦赴席湖上。至昭庆得《陈水南先生集》，水南先生名霆，弘正间，为侍御史，留心著述，其《两山墨谈》与《渚山诗话》皆脍炙人口。余向觅其集不可得，得之如见快友。

其二，函托友人代购。祁承爍写信拜托友人代为采访图书是经常之举。他的朋友杨嗣昌在记录其购书事迹时曾云：

> 先生求书都邑坊市，列肆之林，公私廊舍，掌故之府，名山坏宅，壁蠹之余，委巷穷檐，断烂摊地，和合墁墙之物，往往搜获秘文，其所不得，或千里题撼，因人募觅，遥盼经年，得则焚香盥手，补订涪讹②。

祁承爍曾函托友人陶公望请其代为访书：

> 近有一事，敢与兄约，吾两家世受《易》，岂可略于世业。

---

① 王董父，即王应遴（？—1644），字董父，号云莱，山阴人。万历四十六年副榜恩贡，授内阁中书，修两朝实录、玉牒，晋大理寺左评事。天启初因触犯魏忠贤削籍。崇祯初，以徐光启之荐起原任。

② 见祁承爍《澹生堂集》卷首：(明)杨嗣昌《旷亭草序》。

复录得竹居王孙家抄本数十部,合之家藏,可得二百种,皆前贤专门之学。而吾浙藏书家,惟苕上最多,有前贤解易之书,幸多方访求,一一抄录,两家各出所有以合之辑为《易谱》一书,亦大快事。尊见其许之否?①

祁承爜也曾在给郭子章(郭青螺)的信中写道:

凡老公祖邺架所藏如宋元人之文集,除耳目常见之外,或前代与国朝记载及小史之类,具烦命掌记者,录一目见示。如向所未曾经目,则当借抄。在宋朝如刘须溪诸公,皆贵乡人,其遗集定有副本也。外一单皆贵乡前辈名公也,其集有序存于其子孙者,并一查示之。②

还有一次,祁承爜读闵元衢所著的书,见书后所列的引用书目中有几种书是他所没有收藏的,便立即致函与作者同居一地的潘曾纮,托他向作者咨询:"前见贵郡闵子京兄辑有《湘烟录》喜采奥书及韵事,断是佳士,其引用书目虽不甚广,然中有数种弟知其久不行世矣。此兄何处得来? 一单寄兄幸为弟特一询之。"③

其三,共同访书,相互受益。为广求图书,祁承爜还与友人一起组织了"搜书会"。万历四十一年(1613),祁承爜视察江南各地马政之后回乡休假,"经岁园居,复约同志互相裒集,广为搜罗"④。参加的人分别搜集秘本,一旦搜得则互相传录,对于不能如约的会员,甚至定有处罚的规则,正如祁承爜在日记中所写,"与肃之(即张汝霖)及二三同

---

① 见祁承爜《澹生堂集》卷十八《与陶公望》。
② 见祁承爜《澹生堂集》卷十七。
③ 见祁承爜《澹生堂集》卷十八《与潘昭度》。
④ 祁承爜. 澹生堂藏书约[M].上海:上海古籍出版社,2005.

调为搜书之会,期每月务得奇书及古本若干,不如约者罚"①。

访求秘本是一件耗时耗力的工作,搜书会的成立扩大了购书的耳目和途径,提高了效率,节约了访书的成本,取得了很好的效果。祁承㸁在给友人徐季鹰的信中通过自身采访图书中的感受来介绍搜书会的优势,邀其参与搜书会,共同访书,他自述:

> 踜踜焉访求异书,搜辑残编者,二十年如一日也。然苦于僻居海滨,闻见有限。必须相结同志者五六人,各相物色,而又定之以互易之法,开之以借录之门,严匿书之条,峻稽延之罚。奇书秘本,不踵而集。此亦人生之至乐,中天下而定四海,弗与易矣。②

以现代观点来看,搜书会其实是一种基于共同需求而自发产生的团购和资源共享模式。

搜书会在增加澹生堂藏书数量方面颇见成效,"自四月杜门检次群籍,五阅月矣。以同年公席出者五日,以往剟出者十五日,余俱得拥百城,酣畅自适也。至此复得书一百三十余种,计一千八百有余卷"③。

其四,受赠。是祁承㸁获得藏书的另一个途径。明代有以图书为交际礼品之风,但"书帕本"的质量良莠不齐,一直被祁承㸁所批评,且"闲有见贻,概以坊梓,且多重复;奇书异本,无从得而寓目焉"④。但偶尔也会有为祁承㸁所喜爱的图书,如明代治水大臣朱敬韬曾赠予祁承㸁一部版本精良的万历十卷本秦少游《淮海集》,祁承㸁得到后甚是

---

① 见祁承㸁《澹生堂集》卷十二《数马岁记中》。
② 见祁承㸁《澹生堂集》卷十四《与徐季鹰》。
③ 见祁承㸁《澹生堂集》卷十二《数马岁记》。
④ 祁承㸁.澹生堂藏书约[M].上海:上海古籍出版社,2005.

欣喜①。又有叶瑛石赠一部季本手笔批校的《资治通鉴节详》一百卷，该书"所标识皆蝇头粟粒字，而笔画劲逸……兼以书久失板，止此抄本仅存，真足珍也"②。

祁承㸁任江西吉安知府期间，好友钱伯常"出《吕公实证录》相赠，并以相期谈"③。此后，居家赋闲的一年中更是有多次获赠图书的记录④：

（万历四十六年二月）十七日得旧寅沈五知寄至《国朝纪录汇编》，是书为少司空沈清宇先生所辑，而侍御陈公刻之江右。

（二月）二十八日，得方伯萧九生公组寄至《金华志》，并《浙江通志》，余方辑《两浙著作考》，正需检阅，得之甚快。

（四月）朔日，蚤起，得友人寄至书数种。内有《西溪丛话》，为剡溪姚宽所著，宽亦南宋时名流也。语多杂出似说家，然《文献通考》则以为残语未知即此一种否。近午赴放生社。

（四月）初八日，过王董父斋头，时有乱书残帙堆积案上，予取得数种，如张南轩章枫山二先生集，皆理学家可诵也。

（四月）十二日，得同年广州林公书，并得寄至《广东通志》，乃万历间郭元禄棐所修。

（五月）十三日，蚤起得都运陈公望川书……并寄来《瞿塘日录》及《薛文清集》。文清故无全集，向年余曾觅一部寄醵使崔抑庵公祖，今已登梓，公之海内崔序尚及余名。

①② 见祁承㸁《澹生堂集》卷十四《读书杂记》。
③ 见祁承㸁《澹生堂集》卷十三《江行历》。
④ 见祁承㸁《澹生堂集》卷十三《戊午历》。

（五月）廿四日，得海门周师书，并寄《滁阳王文成公祠志》及《金刚经解》与《太上感应篇》。

（六月）十二日，得郭大司马寄至《易解》，每卦总为一论。

（七月）初四日，得许玄佑寄至松枢十九山，阅之，多小说家语。

同时，祁承㸁也喜欢以图书赠予他人。祁承㸁完成《宋西事案》的辑录之后，准备带《宋西事案》作为礼品前往磁州任职，嘱家人将"《宋西事案》及杂著五、六种……必用刷印一百二十余册来"①。祁承㸁磁州上任后，其子并未及时送来《宋西事案》，祁承㸁还为此大发雷霆，写信斥责，称"只如《宋西事案》一事，望此送人，几为眼穿，而竟不带一册来。可恨，可恨！待汝辈带得来，我又不必送人矣。每事皆然也"②。在备兵磁州期间，祁承㸁也多次写信要在家中的子辈将图书带来用于赠予，"（五月）带来物件备开于后，此责之大郎备来，四郎发价……《宋西事案》六十册。《宋贤杂》③等共六种各三十册……以上俱系要紧等用之物，不可缺少一件"④。

此外，科考之后也有将会试题名录抄录赠人的传统。祁承㸁之子祁彪佳金榜题名之后，祁承㸁在家书中嘱咐其"会试题名录及一应事宜，何不速寄十余册来？今索者纷纷，何以应？如全录须印数十册送人"⑤。

其五，交换。在经费有限的情况下，交换是另一种有效的采访途径。祁承㸁往往把购得的或者受赠的图书中的复本拿与他人，或到坊

---

①②④⑤　黄裳.祁承㸁家书跋［J］.中华文史论丛,第三十二辑.
③　原文如此。应为《宋贤杂佩》。

肆间进行交换,即"兼以所重,易其所阙"。祁承爜对图书采集到了痴迷的程度,不遗余力,甚至在旅途中还携带大批复本,以便随时交换,以免遗漏心仪的珍本异本。祁承爜在日历中记载,万历四十一年(1613),他视察马政时途经杭州,"携重籍数篾,易书五十六种,复购得三十二种,共计一千二百余卷。所最当意者,薛仲裳所裒集六朝文集及黄章豫旧本与法藏碎金法苑珠林也"①。数量之大,从中可见交换是祁承爜图书的重要来源之一。

其六,抄录。抄本是澹生堂藏书来源的重要补充。受经费所限,当"行囊萧索,力不能及",或"求之不得而入他人邺架"时,祁承爜以借录珍函的形式补充馆藏。据祁承爜自己所言:"十余年所抄录之书,约以二千余本。"祁承爜在给好友管席之的信中写道,"或宅上邺架中一检,不妨借阅。录竟即专人函璧"②。祁承爜在编纂《余苑》时,也向郭文学求借图书:"不佞蠹鱼之癖,年衰而嗜弥笃……蜀中故多古人著作,尊公校蜀时,如《东都事略》蜀汉本,《益都耆旧传》之类,倘可入《余苑》者,愿门下检之如何?"③

此外,还有很多借书抄录的例子④,如:

> (万历四十六年正月)二十七日,从王董父处借得孙简素公嘉言,便录如所云,人生未老而享已老之福则终不老,未贵而享已贵之福,则终不贵,真足醒世。

> (二月)初二日,借阅《魏鹤山文集》,遗缺者已过半,内有《周官折》衷三卷,可录出另行者也,聊一识之以待再觅。

---

① 见祁承爜《澹生堂集》卷十二《数马岁记中》。
② 见祁承爜《澹生堂集》卷十七《与管席之》。
③ 见祁承爜《澹生堂集》卷十八《与郭文学》。
④ 见祁承爜《澹生堂集》卷十三《戊午历》。

（二月）初八日，秉日色整书，并得借录元次山《漫叟拾遗》一卷。

（二月）初六日，从王董父借得《会稽掇英集》，乃阁中宋本，真不减赵子固见武定刻，漱手展玩者竟日。

（二月）二十九日，录完《会稽掇英集》，同儿子手校一过。

祁承爜抄书，还注意校对版本，校录字句。祁承爜为《对床夜话》所撰写的跋语中记载：

《对床夜语》五卷，皆诗话也，宋范景文所著，前有冯去非序，称景定三年，所评诗自唐而止，其扬确四诗、及六朝作者更详，盖沈酣风雅之士。前附去非一书，谓兴怀姜尧章同游，时有高翚静逸辈日夜钓游，孙道子、张宗瑞辈谑浪笑傲，今不能复从游，虽梦中亦不复见，得见景文，斯可矣，则景文为一时之名士可知。余此本录之赵玄度，以正德间江阴陈沐所翻刻者两相细较，字句无讹，可喜也。甲子清和日，旷翁识于高邮舟次。

对于后代收藏家来说，澹生堂抄本制作精良，也具有很高的收藏价值。

祁承爜利用到各地任职之机，不仅广泛采访图书，还对所见的他人珍贵藏书借录抄本。据黄裳先生记载，祁承爜在河南任职期间所抄录的图书数量最多也最有价值，"共百三四十种，皆坊间所无，而京内藏书家所少者"①。

祁承爜还利用社会关系网络，请好友代为抄录，以获得复本。

---

① 注：这些抄本十之八九是来自藩王朱睦㮮的万卷堂，万卷堂藏书于明末毁于洪水，尤显得澹生堂抄本之珍贵。

万历四十六年二月"初三日,得铅山公笪赤如寄至书……并得寄录《皇明大政记》六卷。此书为玉山夏浚所辑,考据详核,信而足征本朝一良史也。予得之姻家陶别驾处,然中缺十六卷,每阅之辄以为恨。因托赤如兄转为抄补,乃能千里缄寄真延津龙剑再合矣。笪公真信人也"①。

又如在与邹四山的信中写道:"台省一生,著述之盛,幸一示其名目,何如? 闻有《国史职官制》,竟当与《周礼》并传,便中乞一录寄,真如拱璧也。"②

总之,图书的搜集和访求是藏书建设中一项最基本的工作,具有十分重要的意义,关系着馆藏建设的全局。文献采访理论作为采访经验的累积,是千百年来一代代学者在图书采访过程中的各种思考和总结。随着时间的推移,技术的进步,不断产生的新的用户需求催生了不断进步的采访理论和方法,而古人的访书理论和方法中不乏智慧的光芒,对今日采访工作和文献资源建设仍颇有裨益。

以现代图书馆学的理念来考察400多年前祁承㸁的访书思想,祁承㸁既在整体上提出了藏书建设的规划,又提出了馆藏建设侧重点,更在具体实施环节上提出了具有可操作性的建议。今日看来,祁承㸁所倡导的书目购书法,有利于拓展出版信息渠道,也是目录选书的理论依据之一;他所倡导的经世致用的基本原则更是文献资源建设中所必须遵循的原则;他的选书思想打破了传统士大夫拘泥于八股经学的保守思想,以"旷然宇宙,自有大观"的宽广情怀提出了要了解古今图书出版与收藏的轮廓,广采博收的理论。正如清代学者张宗泰所言,祁承㸁"持论宏阔,足当博古通今之目"③。

---

① 见祁承㸁《澹生堂集》卷十三《戊午历》。
② 见祁承㸁《澹生堂集》卷十八《与邹四山》。
③ 张宗泰.鲁严所学集[M].台北:文海出版社,1975.

第五章　祁承爜的目录学理论与实践

明代私家藏书的兴盛,也造成了私修目录的多产,仅见于《千顷堂书目》所著录的明代私家目录即多达五十余部。但明代目录学却在后世引起了很大的争论。

有明一代,士大夫大谈心性,学风空疏,强调个体生命本身的意义和个性的解放,变革传统文化,被称为"无根的一代"①,由此形成了明代独特的思想风潮和学风,受此影响,明代的目录学表现出有别于前代、后代目录学主流传统的特性。明代官修目录《文渊阁书目》不撰类序提要,一反四部分类法,"不分经、史、子、集,惟以千字文编号,每号若干橱,有册数而无卷数,自古目录无若是之陋者,遂开后来藏书目之一派"②。此后,官修书目皆仿其例,私修目录也多效仿。明代的书目体系打破传统,或创设新分类法,或在四部的基础上增设新的类目或子目。

明代对目录学的变革,取决于明代目录学家对编目的目的和基点的认识。明代目录学家将书目视作记录、检索图书信息的工具,查考书籍聚散的依据,编制书目仅是为了避免"聚散无稽",为读者查检提供便利,这就使得明代书目工具化趋势十分明显。正如陈第所说:"粗

---

① 赵令扬.无根的一代:从明代思想谈起[M]//中国现代文化学会.东西方文化交融的道路与选择.四川人民出版社,1993.

② 余嘉锡.目录学发微[M].北京:中国人民大学出版社,2004.

为位置,以类相从,因成目录,得便查检。"①包括祁承爜在内的藏书家在整理书目时强调藏书著录简洁、直观,书目为便于检索藏书、勾勒藏书总体情况而服务。祁承爜的图书编目理论就是在此基础上发展而来的。

万历四十八年(1620),祁承爜迁宿州知州,未上任前,他在密园重新整理藏书,据此编写了《澹生堂藏书目》,并撰写《庚申整书小记》《庚申整书略例》来说明此次整理图书的缘由、过程以及目录编纂的体例,还阐述了目录编目的方法和分类理论。据丁丙《善本书室藏书志》卷十四记载:

> 是书为山阴祁承爜所编,此则旷翁原本。每叶十六行,上截载书名,下截分两行,载卷册撰人姓氏,蓝格竹纸。版心刊澹生堂藏书目,更有澹生堂经籍记、旷翁手识、山阴祁氏藏书之章、子孙世珍等印。前有郭子章、周汝登、沈淮、李维祯、杨鹤、马之骏、商家梅、钱允治、姜逢元、陈元素、管珍、朱篁诸叙跋,且摹其书而钤以图章焉。并有旷翁自序。②

《澹生堂藏书目》作为一部有学术价值的书目,在明代目录学史上之所以占有重要地位,一是书目类例清晰,部次条理,编目别出心裁,祁承爜提出的"通""互"二法,同时具有实用的广度和内涵的深度,是基于澹生堂藏书实践而升华的难能可贵的理论创新;二是该书目体现了祁承爜的目录学方法理论,是其目录方法理论运用于实践的直接成果。

总体而言,祁承爜之目录学理论以"因""益""通""互"四字概述。

---

① 转引自丁丙《善本书室藏书志》目录类。
② 见顾廷龙《续修四库全书》第 927 册:(清)丁丙《善本书室藏书志》。

· 126 ·

其中"通""互"是对著录方法的总结，"因""益"则是对分类思想的概括。

第一节　祁承爜的编目理论

在著录方法上，祁承爜提出了著名的"通""互"理论，其目的是为了便于检索。

一、"通"：流通于四部之内

祁承爜深受郑樵思想的影响。郑樵在《通志·校雠略》中提出"人有存没，而学不息。世有变故，而书不亡"和"书有名亡而实不亡""阙书备于后世论"等观点，强调佚文出现在其他文献中的重要意义。祁承爜在此基础上，提出了"通"的理论。

所谓"通"，即别裁法。祁承爜认为：

> 通者，流通于四部之内也。事有繁于古而简于今，书有备于前而略于后。故一《史记》也，在太史公之撰著，与裴骃之注，司马贞之索隐，张守节之正义，皆各为一书者也。今正史则兼收之，是一书而得四书之实矣。一《文选》也，昭明之选与五臣之注、李善之补，皆自为一集。今行世者则并刻之，是一书而得三书之用矣。所谓以今之简可以通古之繁者，此也。至于前代制度，特悉且详，故典故、起居注及仪注之类，不下数百部，而今且寥寥也，则视古为略矣。故附记注于小史，附仪注于国礼，附食货于政实，附历法于天文，此皆因繁以摄简者也。古人解经，存者十一。如欧阳公之《易童子

问》、王荆公之《卦名解》、曾南丰之《洪范传》,皆有别本,而今仅见于文集之中。惟各摘其目,列之本类,使穷经者知所考求,此皆因少以会多者也。又如《靖康传信录》、《建炎时政记》,此杂史也,而载于李忠定之奏议,《宋朝祖宗事实》及《法制人物》,此记传也,而收于朱晦翁之语录;如罗延平之集,而《尊尧录》则史矣,张子韶之集,而《传心录》则子矣。他如琐记、稗史、小说、诗话之类,各自成卷,不行别刻,而附见于本集之中者,不可枚举。即如《弇州集》之《艺苑卮言》、《宛委馀编》,又如《冯元敏集》之《艺海酌酌》、《经史稗谭》,皆按籍可见,人所知也。而元美之《名卿迹记》、元敏之《宝善编》,即其集中之小传者。是两书久已不行,苟非为之标识其目,则二书竟无从考矣。凡若此类,今皆悉为分载。特明注原在某集之内,以便简阅,是亦收藏家一捷法也。①

别裁法的出现与明代盛行出版一人或一家作品之全集,以及丛书的大量出现有关。祁承㸁所提出的"通"的主张是指对于包含不同内容的丛集中的单书,或者附于某书但内容与全书不同的部分,都应该按图书内容裁篇别出,采取析出著录的方法,分别著录于四部的不同类目之下。此外,对于琐记、稗史、小说等通常被认为是雕虫小技,不登大雅之堂,难以单独刊刻,而往往附于本集之中的一类,也应该独立标目别裁。通过这种方法,可以更科学地把一书中具有独立意义,应该分入其他类目的部分分析出来,更准确地反映文献的内容,更好地发挥文献的价值,同时为检索提供便利,使研究某一方面学问的人在

---

①　祁承㸁. 庚申整书略例[M]//李希泌,张椒华. 中国古代藏书与近代图书馆史料. 北京:中华书局,1982.

得到完整资料的同时"知所考求"。

《澹生堂藏书目》对"通"的应用十分成功而广泛,即使对最普通的文集、丛书、类书和杂著,也进行了分析著录。

如:

国朝典故	一百卷　五十六种
	二十册

后鉴录	一卷
	见国朝典故

建文遗迹	一卷
	见国朝典故

备注:此例将《国朝典故》各书分别著录。

又如:一书编入某丛书本中。

(易类)

三坟一册	一卷　古今逸史本　范氏
	奇书本　　汉魏丛书本

备注:有《古今逸史》本、《范氏二十种奇书》本和《汉魏丛书》本。

(国朝史类)

经略西夏始末记	一卷　李维桢
	大泌山房集本

又如:一书既有单行本,又编入某丛书本中。

（诗类）

韩诗外传四册	十卷　韩婴旧本　百名家书
	本　汉魏丛书本

备注:有旧本(单行本)、《百名家书》本及《汉魏丛书》本。

（小说家类）

豫章漫钞	十卷　又纪
	录汇编本

备注:有单行本及《纪录会编》本。

以现代文献编目的观点来看,"通"的实质类似于现代文献编目中的分析著录方法,使用这种编目方法不仅可以梳理图书流传的关系,还可以辅助完善分类表的立类,提高检索点的作用。别裁法的出现在中国目录思想史上具有重要的开创性的影响。王重民先生认为,"在分类著录的过程中,一书著录在一类好像是不可动摇的规律,要做到使各类书的内容互相发生关系,非到图书分类著录发展到相当高的水平的时代,是不容易被人发现的。所以互著别裁法的发现,标志着分类法的进一步提高"①。

二、"互":互见于四部之中

所谓"互",即互著法。祁承爜指出:

　　互者,互见于四部之中也。作者既非一途,立言亦多旁及。有以一时之著述,而倏尔谈经,倏而论政;有以一人之成

① 王重民.中国目录学史论丛[M].北京:中华书局,1984.

书,而或以摭古,或以徵今,将安所取衷乎? 故同一书也,而于此则为本类,于彼亦为应收;同一类也,收其半于前,有不得不归其半于后。如《皇明诏制》,制书也,国史之中固不可遗,而诏制之中亦所应入。如《五伦全书》,敕纂也,既不敢不尊王而入制书,亦不可不从类而入纂训。又如《焦氏易林》、《周易占林》,皆五行家也,而易书占筮之内亦不可遗。又如王伯厚之《玉海》,则《玉海》耳,郑康成之《易》、《诗》地理之考,《六经》天文,《小学绀珠》,此于《玉海》何涉? 而后人以便于考览,总列一书之中,又安得不各标其目,毋使溷淆者乎? 其他如《水东日记》、《双槐岁钞》,陆文裕公之别集,于文定公之《笔尘》,虽国朝载笔居其强半,而事理之诠论,亦略相当,皆不可不各存其目,以备考镜。至若《木钟台集》、《闲云馆别编》、《归云别集》、《外集》、范守己之《御龙子集》,如此之类,一部之中,名籍不可胜数,又安得概以集收,混无统类? 故往往有一书而彼此互见,有同集而名类各分者,正为此也。①

祁承爜从理论上论述了互著的必要性,以及需要应用互著法的情境,即一部著作同时包含不同的内容,则不能单一地著录于四部中的某一类目之下,应互见于各类之下。例如一部经学著作,还涉及典章制度、历史地理等其他方面的内容,则应该同时著录在相应类目之下,如果仅著录于经部则无法全面揭示文献的内容。

祁承爜提出"一书而彼此互见"的主张,认为互著、别裁的作用在

---

① 祁承爜.庚申整书略例[M]//李希泌,张椒华.中国古代藏书与近代图书馆史料.北京:中华书局,1982.

于"便于考览""各存其目,以备考镜",通过"通""互"二法使书目之间的关系更加明晰,使书与书、书与类目以及类目与类目之间形成有机的网络,使为研究某一问题的读者,更便于查考,阅一类目,不仅可以查检到本类本目之下的所有图书,而且还能关联到与本类本目相关的其他文献,从而获得与这一问题相关的比较全面的图书资料信息,更进一步突出明确书目的查检功能。

《澹生堂藏书目》中,明确说明采用"互"的著录有如下几条,如:

国朝史分纪目中《天潢玉牒》一书,下注"亦入谱牒类";

兵家类将略目中《黄石公素书》,下注"亦入道家类";

小说类说丛目中《稗海大观》正续一书,下注"以下九种细目俱分注丛书,并散见各类";

别集类帝王集目中《梁武帝集》一卷,下注"以下六种俱载六朝诗集"。

此外,其他也有些条目虽然没有明确标明"亦入"等字样,但实际上也是采用"互"的方法著录。如丛书类部分书籍与其他类重出,也有可能是"互"之例。如:

春秋繁露　　春秋类图谱目与儒家类重出

皇极经世　　理学类遗书目与约史类重出

历代小史　　杂史类杂录目与丛书类经史子杂目重出

祁承爜在《澹生堂藏书目》的著录中践行了他所提出的"通""互"理论。特别是在丛书的著录方面,"通""互"理论的应用更是强化了祁承爜对丛书类目上的贡献。一般情况下,丛书所录各书往往分属于经史子集各类,类目不同,作者不同,内容不一,种类繁多。因此,在著录过程中,祁承爜根据"通""互"理论,将丛书中所包含的各书分别著录在各个不同类目之下,是为互著;又将合刊中析出各部著录于本应所属的类目下,实现别裁。

如:

四十家小说	天宝遗事　续齐谐录　十洲记　卓异
	葆光录　洛阳名园记　赵飞燕外传……

前四十家小说	五十卷
	十册

赵飞燕外传	一卷　四十家说本　古今
	逸史本　汉魏丛书本

说明:第一层根据《四十家小说》的性质,著录于丛书类小说目下,并依次著录了四十家小说的细目;第二层《前四十家小说》著录于小说类说丛目下,并说明其卷数、册数,是为"互";第三层则分别著录丛书所收录各书,《天元天宝遗事》仅为其中一例,著录于杂史类野史、稗史目下,并以小注说明卷数、出处和著者,是为"通"。

祁承爜在总结前人实践和自己藏书经验的基础上,从理论上概括著录过程中的互著法、别裁法,创造性地论述了"通""互"理论,这是他在目录学史上的一大贡献。

清末徐友兰在《澹生堂藏书目》跋中对"通""互"二法给予高度评价:

> 今先生之说则曰:书有独裁,类无可入,余则益之。古繁今简,前备后略,余则传之。复有作非一途,言多旁及,奚得概收,漫无纪律?曰互曰通,其义斯具。疏渝源流,实事求是,与中垒之旨若符析复合,汉以还未之过也。

三、"通""互"二法在目录学史中的地位

使用互著法、别裁法的书目在我国目录学史上早已有之。早在刘向编制《七略》的过程中就已经开始运用，此后《隋书·经籍志》《唐书·经籍志》《崇文总目》，以及郑樵的《通志》等都采用了互著与别裁的编纂方法，但均非自觉地应用此二法，更未能从理论上加以阐释和总结。比如，班固在《汉书·艺文志》中也或多或少应用互著和别裁之法进行著录，但也将《七略》中以互著或别裁著录之处理解为误著而进行删改。

马端临的《文献通考·经籍考》中出现了互著法、别裁法的使用。对此，章学诚评论道：

> 《文献通考》未尝不别出《夏小正》以入时令，而《孔丛子》、《大戴记》之书，又未尝不兼收而并录也；然此特后人之幸而偶中，或《尔雅》、《小正》之篇，有别出行世之本，故亦从而别载之尔，非真有见於学问流别，而为之裁制也，不然，何以本篇之下，不标子注，申明篇第之所自也哉。①

从中可见，章学诚认为马端临在《文献通考》中同时使用了别裁和互著之法，但非有意为之。

王重民先生则认为：

> 我国第一次有意识地使用互著法是第十四世纪初期马端临撰的《文献通考·经籍考》；第一次互著与别裁兼用的是一六二〇年祁承爜编成的《澹生堂书目》。②

---

①　章学诚. 校雠通义：卷一，别裁第四［M］. 北京：中华书局，1985.
②　王重民. 中国目录学史论丛［M］. 北京：中华书局，1984.

马端临在《文献通考·经籍考·史部》按语中说：

> 杂史、杂传,皆野史之流,出于正史之外者。盖杂史,纪、志、编年之属也,所纪者一代或一时之事;杂传者,列传之属也,所纪者一人之事。然固有名为一人之事,而实关系一代一时之事者,又有参错互见者。前史多以杂史第四,杂传第八,相去悬隔,难以参照,今以二类相附近,庶便检云。①

在此,马端临认为类似"杂史"与"杂传"这样内容"参错"的情况下就应该进行"互见",其目的是"便于检讨"。由此可见,马端临已经意识到互著的重要性,并进行了初步的理论探讨。遍查《文献通考·经籍考》七十六卷,仅可见一个互著的例子,是易类的《焦氏易林》十六卷,下注"说见占筮门",在占筮类中,确有《焦氏易林》十六卷。

目前,学界对于互著法与别裁法的发端尚有不同意见,但一般认为,别裁法最早应用于明嘉靖十九年(1540)高儒编撰的《百川书志》,有意识地使用了互著法始于元末马端临的《文献通考·经籍考》,祁承爜所撰的《澹生堂藏书目》则第一次将这两种著录方式兼用于目录编写的实践中,并进行了系统的理论梳理。

祁承爜对于马端临的《文献通考·经籍考》也十分熟悉,曾自述道,"至于条贯灿然,始末毕具,莫精于马氏之一书……余每遇嗜书之癖发不可遏,即取《通考》翻阅一过,亦觉快然,庶几所谓过屠门而大嚼者乎"②。而且,祁承爜在"互"所举的例子也恰好涉及《通考》中唯一的互著样例《焦氏易林》。

祁承爜对后世产生了重要的影响。钱亚新先生评价《澹生堂藏书

---

① 马端临.文献通考·经籍考:卷195.北京:中华书局,1986.
② 祁承爜.澹生堂藏书约[M].上海:上海古籍出版社,2005.

目》，认为：

> 其中所提出的类目较有创见，而体系也较完备。更可注意的，是"通"和"互"的理论和方法，实为清代章学诚所谓"别裁"和"互著"的先驱。……承爜对于图书的分类和编目，也正如他对于图书的鉴别和购求一样，处处能把理论与实际联系起来，统一起来，在继承中有创造，这种精神在当时是难能可贵的。①

祁承爜之后，随着学术的发展和累积，到了清代，目录学家、文献学家章学诚集前人之大成，在《校雠通义》中第一次从理论上明确阐述了"互著""别裁"的意义，论述更为完整、系统，并进而将互著法、别裁法提升到"辨章学术、考镜源流"的目录学核心目标。

章学诚所谓"互著"是指：

> 盖部次流别，申明大道，叙列九流百氏之学，使之绳贯珠联，无少缺逸，欲人即类求书，因书究学。至理有互通，书有两用者，未尝不兼收并载，初不以重复为嫌。其于甲书乙部次之下，但加互注，以便稽检而已。古人最重家学，叙列一家之书，凡有涉此一家之学者，无不穷源至委，竟其流别，所谓著作之标准，群言之折衷也。如避免重复而不载，则一书本有两用，而仅登一录，于本书之体，既有所不全；一家本有是书，而缺而不载，于一家之学，亦有所不备矣。②

所谓"别裁"是指：

---

① 钱亚新.浙东三祁藏书和学术研究[M].南京:江苏省图书馆学会,1981.
② 章学诚.校雠通义:卷一,互著第三[M].北京:中华书局,1985.

　　盖古人著书,有采取成说,袭用故事者,其所采之书,别
有本旨,或历时已久,不知所出。又或所著之篇,于全书之内
自为一类者,并得裁其篇章,补苴部次,别出门类,以辨著述
源流。至其全书,篇次具存,无所更易,隶于本类,亦自两不
相妨。盖权于宾主重轻之间,知其无庸互见者,而始有裁篇
别出之法耳。①

　　比较祁承爜与章学诚所提出的互著和别裁二法可以看出,两者出
于完全不同的目的。祁承爜提出"通""互"方法主要是为了"以便检
阅",将书目作为检索工具;而章学诚是为了"即类求书,因书究学"和
"以辨著述源流",将书目作为学术史加以阐发。章学诚所提出的互著
法、别裁法是服务于"辨章学术、考镜源流"这一学术传统,其影响也较
祁承爜的"互""通"更为深远。然祁承爜开创之功不可泯没。"通"是
现代文献编目方法中分析著录、析出著录的雏形,而"互"又与参见互
著有异曲同工之妙。在编目理论方面的创见,开启了后代参见著录、
分析著录的先河,由此确定了祁承爜在目录学史的重要地位。

　　昌彼得曾对祁承爜的"通""互"二法,与章学诚的"互著""别裁"
进行分析,认为"通""互"二法虽不如"互著""别裁"来得清晰,但在实
际应用中却比"互著""别裁"来得明确。祁承爜的方法经过实际编目
经验的考验与积累,而章学诚的观点则是纯理论的。在章学诚的学说
中,认为别裁法应该"裁篇别出",这在实际操作中反而混于琐碎,篇第
过多,且有碍查检。昌彼得评价章学诚方法之流弊曰:

　　　我国的典籍,时代愈后,篇第愈富,效总集一类的书,一
　　书之中,篇第动辄以千计,而别集与子书说部包含也非常广

<hr/>

① 章学诚.校雠通义:卷一,别裁第四[M].北京:中华书局,1985.

泛,假若均裁篇别出,实际上有如篇目索引,对读者而言,查检虽然方便,然而非目录书所当为。……是故别裁之法,宜仿祁承爜氏裁卷别出即可,遇有汇集的书或内容广泛的书,其中所收的内容凡有与全书不同,隶属于一个部类者,即裁卷别出,标举大题、著录于它所应隶入的部类,而在下方注明其原在何书中。如此,则研究者按类索书,即不致失检了。①

正如姚名达所言:"承爜此论,实有古人未发者两端。其所谓'通',即后来章学诚所谓别裁,其所谓'互',即学诚所谓互著;欲使分类恰当,非善用此两法不可。此古人所不识,石破天惊,允推承爜为分类学之一大发明家。"②虽无法判断祁承爜的观点理论是否对章学诚产生了直接的影响,但王重民先生认为,"章学诚对于马端临已经使用互著法,大概是没有注意到,对于祁承爜的《整书例略》也可能是没有注意到,但不能不受到一些影响。"③钱亚新也认为,祁承爜"分编上的通和互,到了章学诚手里,更发挥了巨大的作用,而作为他所提倡的'辨章学术、考镜源流'的学说的主要环节"④。

第二节　编目实践与著录方法

总体而言,由《澹生堂藏书目》可见,祁承爜在编目上采取了部、类、目三级分类体例。部即经、史、子、集四部。部下设类,类名之下为

---

①　昌彼得,潘美月. 中国目录学[M]. 台北:文史哲出版社,1986.

②　姚名达. 中国目录学史[M]. 上海:上海古籍出版社,2005.

③　王重民. 中国目录学史论丛[M]. 北京:中华书局,1984.

④　钱亚新. 祁承爜——我国图书馆学的先驱[J]. 图书馆,1962.

子目,标于各种书之后,另行注说,如经部古易目各书之后,别行注说"已上六种俱古易",经部章句注传目各书之后,注说"已上俱章句注传",既可总括其书,又可起到分界的作用。目下各书根据文献的性质排列,以地区、朝代或文献体裁、内容等进一步划分。如史部国朝史类分纪目下群书,依照朝代顺序,依次收录洪武、建文、永乐、仁宣英三宗、弘治、正德、嘉靖、隆庆、万历各朝的记录。在实际编目中,有些类下子目合并并列,而所包括的书目亦不划分。某些子目下的书数量不多,或性质内容相近则合而为一。

书目编成之后所添新书则编入"续收"一栏。如卷一之末续收易、书、诗、春秋、礼;卷二之末续收经总解、理学、小学;卷三之末续收国朝史;卷四之末续收正史、记传、礼乐,卷五之末续收政实、图志;卷六之末续收儒家;卷八之末续收道家;卷九之末续收释家;卷十之末续收兵家、医家;卷十一之末续收类家、丛书;卷十二之末续收章疏、总集、余集;卷十三之末续收别集;卷十四之末续收别集、诗文评。各目之下按时代顺序排列,有帝王、御制、敕纂则冠于首。

著录项按书名、册数的顺序排列,以小字双行著录卷数、作者及其他注意事项。如:

| 王文成公全书 | 二十册　四十卷 |
| | 王守仁 |

| 皇明诏制 | 八卷　自洪武至嘉 |
| | 八册　靖十八年止 |

一、表格式著录

有明一代,书目编纂主要强调的是工具化的检索功能,为阅览提供便利性,到明代中期,书目著录简明化的趋势越来越明显,而表格式著录则是这一主导思想的直接体现。表格式著录一般仅著录书名、卷数、著者等反映图书外部特征和内容的要素,对版本、内容概述等要素则选择性标注。表格式著录最早出现在明代徐㶏的《红雨楼家藏书目》中,但仅为局部采用,著录比较简单。

钱亚新曾叙述《澹生堂藏书目》的原写本情形为:

> 藏书目的原写本并不分卷,是采用表格式来编制的。这与一般藏书目就有不同。每半叶八行,每行分上下两截,上截载书名,下截又分两行,载卷数、册数(套数、篇数),撰人时代及其姓名,以及版本、编目、附录或批注等……再次,同一书而其卷数、册数、版本有不同时,在书名上加一'又'字,如一书有上下、正续等编时,仍分条著录。①

可见,祁承㸁在《澹生堂藏书目》中的著录格式也采用表格形式,但著录项目更加明细,每叶八行,每行分上、下两栏,上栏用大字单行著录书名,下栏小字分两行著录卷册数、著者、年代、版本、细目、附录或注释等。对于同一作品的不同版本,则在名上加一"又"字予以解决;对一书分为上下编或正续编的,则仍分开单独著录。

如:

周易注疏	九卷　八册　一卷
	监板

汉书	一百二十卷　三十册　三套　汉班固撰
	监板　　　　　　　　　　　　颜师古注

---

①　钱亚新.浙东三祁藏书和学术研究[M].南京:江苏省图书馆学会,1981.

刘文成公文集	二十卷　十册　刘基
	内合并翊运录　郁离子　覆瓿集
	写情集　梨眉公集　春秋明经

齐民要术	十卷　四册　旧板　后魏贾思勰
又齐民要术	十四卷　四册　新校
	载秘册汇函内

同时,祁承爜在继承明代表格式著录的基础上,注重著录项目的全面性,通过注释补充表格过于简化的不足,便于全面揭示图书内容和外部载体形态。

《澹生堂藏书目》顺应明代目录学表格化的趋势,简化著录,便于查检,又以注释补充不足,使书目更加工具化,对读者的检索更有裨益,使其更为简洁明了。表格式目录是对刘班以来形成的传统目录学"辨章学术,考镜源流"提要目录的简化和背离,被清代学者所诟病,但却恰恰符合明代目录揭示书目文献记录的客观性的特点。今人王国强认为明代目录学是一个"不断创造的过程",其"试图从动态上揭示明代目录学风格的形成,并阐明明代学术思潮对于明代目录学的深刻影响"。明代所编撰书目以藏书目录为主题,明代目录学家以"客观地记录文献信息"为职责,在这个意义上,"做文献的客观记录者更符合目录学的真谛"①。

---

① 柯平.创新的庄严和魅力:《明代目录学研究》评介[J].图书与情报,2000(4).

二、《澹生堂藏书目》的著录体例

明代目录学多把书目视为以供检点的账簿,因而著录体例十分简便。官修目录《文渊阁书目》只列篇名和卷数,无小序和解题,《内阁藏书目录》只分为部类,并注撰人姓名,仅部分有解题;私家目录也是如此,《菉竹堂书目》在著录体例上全部仿照《文渊阁书目》,《百川书志》的体例也非常简便,无小序、解题,仅著录书名、卷数、著者姓名;《国史经籍志》著录中无总序、解题,但有小序,其他《宝文堂书目》《李蒲汀家藏目录》《得月楼书目》《汲古阁珍藏秘本书目》等书目也无大创意。对此,章学诚总结道:"自刘班而后,艺文著录,仅知甲乙部次,用备稽检而已。"①

《澹生堂藏书目》延续了明代书目简便的风格,没有设立小序。小序的作用在于条别学术源流,"小序的体制是中国目录学的特色之一,但这种体制从宋末陈振孙《直斋书录解题》以后,以迄明万历间,无论编纂史志或书目,皆无此项体制,也可以说此一时代的目录作者,已根本不知道此项体例的功用。"②

和明代大多数目录一样,《澹生堂藏书目》也没有叙录。一方面是由于明代学风的影响,另一方面也是因为家藏书目数量庞大,祁承爜没有精力对作者一一进行考订。

纵观《澹生堂藏书目》的著录体例,除叙录、小序之外,篇目(卷目)、小注、版本三项均兼而有之,就明代目录著述的整体状况而言,已属难得。正如来新夏所言:"所有这些都说明此目不是单纯的登录簿,

① (清)章学诚.校雠通义,卷二,焦竑误校汉志第十二[M].北京:中华书局,1985.

② 昌彼得,潘美月.中国目录学[M].台北:文史哲出版社,1986.

而是体现了编者目录思想的著述。"①

此外,祁目虽没有叙录,但却另撰有《两浙名贤著作考》,这是一部具有叙录性质的目录书。祁承爜《著作考概》一文中说明:"是以博采史传,旁及群书,略叙生平之大端,庶征一时之品概。至履历之或详或略,事实之或多或寡,随所见闻,更无优劣。"②这正是作者叙录的体例和性质。

《澹生堂集》中收录的 12 则读书杂记,也兼具叙录及版本著录的体例。傅增湘在《藏园群书题记》卷七《跋澹生堂全集》一文中指出,"《读书杂记》十二则,为随时例览,略记其梗概,亦陈氏解题之类。"③

例如,《读书杂记》之《碧溪诗话》十卷,就近似于叙录的性质:

> 论诗皆有源委,根极意趣,而大旨必欲归之于爱国爱君,虽风人之体应,然而当日作者之意,触景解心,恐未必能句句从此念也。

又如《江湖长翁集》四十卷、《秦少游淮海集》三十卷、《资治通鉴详节》一百卷,则为记载版本之作。《秦少游淮海集》三十卷记曰:

> 淮海闲居集十卷,监本已不可得,余向所藏者,乃嘉靖乙巳间翻本,然简册短小,字画亦漫漶、余过淮阴,晤治水使者朱敬韬于舟次,语及、出此本见赠,盖万历本也,写刻俱精,老眼得此甚快。

又《资治通鉴详节》一百卷记曰:

① 　来新夏.古典目录学浅说[M].北京:中华书局,2003.
② 　见祁承爜《澹生堂集》卷十四。
③ 　傅增湘.藏园群书题记,卷七[M].上海:上海古籍出版社,1989.

不著纂辑姓名,前有外纪四卷,则刘恕所撰。此书为叶瑛石所赠,云季彭山授之,徐文长者内于晋世,详标五胡立国源流始末,灿然如指掌。文长页一代逸才而读书沉潜详密,乃尔此前辈所以不可及也。所标识皆蝇头粟粒字,而笔画劲逸,如铁鸳翩翻,兼以书久失板,止此抄本仅存,真足珍也。

这种体例与清朝赏鉴书志的形式完全一样,实可说是赏鉴书志的滥殇,《澹生堂藏书目》在版本体例一项,除了版刻著录之外,尚于赏鉴考订一项,亦有所发明。

1. 篇目题名的著录法

篇目著录以客观著录为主。对于需要补充说明的信息,祁承爜也进行了处理。(为方便行文,以下各例均不再画出表格,而以"注说"说明)

《名将传》,注说"十七卷,十六册,陈元素";

《愚民戒谕》,注说"三卷,三册,陈德"。

在书名之上加著者字号、嗜好、书斋名,如:

《徐文贞世经堂集》,注说"二十六卷,二十册,徐阶";

《顾司寇崇雅堂集》,注说"八卷,四册,顾应祥";

《余文敏集》,注说"十五卷,八册,余有丁"。

在书名之上加著者姓名,因此在注说中不再记录著者,仅著录书名、册数,如:

《蔡潮文集》,注说"十卷,十册";

《张乔诗集》,注说"四卷"。

仅著录书名,不著录其他信息,如:

《镇江府志》。

2. 小注的灵活应用

《澹生堂藏书目》虽没有小序、总序,但在每书题名之下,均有文字说明该书的著者、卷数、版本,以及图书内容、著述情况等。

(1)关于题名的说明:

①变异题名,如:

《西湖尘谈录》,注说"一卷,沈仪。一名《两湖尘谈录》";

《鹭洲书院名贤志》,注说"十三卷,六册,亦名《三祀志》,吴士奇";

《古今廉鉴》,注说"八卷,四册,乔懋敬,一名《壶天玉露》";

《三十国记》,注说"二卷,即《佛国记》"。

②解释题名,如:

《皇明九边通考》,注说"十卷,四册,魏焕著。辽东、蓟镇、宣府、大同、三关、榆林、宁夏、甘肃、固原";

《国朝四臣传》,注说"一卷,王靖远、杨兴济、徐武功、王威宁"。

③共同题名,则将共同题名著录于注内,如:

《长洲野志》一卷《耳剽集》二卷,注:"二种总名中雅堂集";

《艺谷四册》二卷《中有录》一卷《论世编》二卷,注说:"总名天荒合刻"。

(2)责任者项:

①全著姓名,如:

《纲鉴纂要》,注说"二卷,一册,周永春"。

②作者姓名缺失时,只著录书名、卷数,如:

《千古一览》,注说"二卷,一册"。

③祁氏自著,以藏书处所的名字代之,如:

《史记节详》,注说"十二卷,四册,澹生堂辑"。

④帝王只著其号,如:

《天潢玉牒》,注说"一卷,高皇帝御制"。

⑤多种责任形式,分别注释,如:

《贞观政要》,注说"十卷,四册,唐吴兢编,戈直集论";

《班马异同》,注说"三十五卷,六册,宋倪思辑,元刘孟会评";

《史通评释》,注说"二十卷,六册,刘子玄著,郭孔延释"。

⑥其他责任形式,如:

删定者:

《郭子翼》一册,注说"二卷,韩惟之删定"。

改误者:

《素问注释》七册,注说"十二卷,启玄子注,孙兆重改误"。

序者:

《金刚经解》,注说"一卷,宋太宗序"。

选者:

《古今奇赏》、《续古今奇赏》二十四册,注说"陈仁锡评选";

《文心雕龙》二册,注说"八卷,刘勰著,杨慎批选"。

辑者:

《三朝北盟会编》,注说"二百五十卷,四十册,徐梦莘辑";

《绍兴府志》,注说"六十卷,十六册,张元忭、孙鑛辑"。

编者:

《诸儒讲义》,注说"二卷,二册,章文懿公懋编"。

批点者、注者:

《资治通鉴》,注说"二百九十四卷,一百册,司马光撰,胡三省注"。

合著者:

《两苏经解》十二册,注说"七十三卷,苏轼、苏辙";

《阴符经七家注》注说"一卷,伊尹、口口、口太公、范蠡、鬼谷子、张良、诸葛孔明"。

纂者:

《记纂渊海》四十四册,注说"一百卷,潘自牧纂"。

撮要者:

《周易义海撮要》一册,注说"一卷,房审权编,李卫撮要,澹生堂余苑本"。

述者:

《皇极经世传说》,注说"十七卷,十六册,朱隐老述"。

补遗者:

《救荒活民书补遗》,注说"三卷,三册,董焆(著),朱熊补"。

刻书者:

《左氏要语》一册,注说"二卷,祝篁溪刻,杨南涧重刻"。

(3)载体形态项:著录篇数、册数、卷数,如:

《杨子法言》十三篇一册,注说"一卷,贺沚校刊"。

只著录册数、卷数,无篇数,如:

《法家要览》,注说"四卷,四册,汪尧章";

《水部备考》,注说"十卷,四册,周梦阳"。

只著录册数,而无卷数、篇数,如:

《读史抄评》,注说"一册"。

只著录卷数,而无册数、篇数,如:

《于少保怜忠录》,注说"一卷";

《梅妃传》,注说"一卷"。

说明残缺情况,如:

《仕学规范》四册(三十卷),注说"张镒辑,宋本缺第四册"。

说明正卷、续卷,如:

《帝系考》,注"正九卷,续二卷,见《通考》,马端临、王圻"。

(4)内容说明,补充说明一书之内容,以史部为多,如:

《二忠录》一册,注"二卷,记王忠文公祎及王绅事";

《保孤记》,注"一卷,沈应魁,记夏文愍公遗孤事,藏说小萃本";

《壶开录》一卷,注"纪李密归唐事";

《李氏藏书》,注"六十八卷,四十册,李贽纂,世纪八,列传六十卷";

《史书大全》,注"五百十二卷,一百八册,魏国显辑,帝纪一百七卷,列传四百五卷"。

内容说明中最常见为目次说明,凡遇丛书,均详列丛书子目,揭示内容。即使内容多至一二百种,一一注明。如:

《二史会编》,注"十六卷,十六册,况叔祺编,史记记传十一,汉书记传五卷";

《性理三解》,注"六卷,四册,韩邦奇。正蒙拾遗一,启蒙意见四,洪范图解一"。

某些有丛书性质的图书,亦详列卷数或篇目,如:

《性理大全》,注"共七十卷,三十册,太极图一,通书二,西铭一,正蒙二,皇极经世七,易学启蒙四,家礼四,律吕新书二,理气二,洪范皇极内篇二,鬼神一,性理八,道统五,大小学十四,诸子二,历代五,治道四,诗文一"。

篇目的著录,随着书籍出版形式的转变而改变,在简册时代,目录著录以篇为单位。由于各篇别行,因此刘向歆父子在校书时在核定篇目上着力很多。但书籍载体形态转变为书册后,在著录书目时,篇目的体例就逐渐被删减了。祁承爍的著录方法以小注的形式将一书的卷目信息保存下来，正是对传统篇目体例的改进与简化。昌彼得认为，"这种叙述方式，于卷幅无所增，虽未列篇目，而对于一书的始末仍可显见，后世即令有亡篇佚卷，犹可据以检核，于例最为得之，是编著目录者所应当师法的"。包括昌彼得在内的学者一般认为这种著录体例始于《四库全书总目提要》，"关于这点，四库总目建立了一个很好的范例。四库提要斟酌刘向的成法，于诸书大多著明其卷目"①。但周彦文在其博士论文《千顷堂书目研究》中对此进行了修正，认为在《千顷堂书目》中就使用了此方法，且黄虞稷在编目过程中参阅《澹生堂藏书目》②，因此祁承爍是这一体例的真正创始者。

（5）年代说明，如：

《大明会典》四十册，注"一百八十卷，正德四年，李重阳等辑"；

《历代君鉴》十册，注"五十卷，景泰年敕纂"。

（6）版本项，如：

《史通》四册，注"二十卷，刘知己，江右新本"；

《路史》二十册，注"四十六卷，罗泌旧本新本"；

《左氏要语》一册，注"二卷，祝皇溪刻杨南涧重刻"；

《九经真文》十二册，注"十二卷，细楷精刻本"。

若一书有多个版本的也一一说明，如：

《六鉴举要》，注"六卷，一册，刘元卿，又一部一卷，见余苑抄本"；

《周易注疏》八册，注"九卷，监本、闽本"；

《赵飞燕外传》，注"一卷，四十家说本、古今逸史本、汉魏丛书

---

① 昌彼得，潘美月. 中国目录学［M］. 台北：文史哲出版社，1986：41.

② 周彦文. 千顷堂书目研究［D］. 台北：东吴大学，1985. 整理出《千顷堂书目》引自《澹生堂书目》之例。

本"。

明代以前的公私目录,多著录书名、篇数、卷数、作者姓名,而不注重著录版本。在传统目录学中占有重要地位的小序、叙录体例,其重点在于记录一家或一书的学术渊源,而不必说明版本情况。但是,随着印刷术的发展,书籍流布渐广,而由于所翻刻的底本不同,校勘精粗不同,或刻者认识水平不一,同一种书不同版本的内容有所差异。图书出版与流通的状况要求书目开始记载版本。

尤袤的《遂初堂书目》是最早著录版本内容的书目。明代藏书家在编目时,在注明书名、著者、篇数之后,往往著录版本信息。虽然并非备载,但部分书籍的版本得以说明,据以考信,使读者获益,如晁瑮的《宝文堂书目》即注明版本。此后,明清之际,毛氏汲古阁、钱氏绛云楼,及季振宜等各家藏书目亦注明版本,开风气之先。

祁承爜曾见过尤袤的《遂初堂书目》,并深受其影响。万历四十二年(1614),祁承爜与同社学者校雠《说郛》,自述"独喜其载尤袤之《遂初堂书目》一卷"①。《澹生堂藏书目》是明代第一个将尤袤的版本书目体例进行扩大的书目。

《澹生堂藏书目》在版本名称上多沿袭《遂初堂书目》,两种书目版本著录非常相近,如监本、地方刻本、旧本等,但《澹生堂藏书目》也衍生出了新的内容,如新本、小本、大本等,以及体现明代出版特色的藩本、翻刻本、仿宋本、宋本、细楷精刻本等。从著录的范围来看,《遂初堂书目》著录版本集中于经、史二部,而《澹生堂藏书目》对版本的著录则遍及四部;从著录的数量来看,《遂初堂书目》著有版本项的书目仅47种,而《澹生堂藏书目》则达到212部②;在版刻地点的著录方

---

① 见祁承爜《澹生堂集》卷十四《读书杂记·说郛条》。
② 严倚帆. 祁承爜及澹生堂藏书研究[M]. 台北:花木兰文化工作坊,2006.

面,《澹生堂藏书目》所涉及的地域更广,遍至广州、陕西等地。此外,祁承爜还第一个增加了"钞本"的著录。

具体而言,《澹生堂藏书目》中所著录的版本可以分为如下几类:

- 官府刻本:如监本、北监本、官本、御制等。
- 藩府刻本藏本:如赵藩刻本、赵藩藏本、徽藩序刻。
- 地方刻本:如闽本、常州本、杭州本、杭板等。
- 刊刻者:如权衡刻本、蒋旸重刻、唐藩宙枝辑刻本等。
- 有特色之版本:如骈刻本、细楷精刻本、大本、小本。
- 钞本。
- 版本之新、旧,时代:如宋本、新本、旧本。

此外,别集类有《宋板校刊渊明集二卷》,小说类有《仿宋本考古图四册》,是著录版本之别例。

(7)揭示图书的体裁,如:

《晋书》三十一册,注"一百二十七卷,唐太宗御撰。帝纪十卷、志二十卷、列传七十卷、载记三十卷";

《函史》下编二十册,注"郭元锡纂,二十三卷,书三卷、志十卷、考八卷、记二卷"。

(8)附录说明,如:

《春秋经传集解》,注"三十卷,十册,附陆德明释文";

《圣学宗传》,注"十八卷,八册,附《宗传咏古》一卷,一册"。

(9)说明一书内容的起止时间,如:

《皇明诏制》八册,注"八卷,自洪武至嘉靖十八年止"。

第三节　祁承爜的分类理论

近代目录学家姚名达高度评价祁承爜的分类理论,认为"统观有明一代中,对于隋志之修正,分类之研究,比较肯用心思,有所发明者,允推祁承爜为冠军","尤以'丛书'之独立,于分类学之功勋最巨。俗儒乃谓至张之洞《书目答问》创始丛部,或又谓姚际恒《好古堂书目》之'经史子集总'为'近世创立丛书部类之滥觞'(柳跋),陋矣"①。来新夏也认为,"其虽按四部分类,而其下多有新意。"②罗孟祯则评价:"类目详悉,增删恰当"③。

台湾学者昌彼得也认为:

> 明代对于目录最有贡献的,要推祁承爜……他的澹生堂是明末清初有名的藏书楼。所编的《澹生堂藏书目》不仅著录丰富,达十万卷,而在分类上及编目方法上有若干甚具价值的创见。④

一、祁承爜分类理论与郑樵的关系

祁承爜对中国传统目录学的发展历史有着清醒而深刻的认识。他认为:

---

① 姚名达.中国目录学史[M].上海:上海古籍出版社,2005.
② 来新夏.古典目录学浅说[M].北京:中华书局,2003,1981.
③ 罗孟祯.中国古代目录学简编[M].重庆:重庆出版社,1983.
④ 昌彼得.中国目录学的源流[M].台北:学海,1977.

区别品流,始于《七略》,嗣此而后,代有作者。王俭之《七志》,多本刘氏,特易诗赋为文翰,易术数为阴阳,易方技为术艺,无辑略而有图谱,及益以佛、道二书,名虽七而实九也。阮孝绪之《七录》,又本王氏,而加以纪传。史书之盛,始与经子并列矣。四部之分,实始荀勖。以甲部纪六艺、小学等书,以乙部纪诸子、兵术等书,以丙部纪《史记》、《皇览》等书,以丁部纪诗赋图籍等书。然史固宜居子上,孝绪之以纪传次经典,得矣。若历朝正史,志艺文、经籍者,惟班氏规模《七略》。刘昫沿袭隋书,《新唐》校益《旧唐》。《宋史》多因崇文四库。《隋志简编》虽多散佚,而类次可观。《旧唐》之录,本朝多缺,而新书襃益颇自精详。《宋志》紊乱,元人制作无足深求,然总之可深惜者。刘、王、荀、阮仅存其标目,竟轶其全书。即史志所载,简编在列,然而湮轶者十九,其间存十一于千百者,亦非寻常可得寓目。是亦画龙之类耳。若谢客、王亮、任昉诸人,虽有纂修,而类列不传,如崇文四库、中兴馆阁,即有书目,而世不易得。学者所可考览,独有郑渔仲之《艺文略》十有二类,马贵与之《经籍考》七十六卷,王伯厚之《艺文玉海》二十八卷,及焦弱侯太史《经籍志》六卷,王宪副所编《续经籍考》十二卷,邓元锡《经籍志》一卷,此其所载皆班班可考。[1]

祁承爜进而在论述目录学史发展脉络的基础上,对前人得失优劣进行品评:

> 然焦氏之志,国史也,是宜简严,不及著书之纤悉是矣。

---

① 祁承爜.澹生堂藏书约[M].上海:上海古籍出版社,2005.

郑氏《通志》概征往籍,而昔人著作之旨无所发明。王伯厚之
纂述,大都为应宏词博学之用,故略存梗概,而无所折衷。且
既以御制之文自为一类,则承诏撰述宜缀其后,而复列于别
集,殊不可解。邓志之议论颇详,而书目未备;《续通考》之收
罗未广,而编辑尚淆。至于条贯灿然,始末毕具,莫精于马氏
之一书。其为经者十三类,为史者十三类,为子者二十一类,
为集者四类,一一准中垒父子校书之法,撮其指意而列于下。
即所据者多晁氏、陈氏之遗言,然而其编摩采辑之功,精且
详矣。①

在总结前人的基础上,祁承爜提出了自己的理论。首先强调的是
分类法之重要性。郑樵认为,"学术之苟且,由源流之不分;书籍之散
亡,由编次之无纪"②,又认为,"类例既分,学术自明,以其先后本末俱
在"③。祁承爜也形象生动地将藏书比喻为"墨兵",将图书分类法比
喻为训兵打仗,这与郑樵的观点相一致,郑樵曾言,"类书,犹持军也,
若有条例,虽多而治;若无条例,虽寡而纷。类例不患其多也,患处多
之无术也"④。

郑樵在图书分类体系中打破中国传统图书分类的二级架构,自创
了一套类、家、种的三级分法。而祁承爜承袭了郑樵的三级分类法,将
目录设计为部、类、目三个层次,使得"部有类,预有目,若丝之引绪,若
网之就纲,井然有条,杂而不紊"。⑤ 这与郑樵所言的"类例分,则百家

---

①　祁承爜.澹生堂藏书约[M].上海:上海古籍出版社,2005.

②　郑樵.通志二十略,通志总序[M].北京:中华书局,1995.

③④　郑樵.通志二十略,校雠略[M].北京:中华书局,1995.

⑤　祁承爜.庚申整书例略[M]//李希泌,张椒华.中国古代藏书与近代图书
馆史料.北京:中华书局,1982:28.

九流各有条理"的观点不谋而合。由此可见,祁承㸑的分类思想也承袭自郑樵。

在实际应用中,祁承㸑的图书分类法则比郑樵的观念合理得多。郑樵认为书不论存佚,均应著录,则能使古书"虽亡而不亡也",因此,《通志·艺文略》在著录过程中对于书籍无论存佚全部著录。对此,余嘉锡曾批评道,"盖古之著目录者,皆在兰台秘阁,职掌图书,故必兼计储藏之法,非如郑樵、焦竑之流,仰屋著书,按目分隶而已。"①相比之下,祁承㸑的目标则脚踏实地得多,并提出了著名的"因""益"二法。这是祁承㸑与郑樵在图书分类理论上的最大不同。

二、"因":因循四部之成例

所谓"因",即固守四分法。祁承㸑云:

> 因者,因四部成例也。部有类,类有目,若丝之引绪,若网之有纲,井然有条,杂而不紊。故此前而刘中垒之《七略》,王仲实之《七志》,阮孝绪之《七录》,其义例不无取裁,而要以类聚得体,多寡适均,惟荀氏之四部称焉。两汉以下,志艺文者无不受为功令矣。若嘉隆以来,陆文裕公之藏书,分十三则,一录经,次录性理,又次录史、录古书、录诸子、录文集、录诗、录类书、录杂史、录志、录韵书、录小学医药杂流,而以宸章令甲别为制书,示不敢渎也。沈少司空稍为部署,而首重王言,故一曰制,二曰谟,三曰经,四曰史,五曰子,六曰集,七曰别,别者,道其所道,非圣人之所谓道也,八曰志,九曰类,十曰韵字,十一曰医,十二曰杂。虽各出新裁,别立义例,

① 余嘉锡.目录学发微[M].北京:中国人民大学出版社,2004.

然而王制之书,不能当史之一,史之书,不能当集之三。多者则丛聚而易淆,寡者又寂寥而易失,总不如经、史、子、集之分,简而尽,约而且详,循序仿目,简阅收藏,莫不为善。而间有未备,如释氏家,郑渔仲之所收,皆东土之著述,而西土重译单译者,俱无闻焉。则释藏总目,条分甚析,经有大小乘之分,乘有重译单译之辨,为律、为论、为疏注、为铨述,皆一一可考,总之,不嫌袭故。①

祁承爜分析了四部分类法的优势,认为当时代的许多私人目录虽打破了四部的体制,但"总不如经、史、子、集之分,简而尽,仿而详,循序约目,简约收藏,莫此为善",因而,他主张因袭四部之分类法。

祁承爜提出"因"四部之法的主张,与明代分类法发展的现实有关。在传统目录学史上,虽有六分、七分、十二分等多种分类法,但四部分类法一直占据主流地位。四分法草创于西晋荀勖的《中经新薄》,自《隋书·经籍志》以后,四分法在官修书目中更是形成了无法动摇的地位,其他分类法也都没有脱离四分法的樊篱。然而有明一代,目录分类法自由发展,很多书目著作在分类体系上都有所创新。明代官修书目《文渊阁书目》突破了四部分类的限制,而将许多原部下所属的类目,单独罗列出来,创新性地设置了四十类。受此影响和启发,明代官私分类体系不断突破,纷纷自创新法,如官修目录《国史经籍志》将书目分为五部,《内阁书目》则分为十八部;而私家目录的设置则更为散漫,《世善堂藏书目录》采用了六部分类法,《二酉藏书山房书目》则设计了五部分类体系,此外更有自创的十二类、十四类、三十三类等多种

---

① 祁承爜.庚申整书例略[M]//李希泌,张椒华.中国古代藏书与近代图书馆史料.北京:中华书局,1982.

分类方法。在这种背景下,祁承㸁提出"因",是对目录学史上各种分类法的总结,是对传统目录分类法的回归和坚守,也是对明代目录学过度创新,各种分类方法繁杂的现实的纠正。

三、"益":增补四部分类法

祁承㸁云:

> 益者,非益四部之所本无也。而似经似子无间,亦史亦玄之语,类无可入,则不得不设一目以汇收。而书有独裁,又不可不列一端以备考。故洪荒藐矣,而《竹书纪年》之后,有《荒史》、有《邃古记》,有《考信》等篇。世代繁矣,而皇极经世之后,有《稽古录》、有《大事记》、有《世略》、《志统》等书。此数十种者,皆于十许卷之中,约千万之事,既非正史之叙述,亦非稗史之琐言,盖于记传之外,自为一体者也。故益以约史者一。《性理》一书,奉钦纂于文皇,虽近录宋儒之诠述,然而言乎天地,则备矣。他如《伊洛渊源》、《近思录》及真文忠公之《读书记》、黄东发之《日钞》与湛文简公之《格物通》,王文成公之《则言传习录》及前后诸儒论学之语,或援经释传,或据古证今,此旨六经之注脚,理学之白眉,岂可与诸子并论哉?故于经解之后,益以理学者二。代制出于王言,非臣子所敢自擅:经筵辟乎主德,非讲义之可例观。然而两者皆无专刻,惟各取本集之所载,而特附其名目于诏制经解之内。故益代言经筵者三。丛书之目,不见于古,而冗编之著,叠出于今。既非旁搜博采以成一家之言,复非别类分门以为考览之助,合经史而兼有之,采古今而并集焉。如后世所刻《百川学海》、《汉魏丛书》、《古今逸史》、《百家名书》、《稗

海》、《秘笈》之类，断非类家所可并收，故益以丛书者四。文有滑稽，诗多艳语。搜耳目未经见之文，既称逸品；摘古今所共赏之句，独夸粹袭。非可言集，而要亦集之余也。益余集者五。其他各目所增，固难概数。虽似蜂房之户，而实非为蛇足之添，如有请益，以俟再举。①

祁承㸁提出的"益"，即增补四部法，是对类目的创新和增设。首先，"益"的前提是维持四部大类不变，进而在此基础上进行小类的增设、改良、删除和调整。具体而言，就是随着学术发展，对无类可入的图书在四部大类之下增设新的类目，以使其在四部之中有适当的位置可以收录。其次，祁承㸁所进行的类目增益，很多并非祁氏首创，而是前人基础的发展。如祁承㸁设"理学"类，参照的是《文渊阁书目》所设置的理性类，符合有明一代理学大行其道的学术背景；又如《澹生堂藏书目》中所设的诏制类，则与陈第《世善堂藏书目录》中的诏令类类似。

类目的增补、删减反映的是明代学术、学科发展的线索，和出版趋势的变化。明代的学术出版在宋代的基础上又有了很大的发展，丛书、文集、史书、类书等图书的种类和数量都有了很大的增长，一成不变的分类法无法反映新的学术发展趋势，变革是势在必行的。因此，在编纂目录的过程中增删类目的现象十分普遍。祁承㸁"益"的理论就是在这样的背景下提出的。根据祁承㸁的举例，所新增的类目有"约史""理学""代言经筵""丛书""余集"五例。

① 祁承㸁. 庚申整书例略［M］//李希泌，张椒华. 中国古代藏书与近代图书馆史料. 北京：中华书局，1982.

第四节　《澹生堂藏书目》的分类实践

在分类实践中,祁承爜总结出了"用寡法""用众法""部勒法"等八种方法。

> 手摽秘帙,亲兵同渡江之八千,床积奇编,爱士如成师之一旅,此吾之用寡法也。缥缃触目,绝胜十部鼓吹;铅椠由心,不灭百城南面,此吾之用众法也。架插七层,籍分四部,若卒旅漫野而什伍井然,如剑戟摩霄而旌旗不乱,此吾之部勒法也。目以类分,类由部统,暗中索摸,惟信手以探囊;造次取观,若执镜而照物,此吾之应卒法也。联寡以成众,积少以为多;抽一卷而万卷可窥,举一隅而三隅在目,此吾联络驾驭之法也。借录不出于园门,取观不归于私室;散帙勤收,如绝流之不遗涓滴;蠹余必理,同牧马之去其败群,此吾坚壁清野之法也。以我精骑三千,胜君赢卒十万。尽翻窠臼,欲追黄鹤之楼;独识荃蹄,直上赤虹之座,此吾用寡以御众之法也。转觅转奇,日繁日异,以我所余,易人所有,虽不无得陇望蜀之讥,然每收拔赵竖刘之帜,此又吾借资于人而因粮于敌之法也。①

祁承爜在《澹生堂藏书目》中践行了他的图书分类思想,将藏书分为四部四十六类二百四十四目。具体类目见下表。

---

① 祁承爜.庚申整书小记[M]//李希泌,张椒华.中国古代藏书与近代图书馆史料.北京:中华书局,1982.

表1 《澹生堂藏书目》(稿本)之分类法

四部	类	目
经: 凡十二类, 共六十二 目(实则 十一类, 六十三 目)	易:十目	古易、章句注传、疏义集解、详说、拈解、考正、图说、卜筮、易纬、拟易
	书:五目	章句注疏、传说、图谱、考订、外传
	诗:五目	章句注疏、传解、考正图说、音义注释、外传
	春秋:七目(实 则八目)	经传总、左姓传、公羊、谷梁、通解、考证、图谱、外传
	礼:八目	周礼、仪礼、二戴礼、通解、图考、礼纬、中庸、大学
	孝经:三目	注疏、丛书①、外传
	论语:五目	章句注疏、解说、别编、图志、外传
	孟子:三目	章句注疏、杂解、外传
	经总解:四目	传说、考定、音释、经筵
	理学:六目	性理、诠集、遗书、语录、论著、图说
	小学:六目	尔雅、蒙书、家训、纂训、韵学、字学
史部: 凡十五类, 六十八目	国朝史:十二目	御制、敕纂、汇录、编述、分纪、武功、人物、典故、时务、稗史、风土、行役
	正史:一目	正史
	编年史:四目	通鉴、纲目、纪、记事
	通史:二目	会编、纂略
	约史:一目	约史
	史钞:二目	节详、摘略
	史评:三目	考正、论断、读史
	霸史:二目	列国、偏霸
	杂史:三目	野史、稗史、杂录

① 姚名达按曰:"书或为说之讹"。

续表

四部	类	目
	记传：九目	袠辑、别录、高贤、垂范、汇传、别传、事迹、行役、风土
	典故：二目	故实、职掌
	礼乐：四目	国礼、家礼、乐律、祀典
	政实：五目	时令、食货、刑法、官守、事宜
	图志：十一目	统志、约志、省会通志、郡邑志、边镇、山川、祠宇、梵院、胜游、题咏、园林
	谱录：七目	统谱、族谱、年谱、世家、试录、考、书目
子部：凡十二类，七十六目（实则十三类，八十一目）	儒家：一目	儒家
	道家：十一目	老子、庄子、诸子、诸经、汇书、金丹、诠述、修摄、养生、记传、余集
	释家：十八目（实则十六目）	大乘经小乘经、续入大小诸经、东土著述经、律仪、经典疏注、大小乘论、宗旨、语录、诠述、止观、净土、警策、因果、记传、禅余、文集
	诸子：五目	墨家、法家、名家、纵横家、杂家
	农家：五目	民务、时序、杂事、树艺、牧养
	小说：八目	说汇、说丛、佳话、杂笔、闲适、清玩、记异、戏剧
	兵家：二目	将略、兵机
	天文家：二目	占候、历法
	五行家：四目	占卜、日家、星命、堪舆
	医家：八目（实则十目）	经论、脉法、治法、方书、本草、伤寒、杂治、妇人、小儿、外科
	艺术家：七目	法书、画、琴、棋、射、数、杂技
	类家：三目	会辑、纂略、丛笔
	丛书家：七目	国朝史、经史子杂、经汇、子汇、说汇、杂集、汇集

续表

四部	类	目
集部： 凡七类， 三十二目	诏制：二目	王言、代言
	章疏：三目	奏议、书牍、启笺
	辞赋：三目	骚、拟骚、赋
	总集：七目	诗文总集、文编、古乐府、诗编、郡邑文献、制科艺、家乘诗文
	余集：四目	逸文、逸诗、艳诗、今乐府
	别集：八目	帝王集、汉魏六朝集、唐诗文集、宋诗文集、元诗文集、代御制集、国朝阁臣集、分省诸公诗文集
	诗文评：五目	文式、文评、诗法、诗评、诗话

因版本不同，对于《澹生堂藏书目》的类目设置的统计数据也略有不同。《绍兴先正遗书》本《澹生堂藏书目》统计为四部四十七类，二百四十四子目；《中国目录学》《目录学概论》统计《澹生堂藏书目》有四部四十六类二百四十三子目；吕绍虞的《中国目录学史稿》统计有四十类二百三十五子目；钱亚新则认为有四十四类，有二百三十五子目。各家统计略有出入的具体原因，不得而知，但徐友兰所刻的《绍兴先正遗书》本中将别集类分为上下两类，国朝分省诸公集分为两目，与稿本不同，是为数字差异的原因之一。当然，各版本略有出入也不排除在辗转传抄刊刻过程中发生失误，或者祁承爜计数、核数有误等因素。

即使是同样的类目下，流传至今的各版本所记录的藏书数量也有差异，以表2中原稿本和《绍兴先正遗书》本经部的比对来看，两个版本中经部各类藏书数量都不一样。究其原因，一是因为《绍本》刻于清代，有所避讳；二是因为徐友兰在抄刻时有合并现象，如将原稿本中分别以上下卷记为两种，合并为一种；当然更多原因不是因为政治或技术的原因,而是因为在传承过程中自然形成的错误或疏漏。

表 2 《原稿本》与《绍兴先正遗书》本比对

类	原稿本		绍本	
	种	卷	种	卷
易	222	1310	165	1173
书	64	337	45	303
诗	63	683	44	544
春秋	96	1002	57	935
礼	127	1197	97	1093
孝经	26	50	29	50
论语	37	359	38	316
孟子	23	106	15	74
经总解	115	1020	92	929
理学	234	1924	194	1773
小学	228	1249	162	1081
共计	1235	9237	938	8271

此外,徐友兰刻《绍兴先正遗书》本,在卷首目次的每类类名下标注"某部一""某部二"等字样,并于每卷卷首标明"某类第几"再标类名。但查南京图书馆所藏《澹生堂藏书目》并没有标四部之名,恰如姚名达在《中国目录学史》中所说,其"类目仍以四部为依归,但不标经、史、子、集名,一若各类独立"①。

再者,《澹生堂集》卷十四《庚申整书例略》之后,有附藏书目各类名目,其中著录类、目数量与徐友兰《绍兴先正遗书》本相同,但类之下

---

① 姚名达. 中国目录学史[M]. 上海:上海古籍出版社,2005.

子目名称则有不同,郑鹤声认为出现这种原因是因为《澹生堂集》本为未定稿①。

关于四部分类,祁承爜认为,"书有定制,而见不尽同,而亦有无取于同者"②,因此对不合理、不恰当的具体类目设置进行了调整,提出了自己的分类主张:

> 如王伯厚以圣文冠经籍,陆文裕仿之,而焦氏亦首列制书。余以国史一代之典章,自宜尊王,而家籍一人之移藏,不妨服圣,仍以六经冠之群书,而特以文由圣翰,事关昭代者,每列于各类之首,则既不失四部之体,而亦足表尊周之心。③

在这里祁承爜作为传统士大夫能够做到将"文由圣翰"放于各类进行分类,可见其见识。

祁承爜在分类方面多有创新。在经部增设理学类,祁承爜论述道:

> 宋儒理学之言,概收于子,似矣;然强半皆解经语也。汉之训诂,何以列于经,而独宋儒之子乎?如《正蒙》、《皇极》及程朱语录《近思》、《传习》之类,余欲仿小学之例,而别类以理学。④

祁承爜在史部增设礼乐类是因为:

> 礼乐之从六籍固也,但后世之所谓礼者,多仪注之类耳,叔孙通之《绵蕝》,其可以言经乎?且《胡笳羯鼓》、《教坊杂录》之类,直小说耳,概以言乐,非浅儒之所能识也。余谓一

---

① 郑鹤声.中国史部目录学[M].上海:商务印书馆,1956.

②③④ 祁承爜.澹生堂藏书约[M].上海:上海古籍出版社,2005.

代之礼乐,犹一代刑政,从典故、仪注之后,而附之史。①

《澹生堂藏书目》在类目设置中始终体现的是经世致用的宗旨。祁承爜认为"学不通今,安用博古",因此特别重视史部文献的收藏,尤其重视史部类目体系的设置,史部也是《澹生堂藏书目》中收书数量最多的一类。又如对于笔记小说的分类问题,祁承爜已看出笔记小说分类困难而易造成混乱的问题,因而提出来自己的分类主张,他认为:

> 《汴水滔天录》言朱温篡弑事甚悉,虽小说,而实史也。如《灌畦暇语》等书,漫述前人,虽似子,而实小说也,各宜从其类者也。又如《厚德录》、《自警编》、《颜氏家训》之类,虽列于子,而实垂训者也,余欲别纂训为一类,而附于小学之后。②

再如对类书,祁承爜认为类书的特性是"包宇宙而罗万有","然而类固不可以概言也。如《山堂考索》,六经之源委,纤备详明,是类而经者也。杜氏《通典》、马氏《通考》、郑氏《通志》,历朝令甲、古今故典,实在于此,是类而史者也。又如《艺文类聚》之备载词赋,《合璧事类》之详引诗文,是皆类而集矣"③。

祁承爜对类书的划分已超越当时的学者,与现在的分类方法大致相同。刘国钧在《四库分类法之研究》一文中就引用祁承爜对于类书归类的主张来批评四库分类法。对于杂纂,祁承爜指出:

> 如一人一时偶以见闻杂笔成书,无门类可分,无此地可据,如《野客丛谈》、戴氏《鼠璞》、《梦溪笔谈》、《丹铅》诸录,《学圃萱苏》、《焦氏笔乘》之类,既不同于小说,亦难目于类

---

①②③　祁承爜.澹生堂藏书约[M].上海:上海古籍出版社,2005.

书,此正如王元美所谓骚与诗赋,若竹与草木,自为一类者也。余谓宜名以杂纂,而与类书另附四部之后。①

祁承爜由此提出的综合性类书单独列类的方法对后世产生深远的影响。

就分类整体而言,祁承爜认为:

> 别品类于史则尤难。盖正史之外,有偏记,有小录,有逸事,有琐言,有郡书,有家史,有别传,有杂记,有地里,有都邑簿。……夫史之流派,类约十端,而类之支分,更且千百,故曰:别品类于史则尤难也。②

第五节 祁承爜分类理论的评价

综观祁承爜的分类体系,大抵依据的是马端临《文献通考·经籍考》,在四部分类的基础上增益改订③,"博询大方,参考同异,使井井不谬于前人",既尊重前人的研究成果,又不囿于前人的窠臼,博采众长,兼收并蓄,既对四部分类原则进行了回归,又对四部分类法的类目设计进行调整和增删,使四部分类法更符合明代学术发展水平和图书出版的现状。

当然,《澹生堂藏书目》在许多地方仍有不科学、不恰当之处,但瑕不掩瑜,《澹生堂藏书目》仍是一部具有重要的学术地位的文献分类目

---

①② 祁承爜. 澹生堂藏书约[M]. 上海:上海古籍出版社,2005.

③ 昌彼得. 祁承爜及其在图书目录学上的贡献[M]//蟫庵论著全集. 台北:台北"故宫博物院",2009.

录,在当时的时代背景下具有科学的先进性。

一、祁承爜分类理论的恰当之处

其一,子部对于道家、释家进行了详尽的分类,将道家类分为十一子目,释家类分为十八子目。与《澹生堂藏书目》相比,《隋书·经籍志》《旧唐志》则比较保守。《隋书·经籍志》中明确说明其撰写的目的在于"弘道设教",因而佛道之书等于"圣道"无益的书籍则被弃于四部之外;《旧唐志》虽然容纳了佛道之书,但将其统一于道家一类,而没有将佛经独立成类。而《澹生堂藏书目》则将各类书一视同仁,不仅将释道列入四部,而且各自独立立类,其下相分细目,没有褒贬偏见。

其二,类名创新。姚名达认为:"《澹生堂藏书目》既增减类名,复详分细目。名词之确当,大胜于上文诸录(即高儒的《百川书志》、朱睦㮮《万卷堂书目》、胡应麟《二酉藏书山房书目》、焦竑《国史经籍志》及徐𤊻的《红雨楼家藏书目》)。"[①]正如祁承爜自己所言,《澹生堂藏书目》在因循四部分类法的基础上,增益了约史、理学、诏制、丛书、余集五类。其中特别是丛书类的创立影响最大。

其三,三级分类法。《隋书·经籍志》《旧唐志》《新唐志》《崇文总目》《经籍考》等目录均为先分四部,部下分类,大体为二级分类体系。但《澹生堂藏书目》则采取了三级分类法,四部之下划分四十六类,类下划分为二百四十四子目,有的子目下还划分了若干细目,分类愈细,学术系统愈明晰,图书检索和管理也就更方便。

其四,部次得当,子目分配审慎。如图谱一类,在王俭的《七志》中则列为专志,而在郑樵的《通志》里则附录于诸类之后。但依《七录·

---

① 姚名达.中国目录学史[M].上海:上海古籍出版社,2005.

内篇》所说：

> 王氏图谱一志，刘《略》所无。刘数术中，虽有历谱，而与今谱有异。窃以图画之篇，宜从所图为部，故随其名题，各附本录。谱既注记之类，宜与史体相参，故载于记传之末。

由此可见，图谱、图志等应依性质散入各部类，而无须单独立类，或专做附篇。因此，《澹生堂藏书目》在分类时在经部易类下设有"图说"子目，在书类、春秋类下设有"图谱"子目，在诗类下设有"考正图说"子目，在礼类下设有"图考"子目，在论语类下设有"图志"子目，在理学下设有"图说"子目。可见，祁承㸁分类之审慎与见识。

二、祁承㸁分类理论的失当之处

其一，有些类目配属不大确当。例如，《澹生堂藏书目》将诏制类、章疏类编入集部，诏令奏议事关国家大计，应列入史部政实类。又如，子部设有诸子类，且与其他各家并列，不符合逻辑关系。再如，子部下设艺术家类、类家类也不妥当，虽《旧唐志》以来诸家目录均如此设类，但"艺术家"属技艺，与诸子有别；而类书为总记之书，兼收四部，应列在四部之外。

其二，有些类目、子目命名不当。例如，史部典故类下有"职掌"一目，主要收容关于序班品秩，记录政府管制的文献。这类文献中《隋志》《旧唐志》《新唐志》《宋志》《明志》《崇文总目》《郡斋读书志》《直斋书录题解》《通志》《国史经籍志》均称为"职官"。"职掌"比"职官"内涵范围狭窄。又如，史部图志类，收录关于郡国山川、地方疆域、风俗物产、人物古迹等内容的文献。而这类文献自班固《汉书》有"地理志"之后，在《隋志》《唐书》《宋史》《明史》诸志，以及《崇文总目》《国史经籍志》《四库全书总目提要》等目录中均称为"地理"，而祁承㸁改

"地理"为"图志"似不切实际①。又如,史部国朝史下有"典故"子目,史部又列有"典故"类,二者易造成混淆。

三、祁承𤊴分类思想对学术史的影响

祁承𤊴不但有理论的创新,更在他自己编纂整理的《澹生堂藏书目》中全面践行了他的分类主张,他对四部分类法的改革"类目详明,增删恰当",为后来的书目,如《四库全书总目》等书目的分类体系奠定了基础。祁承𤊴的分类法得到了各家的好评,姚名达"评其对于《隋志》四部分类法的修正最肯用心思"。

在此仅就对学术史产生重要影响的两类进行详细阐述。

1. "丛书"独立地位的确定

丛书是图书发展史上一种重要的编辑形式。所谓"丛书",就是将两种或两种以上具有独立意义的图书汇集在一起,并以总题名统观之的一种形式。现代《中国大百科全书》对丛书的定义是"汇集两种以至数千种图书并冠以总名的一套书的统称"。丛书又有"丛刻""丛刊""汇刻书"等提法。

丛书的出现并走向繁荣反映的是图书出版技术的进步和图书出版数量的激增。明代由于印刷技术的发展,丛书发展迅速,无论是丛书种类还是出版的数量都较前代有了很大程度的提高。既有综合性丛书,如《古今逸史》《汉魏丛书》《唐宋丛书》《津逮秘书》《秘册汇函》等;也有汇集某一类文献的专门性丛书,如《二十一史》《稗海》《道藏》等。丛书因其内容复杂,在图书分类时往往不能一概而论,而作为一种新的出版形式,丛书分类也没有先例可循,在这样的情况下,明代官

---

① 刘简. 中文古籍整理分类研究[M]. 台北:文史哲出版社,1978.

私藏书家在分类时往往延续旧有法则,将丛书列在子部小说家类、类事类、类书类,或列于史部之下。

而祁承爍在明代众多的藏书家中为具有独创性认识的一位,他凭借着丰富的藏书管理和书目建设的经验,充分考量了丛书这一图书出版形式的特殊性,在分类体系中打破陈规,创造性地增列了丛书类,从而在目录分类中给予丛书独立的地位。

祁承爍认为:

> 丛书之目,不见于古,而冗编之著,迭出于今。既非旁搜博采,以成一家之言,复非别类分门,以为考览之助。合经史而兼有之,采古今而并存焉,如后世所刻《百川学海》……断非类家所可并收。①

在祁承爍看来,丛书具有包罗万象的基本特征,以往书目中的类家类、类事类,或类书无法涵盖丛书的内容,必须单独成类。祁承爍对丛书的认识及其分类方法在目录学史上占有不容忽视的地位,对后世产生了重要的影响。祁承爍之后,其孙祁理孙在《奕庆藏书楼书目》中将"丛书"从单独立类提升到单独立部,成为四部之外的第五部,即"四部汇"。

将丛书独立为一类是祁承爍在分类上的最大成就,较之张之洞《书目答问》独立丛书为部,要早 250 多年②。清代张之洞的《书目答问》采取五部分类法,即在四部之外,单独列丛书目,又依照丛书刻印的实际情况,将丛书分为"古今人著述合刻丛书"和"清代一人著述合

---

① 祁承爍. 庚申整书略例[M]//李希泌,张椒华. 中国古代藏书与近代图书馆史料. 北京:中华书局,1982.

② 昌彼得,潘美月. 中国目录学[M]. 台北:文史哲出版社,1986.

刻丛书"两大类,共计著录丛书 130 多种,其著录丛书数量之多在传统官私目录中都是非常少见的。张之洞的《书目答问》将丛书的地位推到了前所未有的高度,巩固了丛书的独立地位,进而扩大了五部分类法的影响力。张之洞认为,"丛书最便初学者,为其一部之中可核群籍,搜残存佚为功尤伟",且丛书之中"经、史、子、集皆有,势难隶于四部,故别为类"①。

2."文学批评"的独立地位的确定

文学批评活动在中国文学史上早已有之,在魏晋南北朝时期更是达到高峰。但是,从历代公私目录来看,学术界对"文学批评"这门学科的独立地位的确认远远落后于实践。多数藏书家、目录学家对文学批评类著作的归类、命名并不科学。《隋书·经籍志》中将六朝文学批评专著散入诗文总集之中;《崇文总目》虽已经意识到文学批评作为学科的独立性质,应单独立类,但却将之命名为"文史类";《遂初堂书目》《直斋书录解题》皆遵循《崇文总目》的体例;直到《澹生堂藏书目》时,文学批评这一学科才真正独立出来,获得了合理的地位和科学的命名。祁承㸁全面认识到文学批评的独立性和多样性,并给予了科学合理的命名,即集部诗文评类。"诗文评"的分类首先按郑樵《通志·艺文略》的方法分为诗的研究和文的研究,进而又按照不同的理论形态区分,下设文式、文评、诗法、诗评、诗话五子目:文式、文评包括《文心雕龙》等 24 种;诗法目所收的主要是以唐代诗歌为代表的研究诗歌法式的著作,包括钟嵘《诗品》等 45 种;诗评所收书主要为纯粹的诗歌评论,包括《诗薮》等 16 种,也有《雪涛阁诗评》等具体作品的评论;诗话目专收历代诗话著作,包括《全唐诗话》等 44 种。

---

① 张之洞.书目答问补正[M].上海:上海古籍出版社,2001.

当然,各子目所收书也有不合理之处,但最大的意义在于通过"诗文评"类目的设置,对古典文学批评给予了独立的命名,标志着文学批评学科意识的最终成熟,从而在学术史上占据了重要的地位。

综上所述,祁承爜在传统目录学的基础上,基于常年的藏书管理实践,尊重文献发展的客观规律,提出"因""益""通""互"四种理论,是对图书分类法、著录方法全面的理论总结和突破,是对传统目录学图书分类法的一大发展。祁承爜的目录学思想中,对四部分类法的集成和回归,对丛书独立地位的确认,对互著法和别裁法在编目中的应用等理论,都在清代得到了进一步的阐发,进而达到了鼎盛,因而奠定了《澹生堂藏书目》在目录学史上的重要的地位。

祁承爜将这些理论和方法应用于其家藏书目《澹生堂藏书目》的编纂过程中,进而使得《澹生堂藏书目》的编目方法突破了个人家藏书目的局限,具有很强的通用性,在传统目录学史上占有重要地位。学者蒋元卿总结《澹生堂藏书目》:"虽以经、史、子、集为类,而细目多异前人,其体例之善,在明代可称佳作。"①昌彼得也认为:《澹生堂书目》"子目之分配,亦较郑樵为审慎,盖由确有其书,故无滥入之弊。例如史评类能分辨考据、评论,及研究史法之别;别立礼乐一类,不混杂于礼类之中,合著录专门之书如族谱、年谱、试谱、书目等项为谱录类,不以杂家为无类可归之渊薮,此皆向来诸录所未能办到者。历观古今四部目录,未有能超录(越)此《澹生堂书目》者也。"②

在编目理论方面,尽管在祁承爜之前互著法和别裁法已有个别应用,但祁承爜从理论上全面、系统地阐发了这种编目方法的作用,充分

---

① 蒋元卿.中国图书分类之沿革[M].台北:中华书局,1957.
② 姚名达.中国目录学史[M].上海:上海古籍出版社,2005.

肯定了书目便于检索的基本功能,使"互""通"二法的应用成为有理论依托的自觉行为。清代目录学家章学诚提出的互著、别裁正是对祁承㸂"互""通"二法的深入和扩展。另外,祁承㸂的表格式著录对于书目注释的简明化也具有推广性的意义,顺应了明代书目功能的发展方向。

在分类法方面,就明代目录学发展的背景而言,生活于明代中晚期的祁承㸂提出了因循四部之法的原则,是对传统书目分类法的回归,对明代分类法自由发展的校正,符合目录学发展的历史趋势,到清代编纂《四库全书总目》之时,四部分类法的应用也达到了高潮。此外,祁承㸂在分类体系中通过单独立类确定了丛书的独立地位,具有首创之功。

第六章　澹生堂藏书管理

"忆否旷亭朱榻畔,牙签风过一铿然。"①江南园林,数十张朱红小榻之上静放着浅青色函装的各种书籍,微风拂过,"牙签如玉,有声铿然"②。这青红交错间所勾勒出的书海几乎是每一位读书人梦想中的世界。这就是时人对澹生堂盛时的回忆。

第一节　藏书情况及特色

祁承爜苦心创办的澹生堂是明末名重一时的著名藏书楼,"藏书甲于大江以南"。据《澹生堂藏书目》记载,所藏图书分为4部,46类,244子目,共9000多种,10万多卷,其中经部约占13%,史部约占29%,子部约占36%,集部约占22%。被称为"浙东名列第一的藏书家"的范钦天一阁藏书不过7万多卷,毛晋汲古阁藏书约为84 000多卷,相比之下,可见澹生堂藏书之丰。祁承爜藏书不仅数量庞大,而且"精于汲古","校勘精核","多世人所未见"③。黄宗羲先生也赞曰:

---

①　叶昌炽. 藏书纪事诗［M］. 北京:北京燕山出版社,2008.
②③　全祖望. 旷亭记［M］//朱铸禹. 全祖望集汇校集注:第2册. 上海:上海古籍出版社,2000.

"夷度先生所积，真希世之宝。"①

表1　澹生堂藏书数量统计表②

经部			史部			子部			集部		
部类	种数	卷数	部类	种数	卷数	部类	种数	卷数	部类	种数	卷数
易	165	1173	国朝史	483	7412	儒家	92	477	诏制	35	179
书	45	303	正史	39	3915	诸子	117	659	章疏	104	1963
诗	44	544	编年史	29	1294	小说	252	2714	辞赋	29	104
春秋	57	935	通史	14	1795	农家	52	278	总集	142	5500
礼	97	1093	约史	25	230	道家	191	863	余集	67	527
孝经	29	50	史钞	16	438	释家	868	3626	别集上	619	17898
论语	38	316	史评	44	484	兵家	83	864	别集下	659	
孟子	15	74	霸史	12	236	天文家	32	231	诗文评	64	606
经总解	92	929	杂史	34	652	五行家	135	682			
理学	194	1773	记传	136	1516	医家	185	1333			
小学	162	1081	典故	13	1012	艺术家	69	234			
			礼乐	54	399	类家	108	6980			
			政实	96	553	丛书	75	4000			
			图志	715	7510						
			谱录	108	818						
合计	938	8271		1815	28264		2259	22372		1719	26723

根据《绍兴先正遗书》本统计得来，总计为 6731 种，6781 部，

---

①　黄宗羲.思旧录,祁彪佳条[M]//丛书集成续编:第28册.上海:上海书店出版社,1994.

②　表中数据来源于绍兴先正遗书本,转引自严倚帆《祁承㸁及澹生堂藏书研究》的统计数据。

85 630卷。具体而言,澹生堂藏书因其如下特色而在明代私家藏书以及私家藏书史上占有重要地位。其一,澹生堂馆藏以文集,尤其是明人文集为最,次为方志和明代史料。

从《澹生堂藏书目》来看,祁承爜所收藏的明人文集主要收录在别集类。别集类共有1287种书,17 898卷,是藏书目中收入最多、最丰富的一类,而其中明人文集又占了绝大部分。正如祁承爜所言,"今人所刻,即以大地为书架,亦无可安顿处,唯听宇宙之所自销磨"①。由此,亦可反映明人刻书的繁盛程度。

方志类图书主要收录于图志类。图志类共有715种,其中有90种未记卷数,仅以一卷计算,共7510卷,这些数字中还不包括后来收入的《河南全省志书》。澹生堂所收方志类图书尤其珍贵,如十卷本《商丘县志》,为万历十年(1582年)刊本,是已知第一本商丘县志。

明代史料主要收录在国朝史类。国朝史类共有483种,7412卷。其中以敕纂类最多,共35种,3064卷;其次为人物类,102种,1083卷;再次为编述类,28种,954;典故类,51种,806卷。

澹生堂藏书的这个特点与天一阁藏书特点一致,均以此为所藏文献之大宗,这点也是以宁波范氏天一阁和山阴祁氏澹生堂为代表的浙东藏书家与以毛氏汲古阁和钱氏绛云楼为代表的常熟藏书家的明显不同。

但具体而言,澹生堂所收存的明人文集、史料又远远多于天一阁。

---

① 见祁承爜《澹生堂集》卷十八《与潘昭度》。

表 2　澹生堂藏书与天一阁之比较

	澹生堂	天一阁
方志	521 种	435 种①
明人文集、史料	872 种	248 种②

　　类似登科录这样在毛晋和钱谦益看来没有收藏价值的文献,却是祁承爍等浙东藏书家花大力收藏的。祁氏家族可谓科举世家,高祖以降,多有功名,故对搜集进士登科录、会试录、乡试录、同年录、履历便览等着力颇多。《嘉靖二十六年进士登科录》《嘉靖二十六年会试录》《嘉靖丁未科进士序齿录》(祖父祁清中进士)、《万历三十二年进士登科录》《万历三十二年甲辰科进士履历便览》(祁承爍中进士)、《浙江庚子科同年序齿录》(祁承爍中举)、《浙江辛卯科同年序齿总录》(堂弟祁承煃中举)、《天启壬戌科进士同年序齿录》(子祁彪佳中进士)、《崇祯十三年庚辰科进士履历便览》(侄祁熊佳中进士)等皆因家族登科而得以保存③。如祁骏佳题《嘉靖丁未科进士序齿录》有"曾祖方伯公蒙泉府君登是科进士……不肖曾孙骏佳题示后代子孙""方伯公登科录"等字样。此外,根据《澹生堂藏书目》,祁承爍还收藏有《皇明历科进士登科录》《皇明历科会试录》各 70 卷等科举题名文献④。

　　澹生堂共收藏历科殿试录 70 册、历科会试录 70 册、历科进士考四册 20 卷,重点在于成化戊辰、万历甲辰、嘉靖丁未的会试录及部分

---

　　① 　骆兆平.谈天一阁藏明代方志[J].文献,1980(3).

　　② 　见(清)阮元《天一阁书目》。

　　③ 　陈长文.明代人事档案——进士登科录的刊刻、流布与珍藏[J].档案与建设,2007(8).

　　④ 　冯惠民,李万健.明代书目题跋丛刊[M].北京:书目文献出版社(今国家图书馆出版社),1994:984.

三试录。而天一阁收藏有登科录 68 册，会试录 49 册、乡试录 300 多种，特色仍在于乡试录，收藏的侧重点与澹生堂有所不同。

其二，在版本方面，澹生堂藏书不像同一时期其他藏书家那样强调藏书版本，而以实用为藏书的初衷。澹生堂、天一阁均有书目传世，其共同特点是均不重视版本项的著录，这与常熟藏书家截然不同。汲古阁的"秘本书目"不仅注有版本，而且详记买价、抄费等。出现这种现象，一方面是因为宋元去明不远，雕版盛行不久，异本有限的现实；另一方面也体现了浙东学派"重视史学"，"从实用的角度出发收集资料"①的学风。

当然，澹生堂并非完全不重视版本，在《澹生堂藏书目》中就记载了不少好的版本。如《史记》有两部（监本、南监本）；《汉书》两部（监本、旧本）；《梁书》两部（旧本，南监本）；《通鉴纪事本末》两部（楚本、扬州本）等。

其三，类书和丛书的收藏丰富，是其他明代藏书家所无法比拟的。这恰恰反映了明代出版状况，正如谢国桢从目录学角度分析认为，明清时代的书籍最重要的是丛书、地方志、野史笔记和诗集文集②。

总集和类书虽在唐宋时期已然盛行，但随着刻书业的发展，在明代以后才大为发展。昌彼得认为，这大约是受了陶宗仪编《说郛》一书的影响。

> 汇辑丛书之盛行，则自明正德嘉靖以后。其辑刻之人，率多云间（即松江府）、吴郡人氏。如正德六年长洲沈津之欣赏编，正德嘉靖间吴郡顾元庆之文房小说及明四十家小说，

---

① 黄裳. 淡生堂二三事[J]. 社会科学战线,1980(4).
② 谢国桢. 明清时代的目录学[J]. 历史教学,1980(3).

嘉靖二十三年云间隆楫之古今说海……考诸家汇刻之书,或多采摭说郛节本,或仿说郛之例删节诸书。揆其时,正当郁文博增订说郛完成并流布之后,其地则云间为陶宗仪侨居之乡,吴郡则为邻邑。①

类书方面,收集类书费力甚巨,但《澹生堂藏书目》中所记录的类书类多达 108 种,约 6980 卷,不仅种数多,而且卷数完整。重要的类书,如《北堂书钞》一百六十卷,《初学记》三十卷,《艺文类聚》一百卷,《事文类聚》二百三十六卷,《白孔六帖》一百卷,《唐类函》二百卷,《册府元龟》一千卷,《太平御览》一千卷,《合璧事类前后续别外集》共三百六十卷,《山堂考索》二百二十卷,《记纂渊海》一百卷,《玉海》二百零四卷,《锦绣万花谷前后续集》共一百二十卷,《荆川稗编》一百二十卷,《山堂肆考》二百四十卷,《广博物志》五十卷,《喻林》一百二十卷等,全都收备,且均为完本。这在明代藏书家中是无法比拟的,如同时期的《百川书志》《红雨楼家藏书目》《世善堂藏书目录》以及《宝文堂书目》等对类书的收藏种数都不多,且卷数并不完备②。

丛书方面,《澹生堂藏书目》中的丛书主要著录于总集类和丛书类。总集类共有 142 种,约 5500 卷左右,其中包括《文苑英华》一千卷,《唐宋八大家文钞》一百四十四卷,《皇明文衡》一百卷,《古诗类苑》《唐诗类苑》《诗隽类函》《唐诗品汇》《三唐百家诗集》《宋元名家诗集》《盛明百家诗》等巨编。

丛书类共有 75 种,约 4000 卷左右。著名丛书,如袁褧的《金声玉振》、顾元庆的《明四十家小说》、陆楫的《古今说海》、吴琯的《古今逸

①　昌彼得.版本目录学论丛:第二辑[M].台北:学海出版社,1977:237.
②　严倚帆.祁承爍及澹生堂藏书研究[M].台北:花木兰文化工作坊,2006.

史》、商浚的《稗海》、程荣的《汉魏丛书》、李栻的《历代小史》、胡文焕的《格致丛书》、陈继儒的《宝颜堂秘籍》、朱当㴱的《国朝典故》、沈节甫的《国朝纪录汇编》《由醇录》、周履靖的《夷门广牍》、高鸣凤的《今献汇言》、周子义的《子汇》、范钦的《范氏二十一种奇书》、陆诒深的《烟霞小说》等,全部收藏。这是明代同时期的其他私家藏书目所难以比拟的。如:

陈第的《世善藏书目录》:仅诸家诗文名选类中有《汉魏丛书二十本》。

赵用贤的《赵定宇书目》:仅小说书类有《稗海大观》《秘册汇函》;佛书类有《说郛》《古今说海》《历代小史》。

晁瑮的《宝文堂书目》:仅类书类有《百川学海》,子杂类有《梓吴》。

阮元的《天一阁书目》:仅类书类有《汉魏丛书》《古今说海》《稗海大观》《丛书辑要》。

徐㷸的《红雨楼家藏书目》:虽有汇书类,但所收书皆为类书,未见著录丛书。

其四,特色"馆藏"——收录了多种西学著作,包括《海外舆图全说》《职方外纪》《西方超言》《几何原本》《测量法义》《西洋火攻图说》等十余种多类型的耶稣会在华流传的著作①。

其五,特色"馆藏"——戏曲类文献。在澹生堂藏书避祸云门山寺后,朱彝尊曾亲见"遗元明来传奇多至800余部,而叶儿乐府散套不与焉,予尤及见之"②。据黄裳统计,此为目前所知有史以来私人收藏戏曲类文献中最庞大的一部。此外,澹生堂所藏戏曲类文献不仅数量

---

① 钟鸣旦,杜鼎克.简论明末清初耶稣会著作在中国的流传[J].尚扬,译.史林,1999(2).

② 朱彝尊.静志居诗话[M].北京:人民文学出版社,1990.

多,而且在《澹生堂藏书目》列有"戏剧""今乐府"等专目。不过《澹生堂藏书目》中所列古今杂剧不过36册,《远山堂曲品》《远山堂剧品》著录约677种①,《奕庆藏书楼书目》所列的传奇、杂剧和散曲三目总和已达800余种。因此,这批特色馆藏当在《澹生堂藏书目》撰成之后由祁氏子孙共同完成。

其六,特色"馆藏"——鸡林(朝鲜)文献。祁承爜自述其藏书范围之广,"奇书未获,虽千里以必求;异本方来,即片札之必珍。近而渔唱,远及鸡林,往往聚海外之编摩,几不灭域中之著作"②。

其七,出于经世致用之目的。澹生堂藏书中收录很多关于军事、地理等与国家政治相关的文献。如马欢《瀛涯胜览》抄本,是现存关于郑和下西洋的最权威记录,不仅记录了下西洋所到过的国名、下洋官兵人数,更重要的是,它是迄今为止最早记录宝船尺度的明代抄本。

第二节　藏书的版本情况

正如黄宗羲所言,"夷度先生所积,真希世之宝也"。祁承爜虽不以版本为贵,但澹生堂确实藏有不少珍本、善本。如《澹生堂集》卷十四《读书杂记》所记《秦少游淮海集(三十卷)》的版本情况:

淮海闲居集十卷,监本已不可得。余向所藏者,乃嘉靖

---

① 黄裳.远山堂明曲品剧品校录后记[M]//黄裳文集:银鱼集.上海:上海书店,1998.

② 祁承爜.庚申整书小记[M]//李希泌,张椒华.中国古代藏书与近代图书馆史料.北京:中华书局,1982.

乙巳间翻本,然简册短小,字画亦漫漶。余过淮阴,晤治水使
者朱敬韬于舟次,语及,出此本见赠,盖万历本也,写刻俱精,
老眼得此甚快。①

《澹生堂藏书目》中有部分版本记载,但并没有全面记载各书的版
本情况。其记载体例近似于尤袤《遂初堂书目》,是继《遂初堂书目》
和《宝文堂书目》之后,第三部记有版本的书目。由于著录简单,且数
量不多,可以看出,祁承爜在书目中记录版本的目的与清初钱曾《读书
敏求记》等目录著录版本的意义绝不相同。

表3　《澹生堂藏书目》中对版本的著录情况②

名称	数量	著录与分布情况	备注
监本	十一	经部八,史部三	
北监本	一	经部尔雅一	
南监本	二	史部二	
官本	九	经部一,史部五,子部三	常州官本、官板本、官板
御制钞本	一	史部皇明御制	
藩刻本	七	史部三,子部四	唐藩宙枝辑刻本、浙江藩司新本、赵藩本、楚藩本、赵藩刻本、徽藩刻本

① 见祁承爜《澹生堂集》卷十四《读书杂记》。
② 表中数据来源于绍兴先正遗书本,转引自严倚帆《祁承爜及澹生堂藏书研究》的统计数据。

名称	数量	著录与分布情况	备注
藩藏本	二	史部一,子部一	赵藩藏板、赵藩藏本
旧本	二十九	经部六,史部十二,子部十,集部一	旧板、旧板本、旧刻本
新本	二十三	经部四,史部十,子部八,集部一	新板、新刻本、新板本、南京新刻本、襄阳新本
刻本	七	经部二,史部一,子部四	权衡刻本、蒋旸重刻、王应龙序刊、祝皇溪刻、杨南涧重刻
翻刻本	一	史记:五岳游章	
骈刻本	一	子部:剧谈录	
细楷精刻本	一	经部:九经真文	
钞本	五十八	经部四,史部一,子部四十六,集部七	
仿宋本	一	子部:仿宋本考古图	
地方刻本	四十三	经部十五,史部六,子部十二,集部十	闽本、常州本、婺源本、凤阳本、楚本、扬州本、广平本、南京板、金陵板、杭州本(杭板)、吴门刻本、吴板、苏州板、湖州板、越板、建昌板、吉安本、宣郡本、河南刻本、松江板、寿州板、陕西本、广西板、广陵本

续表

名称	数量	著录与分布情况	备注
宋本	二	仕学规范三十卷,宋板校刊渊明集二卷	
大本	一	子部:闽中荔枝谱八卷	
小本	十五	史部二,子部十三	小板

澹生堂也藏有很多珍本。《澹生堂藏书目》中记载藏书约 6700 余种,其中著录版本项的仅 200 余种,另有好的版本却没有著录。如《澹生堂集》卷十四《读书杂记》所记《江湖长翁集》,便是一部罕见的宋版书,"原集刻于嘉定年间,有渭南先生序。元朝兵乱后,其云孙之妇独自携板,与一子同行。后其子孙保持版数百年,万历戊午时始由水部李公重新刊行。藏书家均无此书之写本与刻本,宋朝经籍志亦未载。"①

查阅各公私目录,流传至今的澹生堂藏本中的珍本有如下几种:

(1)宋刊本,三种。

①《新刊五百家注音辨昌黎先生集》四十卷,外集十卷,序传碑记一卷,韩文类谱十卷,《善本书室藏书志》,《天禄琳琅书目》。谓正集后有木记"庆元六祀孟春建安魏仲举刻梓于家塾"一行,而此本佚脱。内有"澹生堂经籍记""子孙世珍""旷翁手识"及"山阴祁氏藏书之章"四印。此书历经朱彝尊、惠定宇及丁丙所藏。

②《晦庵朱侍讲先生韩文考异》十卷,见于《善本书室藏书志》。与《前五百家注昌黎先生集》为同时刊本。亦历经朱彝尊、惠定宇及丁丙三家藏。

---

① 见祁承爍《澹生堂集》卷十四《读书杂记》。

③《丽泽论说集录》十卷,《国立中央图书馆善本书目》所著录。为宋刊明国子监修补本,书中有补版,卷末有明国子监修版跋文,末行被贾人剜去,故不识修补年代。历经卢址抱经楼、许氏襄辛斋所藏。

(2)元刊本,四种。

①《尔雅注》:"小板心、八行十五字,黑口、左右双栏,版心鱼尾上方记大小字数。序后有'大德己亥平水曹氏进德斋'牌字六行。"①钤有"山阴祁氏"_白,后历经马氏丛书楼、天真阁、虞山张蓉镜诸家所藏。

②《史记集解索隐》一百三十卷,"蒙古中统段子成刊本,半叶十四行,行二十五字,注双行同,白口,四周双栏。版心上记字数,下记人名一字,左栏外上记篇名……十行十六七字。间有补版,则黑口,无版心字数。藏印列下方:'澹生堂经籍记'_朱、'旷翁手识'_白、'山阴祁氏藏书之章'……"。傅增湘按:"《楹书隅录》载此本,栏外不记篇名,钟警石所摹误脱字皆不误,是别一刻本。且序文中统上加皇元二字,尤为翻刻之证,此帙则真中统本也,与钱氏所记皆合。"②此书为傅氏所购去。

③《乐书》二百卷,目录二十卷,"元至正七年丁亥福州路儒学刊本,十三行二十一字,白口,左右双栏。版心上方有字数。"藏印有"澹生堂"_白③。

④《朱文公校昌黎先生集》四十集,"元刊元印本,半页十行,行廿一字",后为虞山张蓉镜所藏④。

---

①　傅增湘.藏园群书经眼录:第一册[M].北京:中华书局,2009.

②③　傅增湘.藏园群书经眼录:第二册[M].北京:中华书局,2009.

④　见于罗振常《善本书所见录》。

(3)明刊本。

明刊本或旧钞本中,也有一些罕见且具价值的佳本。如《读书杂记》中《资治通鉴详节》一百卷记:"所标识皆蝇头粟粒字,而笔画劲逸,如铁簇翩翻。兼以书久失板,止此钞本仅存,真足珍也。"

又如,丁丙《善本书室藏书志》史部中记录的澹生堂藏明刊本《福州府志》,"此志前后无序跋凡例,不知修于何时。据乡举表终于万历七年,则成书当在十年前也。乾隆甲戌福州知府徐景熹修府志,遍求其书不得见。徐志凡例书百余年前闵中已无其书,矧至今日,益足珍秘矣"①。

再如,丁丙《善本书室藏书志》集部中有《西昆酬唱集》明钞本,为澹生堂所藏,丁丙评价其"明末诸家寓目甚罕"②。

第三节　藏书利用与借阅

"藏书者,诵读之资,而学问之本也"。传统士大夫阶层的私人藏书,既有"藏"的一面,亦有"用"的层次。藏以致用,为用而藏,是私家藏书的目标。早在魏晋南北朝时期,私家藏书家之间为扩大藏量,互通有无,互相借抄借阅的现象就已然出现。当然,就私家藏书的主流而言,在传统社会,无论是官方府库藏书,还是私人藏书均不对公众开放,无法自由取阅。藏书家一般视书如珍如宝,不向外人借阅。如天一阁就有明文规定:

凡阁厨锁钥,分房掌之,禁以书下阁梯。非各房子孙齐

①② 见顾廷龙《续修四库全书》第927册:(清)丁丙《善本书室藏书志》。

至,不开锁。子孙无故开门入阁者,罚不与祭三次。私领亲
友入阁及擅开厨者,罚不与祭一年。擅将书借出者,罚不与
祭三年。因而典鬻者,逐不与祭。①

但是,明代思想解放,藏书家中的开明者注意到图书流通的文化
意义,更注重文化传播的功能,对图书利用的意识也越来越强。开明
派藏书家将这种意识贯彻于行动中,公开珍本,相互借抄,使得藏书广
为流传。私家藏书史发展到明代中后期,开明藏书家在藏书利用方面
更是做出了许多大胆的尝试,引领时代之先。如祁承㸁同时代的学者
李如一(原名李鄂翀,1557—1630)就认为:"天下好书,当与天下读书
人共之。古人以匹夫怀璧为有罪,况书之为宝,尤重于尺璧,敢怀之以
贾罪乎?"②因而"遇秘册,必贻书相问;有求假,必朝发夕至"③。

在藏书管理方面,祁承㸁也提出了若干具体的阅览、保存规则:

> 今与尔辈约:及吾之身,则月益之;及尔辈之身,则岁益
> 之。子孙能读者,则以一人尽居之;不能读者,则以众人递守
> 之。入架者不复出,蠹啮者必速补。子孙取读者,就堂检阅,
> 阅竟即入架,不得入私室。亲友借观者,有副本则以应,无副
> 本则以辞,正本不得出密园外。书目视所益多寡,大较近以
> 五年,远以十年一编次。勿分析,勿覆瓿,勿归商贾手。如此
> 而已④。

祁承㸁在《庚申整书小记》中还阐述了其藏书管理之法:

① 见《艺风堂文漫存》乙丁稿卷3:(清)缪荃孙《天一阁始末记》。
② 陈登原.古今典籍聚散考:卷三[M].上海:上海书店,1990.
③ 叶昌炽.藏书纪事诗[M].北京:北京燕山出版社,2008.
④ 祁承㸁.澹生堂藏书约[M].上海:上海古籍出版社,2005.

借录不出于园门，取观不归于私室，散佚勤收，如绝流之不遗涓滴；蠹余必理，同牧马之去其败勤，此吾坚壁清野之法也。

以上规约涉及藏书传递、修补保护、读者检阅以及定期编目等藏书管理的相关问题。可见，祁承爜的文献利用思想既有一定的开放性，也不可避免地带有传统士大夫守成的因素。澹生堂藏书的传承不以血缘为唯一标准，而以"能读"为考量对象，体现了祁承爜开明的思想；同时，私人藏书不秘藏不露，而是可以借亲友一观，更是体现了注重发挥文献自身作用的开放观；借阅图书以复本出借既保证了文献的流通，也是对重要文献的一种保护，有效地解决了收藏与阅读之间的矛盾。陈登原在评价祁承爜之借阅规则时，用"吝啬"二字，但今日看来，即使是现代图书馆以复本出借，保留底本，也不失为文献保护的重要方法。况且，前往澹生堂借阅图书，即使没有复本，祁承爜也并没有简单地拒之门外，而是抄录复本以借。

祁彪佳等祁氏子孙也很好地贯彻了其父的规约。崇祯十二年（1639）三月十八日，钱谦益向祁彪佳借书，祁彪佳"以先人之命不令借人，但可录以相赠，因托德公（即祁凤佳）兄简出书籍"①。五月初九，祁彪佳"作书致钱牧斋，以抄书十种应其所索，又作书至毛子晋，索其所携《余苑》"②。需要说明的是，因祁承爜晚年在外地做官，澹生堂事务由留守家中的次子祁凤佳打理，祁承爜去世后仍由其负责，黄宗羲曾赞曰"余每借观，惟德公知其首尾，按目录而取之，俄顷即得"③。

---

①② 祁彪佳. 祁忠敏公日记[M]//李德龙，俞冰. 历代日记丛钞. 北京：学苑出版社，2006.

③ 黄宗羲. 天一阁藏书记[M]//李希泌，张椒华. 中国古代藏书与近代图书馆史料[M]. 北京：中华书局，1982.

在祁承爜之后,曹溶(1613—1685)提出"流通古书"的主张。曹溶认为,每一位藏书家都"当念古人竭一生心力,辛苦成书,不大易事",应将所藏图书"绣梓通行""广储好事",这样才不会使前人竭一生辛苦所撰写的图书因为深藏密锁于藏书楼中而失去了其应有的价值。藏书家的职责不仅在于收藏图书,还应该"流通古书"。曹溶进一步提出应通过传抄、刻印等方法使古书得以流通,进而起到传播文献、推广文化的作用。就具体操作而言,曹溶认为应先罗列藏书目录,再将目录发于各位藏书家,使其按目录勾选所缺图书,然后再由图书主人请人抄写誊录,校对之后再互相交换抄写,用时不过一两个月。曹溶的方法促进了图书流通、互通有无,在相对封闭的传统社会产生了深远的影响,是时藏书家多认可其法,认为"皆谓书流通而无藏匿不返之患,法最便"。

明代开明派藏书家将所收藏图书向公众开放,提高了私藏典籍的利用价值,这种藏书开放的活动和思想对我们今天仍有现实的指导意义。藏书楼出现从封闭向开放转变的萌芽,随着空间的开放,基于藏书楼这一活动空间所组织的诗社等活动,使古代藏书楼开始出现公共空间的现代意义。

第四节　藏书的保存、修补与整理

澹生堂藏书十万册,为了管理如此庞大的藏书,祁承爜细致地思考了馆藏相关的各方面内容,他在与子孙规约中明确藏书的利用、阅览与出借问题,对图书保存、文献整理、古籍修补等问题都提出自己的观点和主张。除上文所述之借阅规则外,藏书的整架、修补、防潮、防虫、曝晒等也是重要的保护手段。

祁承㸁采访图书的过程中,若"觅有异本,即鼠余蠹剩,无不珍重市归,手为补缀"。祁承㸁认为修补图书是丰富馆藏的重要手段。同样的,在文献入藏之后,若发现损坏,应立即修补,否则小坏不补发展下去必然难以收拾。

晒书是图书保护的另一重要措施。祁承㸁主张在每年初伏和重阳之间,天气晴朗之时,在密园设书案,曝晒图书,以免图书受潮虫蛀。万历四十六年(1618)夏天,罢官在家的祁承㸁进行了一次晒书,他在日记中记录道:"晒书毕,数日来余躬率平头奴三四人,刷蠹理朽,挥汗插架,由朝及暮,瞬息不停,真所谓我自乐此不为疲也。"①

万历四十一年(1613),祁承㸁组织藏书清点和整架工作,"夏日谢客杜门,因率儿辈手自插架,编以综纬二目,总计四部,其为类者若干,其为帙者若干,其为卷者若干,以视旧蓄,似再倍而三矣"。在这次整理藏书的过程中,祁承㸁"取马贵与《经籍考》、郑渔仲《经籍略》及焦弱侯《国朝经籍志》参见,以已见次第四部,亲率儿孙手自插架,所著有藏书约一部,购书、鉴书之法各一部,集录古人读书、藏书者共二卷,藏澹生堂中,此后非有事,不复出园矣"。这就是体现祁承㸁藏书及藏书管理思想的重要文献《澹生堂藏书约》。几年后,休假中的祁承㸁再次组织藏书整理,"里居多暇,兼以暑月谢客,袒裸靸屐,手自插架,挥汗如雨,乐此不疲也"②。

祁承㸁这种不为名利所惑,即使被罢官反而沉湎书海的洒脱,被姚希孟评价为:"今以谣诼不根,左先生之官,其道仍穷,然以六月息而

① 见祁承㸁《澹生堂集》卷十二《戊午历》。

② 祁承㸁. 庚申整书小记[M]//李希泌,张椒华. 中国古代藏书与近代图书馆史料. 北京:中华书局,1982.

沉酣万卷,缔构千秋,天之所以奉先生者,又何厚也。"①

即使是祁承爜在外为官之时,也要写信殷殷嘱咐儿辈代为晒书、整架,"去年所发回书夹,可将毡条俱解去了,仍用油纸包好,决不可动我一本。今次发来夹板,亦可收好。盖以带毡则易蛀也。其澹生堂书厨中书,两年不曾日晒,汝可略一看。或不甚浥湿,则不必开他;如蒸湿不堪,则须用心晒曝,然不可失一册一卷也"②。

为妥善保护藏书,祁承爜对藏书的包装有详细的规定,甚至特地发来夹板,并对书柜的制作进行了详细的设计和规划,"书橱可照大楼上样式,一体做六个,止用一面开门,后面做定不动可于三月间买木做,须木乾燥乃好。其阔大高低俱照楼上橱,但止放一本书,可稍浅三分之一耳"③。

祁承爜还在家书中嘱咐其子将书橱移至侧楼,以防图书受潮,"我书到,汝可即拣一好日,将新侧楼楼板俱细钉,仍买楮木数根,铦开令乾,将一边壁橱移至侧楼……且欲将澹生堂书籍收拾在侧楼,以防蒸尹之虑"④。

第五节　祁抄的制作与价值

正如袁同礼所言:"明人好钞书,颇重手钞本。藏书家均手自缮录,至老不厌。每以身心性命,托于残编断简之中。"⑤抄本是藏书保护的重要手段,也是澹生堂藏书的重要来源。祁承爜自述"舞象而后,

---

① 见祁承爜《澹生堂集》卷首:(明)姚希孟《旷亭小草序》。
②③④ 黄裳.祁承爜家书跋[J].中华文史论丛,第三十二辑.
⑤ 袁同礼.明代私家藏书概略[J].图书馆学季刊,1927,2(1).

更沈酣典籍,手录古今四部,取其切近举业者,汇为一书,卷以千计,十指为裂"①。据祁承爜自己统计,"十余年来所抄录之书,约以二千余本",而花费甚多,"每本只约用二食、纸张二、三钱,亦便是五、六百金矣。又况大半非坊间书,即有银亦无可买处"②。祁承爜所编的《澹生堂余苑》一百四十六册,一百八十多种,《国朝征信丛录》五十三册,二百一十二卷都是抄本。

澹生堂抄本所选用的笔墨纸张都十分讲究。在祁承爜给家人的购物清单中有"杭州大样放阔上好太史纸一篓,要抄书用"③,"陆文远黄头笔,可买五十枝来"④等条目。澹生堂抄本用纸为蓝格套格纸。明代私家藏书家抄本多以黑格纸为主,嘉靖以后蓝格纸渐渐多见,明末绛云楼开始出现绿格纸。

从现存可见的澹生堂抄本来看,澹生堂蓝格纸,每半叶八行或十行,每行字数不一,多为 18 字、20 字或 21 字,白口,四周单边,版心下方镌"淡生堂抄本"五字。叶德辉在《书林清话》一书中有专文评议《明以来之钞本》,称澹生堂抄本为"明以来钞本书最为藏书家所秘宝者"⑤之一,世称"祁抄"。根据叶德辉的描述,"祁抄"每叶 16 行,蓝格竹纸本,并略举所抄书有《国朝名臣事略》十五卷、蓝格本《勿轩集》八卷、《周益公集》二百卷、元吴海《闻过斋集》四卷、《澹生堂藏书谱》八册、《藏书训略》二卷,又有蓝格白纸《广笔畴》一卷,蓝格纸抄《许白云先生文集》四卷等⑥。由此可见概貌。

---

①　祁承爜.澹生堂藏书约[M].上海:上海古籍出版社,2005:3.

②③④　黄裳.祁承爜家书跋[J].中华文史论丛,第三十二辑.

⑤⑥　叶德辉.书林清话[M].北京:中华书局,1957.

澹生堂抄本制作精良，"校勘精核，纸墨俱洁净"①，精心选择底本，并保存了底本原有的版式，在校勘学、目录学方面都具有珍贵的文献价值。黄裳就认为：

> 祁承爜是目录学者，他的钞书是有选择的，他认为极珍贵重大的书，也不是漫为夸示。从今存的澹生堂钞本中，我们可以发现有远胜于流行本，保存了不见于他本的佚文的情形。可见其所据抵本之佳。②

但是澹生堂抄本中也有部分出于"抄胥"又未经校对的本子，抄写草率。马瑷在《闻过斋集跋》中评论澹生堂抄本唐子西吴鲁客集，"鱼鲁帝虎脱伪极多，殆不可读，以意揣度乙出，而未有别本校对，但可存疑而已"③。

澹生堂抄本中的佳本则具有非常高的史料价值和学术价值。澹生堂抄本不但依据的底本好，像《诗总闻》二十卷是据宋刻富川本过抄，《书蔡氏傅纂疏》六卷是传抄元泰定间梅溪书院刊本；而且在抄录时，多半能保存旧本的式样。其所传抄本多为稀见之本，故对于保存失散的文献，也极具贡献。以下举藏书志中的三例说明之：

（1）《涉园序跋集录》中《愧郯录》十卷一条云：

> 菉圃谓原书空白十叶，与知不足斋刊本相合，定为祖本，且谓抄本并非无据。余尝见同式后印者二部，及曹溶学海类编印本，亦均无此十叶……友人周君越然购得祁氏澹生堂钞

---

①　全祖望.旷亭记[M]//朱铸禹.全祖望集汇校集注：第2册.上海：上海古籍出版社,2000.

②　黄裳.淡生堂二三事[J].社会科学战线,1980(4).

③　见张金吾《爱日经庐藏书志》卷三十四《闻过斋集条》。

本半部。余闻之往假,开卷则此十叶者宛然俱在。因逐录
之,倩人依原书款式写补各叶,前后适相衔接……明清鼎革,
忠敏遭难,藏书散尽,世极罕见。阅三百年于有人覆印之时,
而是书忽出,且亡其半。而有此十叶之半部独不亡,不可谓
非异事也。①

(2)《藏园群书题记续集》中《校傅忠肃集跋》一条云:

　　傅忠肃集三卷,刻于元庆乙卯。元明以来遂无覆本。光
绪壬辰大兴傅以礼节子,始据旧钞本校刻于福州,附校勘记
一卷,缮写工整,镌刻精雅,当世奉为善本。余频年南北所购
写本,不下六七,未曾着手比勘,盖节子于此书致力甚勤,信
其必无舛失也。日前获见京馆藏澹生堂写本半叶十一行,每
行二十字,宋讳小字旁注,提行空格,一循古式,讶其当有佳
异,因对读一过,乃知新刻讹谬,殆不可胜。计全书改订之
字,凡三百又四十……②

(3)《藏园群书题记续集》有《校华彦清黄杨集跋》一条云:

　　据翼纶跋语称其集始刻于元至正十一年,再刻洪武丁
卯,其后隆庆戊辰、崇祯辛巳又相继重刻;嘉庆丙辰族人宏源
因板毁又覆刻之,今所传者,即其递修补之本也。京师图书
馆藏有澹生堂钞本不分卷,前有成化十八年安成彭华序,为
刻本所无,因取以对勘,则澹生堂本所溢出者为七绝四十六
首,七律一百八首,七古五首,五绝四首,五律四十首,五排一

---

①　见张元济《涉园序跋集录》书目类编第 78 册。
②　见傅增湘《藏园群书题记续集》卷四(1938 年)。

首,主古五首,词三首,祭文二首,都二百十四首。尤可异者,
其各卷题目相同者而字句往往大异。有一诗而增至数联者,
几于改不胜改矣。案彭华序称仲子公恺收拾遗稿,仅得其
半,门人吕伟文亟请锓梓,翁之玄孙守方旁搜遍购,又得若干
篇考定完补,重刻以传。是今世所行者,为公恺初刻之本。
澹生堂所录者,为守方重辑之本,故相去悬绝乃如此也。弟
有不可解者,守方重辑者刻于成化,其后隆庆、崇祯,嗣有重
锓,顾何以不取守方本而因仍公恺未完之本?岂当时求成化
本已不可复得耶?呜呼,文之传否与传之早暮,疑有数存乎?
虽有贤孙赓续完辑,然终未广流传,设非祁氏录此副本,俾后
人得据而勘之,则此残缺不完之本,将与世而终古矣。然则
收藏家与校勘家,其为功于古人,岂不伟欤?①

由以可见,澹生堂钞本的特色在于抄录时保留底本的原有版式,
对校勘学有着极大的贡献。

第六节　藏书楼的设计与功能

藏书楼的建筑是保护藏书的又一重要手段。如南宋绍兴年间新
建秘书省时就专设了潜火司,并在建筑物周围留足空地以防周围火灾
殃及书库,还在东西侧门之外专门安放大水缸二十个、小水缸三十八
个,常年存水以防火灾之需②。

---

①　见傅增湘《藏园群书题记续集》卷五(1938年)。
②　任继愈.中国藏书楼[M].沈阳:辽宁人民出版社,2001.

到了明代,官方藏书之所在防火方面的设计已相当完备。如皇史宬的建筑,取"石室金匮"之意,即主体大殿不用木质材料而是全部用砖石垒砌而成,档案资料放置于殿内的铜柜之中。"石室金匮"尽最大可能降低了火灾发生的可能性。

明代私人藏书家同样想方设法完善藏书楼结构和设施。天一阁的设计几乎达到完善的地步,处处为了文献保护,处处实现着文献保护,具有防火、防潮双重功能,使得后代纷纷效仿。为预防火灾,天一阁在阁楼四周留有足够的空地,并建有高墙,以防周边房屋发生的火灾祸及藏书楼;藏书楼外设"天一池",常年蓄水以备不时之需;此外,范氏家族还制定了严格的"不携星火"进楼①的规定;藏书楼内以方砖铺地,即防潮防尘,又能防火;房屋设计上,一层分为六间,二楼则不分房间,以便通风,取"天一生水""地六成水"之意,这也是"天一阁"名称的由来。此外,天一阁的设计还兼顾防潮、防晒、隔热和防尘等考量。可以说,天一阁的设计将典雅的江南园林风格与防火、防潮、防虫等图书保护的功能需求成功地结合在一起,成为明清藏书楼建设时竞相模仿的样本。

与天一阁相类似,祁承煠在藏书楼的设计与建造方面也颇费心思,巧妙设计,既防火防潮,又兼顾江南知识分子的园林情怀。祁承煠第一次藏书于载羽堂就因为小童不慎而尽毁于火灾,损失惨重。痛定思痛,祁承煠在吸取惨痛教训的基础上,采取了一系列措施来保护图书免于水火之患,其中最重要的硬件措施就是藏书楼的建造。

载羽堂大火发生于万历二十五年(1597),直到四年后即万历二十九年(1601),祁承煠才开始兴建澹生堂,其园名为"密园"。祁承煠在

---

① 胡明.明清藏书楼建筑设计文化[J].津图学刊,1998(2).

《密园前记》中自述：

> 余少有玄晏之嗜，结庐储书，沉酣自适，每谓蠹鱼，殊大解事。忽为祝融所祟，浮家沉宅，往来鉴湖。辛丑上太常归，念无一枝可栖者，偶于冢左得废园如掌，纵大不及百赤（疑为"尺"之误），衡倍之，古桧二章已据三之一矣。桧而外，环为小溪，溪绕篱与池，合三隅皆水，据地又二之一也。参差纡折，小构数椽，幽轩飞阁，皆具体而微，可歌可啸可眺可凭，又可镇日杜门，夷然自适也。①

澹生堂的建筑同样力求兼顾江南园林风格与藏书保护的实际需求。祁承㸁的私人园林称为"密园"，园中有亭曰"旷亭"，因而世人又称其为"旷园"。祁承㸁又做《行园略》详述密园内的景致，从中可见，密园内除澹生堂外，另有密阁、卧读书架、脉望窝、快读斋、夷轩、输廖楼等多处地方用于藏书、读书。祁承㸁在密阁为"就日为度，而四敞之，以贮古籍"，脉望窝则为"藏书之所"，卧读书架则"藏之见壁不见书，启而辟之，见书不见壁，方蝶舞之栩栩，何知蠹鱼之为适，盖卧则宜榻，读则宜庋"，而输廖楼则是最主要的藏书处，"有楼三楹，主人以庋书者，为输廖楼，四敞玲珑，可便检阅。"②此外，夷轩、快读斋等，皆为祁承㸁读书之所在。

根据全祖望《旷亭集》中的记载，祁承㸁"治旷园于梅里。有澹生堂，其藏书之库业；有旷亭，则游息之所也；有东书堂，其读书之所也"，可见旷园是一个有明确的功能区分，读书与休闲兼顾的私家园林。

祁承㸁为藏书楼的建设费尽心力，澹生堂的建筑设计兼顾防火、防水、防潮、通风等各个方面。在祁承㸁看来，藏书一事，"第一在好儿

---

① ② 　见祁承㸁《澹生堂集》卷十一。

孙,第二在好屋宇。"①因此,祁承爜在建造藏书楼方面颇费心思。

天启四年(1624),祁承爜建紫芝轩成。据《牧津次序》序记载,"天启甲子中秋……山阴祁承爜书于紫芝轩,时轩方落成三日"。为建此楼,他多次给留守家中的祁凤佳、祁骏佳写信,交代建楼事项:"必须另构一楼,迥然与住房不相连接,自为一境方好……只可在密园之内外,裁度其地……今欲分作两层。下一层离基地二尺许,用阁栅地板,湿蒸或不能上。只三间便有六间之用矣。前面只用透地风窗,以便受日色之晒,惟后用翻轩一带,可为别室检书之处。然亦永不许在此歇宿,恐有灯之人也。楼上用七架,又后一退居。"

从上文可以看出祁承爜在藏书楼设计之初,对防范灾变有周到细致的考量,"此楼之制,既欲其坚固,又欲其透风。"

此外,祁承爜还与家人就起造日期、时辰,选择承建包工商人,以及动土平基、定磉、放阶沿、竖柱、上梁、穿架、开柱眼等建造事宜多有书信往来。据说仅这一项建筑工程的花销,耗资就在一千二三百两银子。这对于一个中等官宦人家来说,是一笔不小的数目。从这个角度,也可以看出祁承爜对建造"好屋宇"以保藏其图书的决心。

祁承爜在家书中多次交代祁彪佳等儿辈注意图书的保护,如告知"澹生堂书籍收拾在侧楼,以免蒸湿之虑";也曾告知"我书到,汝可即拣一好日,将新侧楼楼板俱细钉,仍买楮木数根,铇开令乾,将一边壁厨移□侧楼,处几截长补短之用,一时恐不凑手也。速速为之"②。

祁府原为深宅大院,共六进,澹生堂位于第六进,楼高两层,宽敞宏大,面宽五间。1956 年 8 月被强台风刮倒,后在屋基上利用原来的

―――――――――――

①② 黄裳.祁承爜家书跋[J].中华文史论丛,第三十二辑.

梁柱、椽改建五间平房。

今日图书馆的硬件建设,无论是馆舍建设还是防潮、防火、防蛀等技术手段已经与澹生堂时期不可同日而语。但祁承㸁澹生堂仍给今人带来不少启示:虽然现代图书馆在服务内容、服务方式、服务对象等方面都有了根本性的变化,但在选址时应充分考虑文献保护的特殊需求,在设计上巧妙使用自然节能的方法延长文献的使用寿命,同时兼顾保护需求和建筑艺术性质美学上的平衡。这些都是澹生堂能做到,而现代图书馆设计中难以兼顾的。

附:手启壹通①

《藏书事宜书付二郎、四郎奉行》

我一生功名富贵皆不如人,而独于藏书一事,颇不忝七八代之簪缨。此番在中州所录书,皆京内藏书家所少,不但坊闻所无者也。而内中有极珍极重大之书,今俱收备,即海内之藏书者不可知。若以两浙论,恐定无逾于我者。以此称文献世家,似为不愧。只是藏书第一在好儿孙,第二在好屋宇。必须另构一楼,迥然与住房、书室不相接联,自为一境方好。但地僻且远,则照管又难,只可在密园之内外裁度其地。汝辈可从长酌定一处来。我意若起楼五间,便觉太费,而三间又不能容蓄。今欲分作两层,下一层离基地二尺许,用阁栅地板,湿蒸或不能上,只三间便有六间之用矣。前面只用透地风窗,以便受日色之晒。惟后用翻轩一带,可为别室检书之处。然亦永不许在此歇宿,恐有灯烛之入也。楼上用七架,又后一退居。退居之中即肖我一像。每月朔日,子孙瞻

---

① 黄裳.祁承㸁家书跋[J].中华文史论丛,第三十二辑.

礼我像，即可周视藏书之封锁何如。而此楼之制，既欲其坚固，又欲其透风，须我与匠人自以巧心成之。但汝辈定此一处，可分付筑基也。发回书共八夹，内有河南全省志书二夹不甚贵重，此外皆好书也。有一夹特于陕西三十八叔印来者。若我近所抄录之书，约一百三四十种，共两大卷箱，此是至宝，自家随身携之回也。我仕途宦况，遗汝辈者虽少，而积书已在二千余金之外，汝辈不知耳。只如十余年来所抄录之书，约以二千余本，每本只约用二食、纸张二、三钱，亦便是五、六百金矣。又况大半非坊间书，即有银亦无可买处。故汝辈不但以体父之心，所当珍重谨守，即以物力计，非竭我二十年之心力，捐二十年之余资，不易致也。今暂将发回之书，俱且放在大楼上，或东间、西间皆可，待我回亲手入架，不可乱动一本。仍照我大楼两面厨式，共做六个，只用一面开，一面做定，不必两面皆门。高大阔皆与旧厨一样，可以合式摆放。惟止安一本书，即深只二尺可矣。如有寻干燥木料，即可动工做。盖做完又须加漆，待我回日可以整书也。此事全委在四郎料理，即动我新置五八舅内田租可也。要紧，要紧！其后面新造侧楼，并船坊上楼板，皆须盘订。而新门台及门柱之类，皆用灰布重油，使其焕然可观；与东西两面披水窗门，皆用两度黑油。此二事委在二郎专任之。其应用工料，四郎于自置田租内支用可也。此二项俱须在十一月之内完，倘旦暮得幸转，急欲为收拾书籍之务。今各书安顿未得其所，真令人梦寐不能忘怀耳。俱勿得迟误。切嘱，切嘱！八月十一日父手示。

书厨定用在十一月以前做完漆好，俟一回便要整书。其木料必须坚而干。切嘱,切嘱!

《起造事宜又详示四郎》

一、起造日期,徐尚吾所择正当可用。其段木用十月初二甚好。若动土平基用二十八日辛酉,此日为今年之岁冲,不如即用乙未为妥。辰时不如卯时为妙,以乙禄到卯也。在此时一面兴工一面段甚便。须在戌上取土起手。

一、定磉用十一月初九壬申日最好,巳时、辰时皆可用。取丁与壬合也。

一、放阶檐用十一月廿一日甲申日辰时好,同日用亦便。

一、竖柱上梁日用十一月廿一甲申,看通书虽有竖造所收,然此日乃十一月内之绝烟火日也,又与寅生人相冲,此不宜用。其十一甲戌日亦收竖造,但戌日值□星是伏断,恐更当避。可再与徐尚吾斟一十全完美之日。第一要紧。

一、应段五架梁及穿架开柱眼之类,只看历日上好日,再查通书无火星日,便可用之。不必合局也。

一、门台之前须留余地,此是正理,汝言甚可从。但厅屋前决无不用仪门之理。如面前无一墙,则两边皆不可用墙,近来宅子有如此散而不收者乎?造仪门而不用木椽,只如人家用石柱砖椽,此不过一墙耳,岂得以作层数算乎?若门台之必用两柱,大屋之止用五架梁,一皆如汝所言。但大厅在翻轩外用十八扇透地风窗门装过,外仍用老廊六尺,决不用腰槛栏杆也。东边临河一门,不过为便于登舟上下,只小小二扇足矣。此皆临期可斟酌者也。

一、徐作我用之十余年,未尝有一毫坏我事,安可却之?即汝欲用马作,必须两家同起,决无专用素不效劳之人者!

· 201 ·

潘作可专令起门台,但与他说过:不好则前功俱不准,不如只安心专管两边侧楼一带,及祠堂未了之事为妥。

一、侧屋且只填了地基。此屋须待我到家一段一段看地势布置,每三间用墙头遮住,只管面前行廊及屋栋处相齐,后檐只随地为浅深。然亦不可趁地势斜来。只三间取直,宁可剩些地在外可也。

一、西边佣楼正当大楼栋下之处,须照我大灶之式,不用楼板,统造二间为厨房,此屋即以分汝也。此处地基稍深,比东边反多数尺矣。可于三十七房墙外留空地一、二尺,可开一窗,略以通明,且可以容沟水之流出。此等处皆须临时酌之者也。

一、买建杉已再三与何姊夫说了,须买三大船,作大、小、中三等买之,大约下价六七百金之间,发到家则八百余矣。又须买油杉与里溪百二十者三、四□,方足椽料之用。其树宁可一期买,不可于柯桥零买也。

一、大料是第一紧要事。其砖瓦及石料,若发在百金之上,每人须再付数十金,总于寄回之内支用。

第七节　藏书章的鉴别与明志

藏书章、藏书印,是图书收藏者标明图书所有权的印记,随着藏书章的发展,也逐渐成为表达主人兴趣爱好的媒介。目前所知的我国最早的藏书章出现于西汉时期,此后,不论官府藏书还是私人藏书都有收藏印鉴。明清之际,随着藏书文化和篆刻艺术的蓬勃发展,在收藏文献上加盖藏书章的风气也逐渐形成并普及开来。据统计,从宋朝到清末,约有一千一百位藏书家拥有自己的专有藏书章。

为明示图书的归属和传承脉络,藏书章刻印的内容主要为藏书者的姓名、字号、籍贯、藏书楼或书房名称等。每位藏书家可能有多个藏书章,如天一阁主人范钦就有"四明范氏图书记"等大小十几枚藏书章。而有些藏书章在标明藏书主人的身份之外,更成为抒发情怀、表达意愿的一种媒介,是为藏书家闲印。闲印虽不常用,但是偶一钤之,却是藏书家志趣、心境的写照。许多藏书印内容多是因文献珍本得之不易,保存困难,而通过藏书章以明示后人珍爱图书,常刻有"某某珍藏""子子孙孙永宝"等字样。祁承爜著名的四十二字藏书闲印也是藏书史上的一例经典,刻有"澹生堂中储经籍,主人手泽无朝夕,读之欣然忘饮食,典衣市书恒不给,后人但念阿翁癖,子孙益之守弗失"[1]。

名家印鉴在考证一书之传承流向时,是除题跋之外的又一项重要证据。澹生堂藏书素为藏书家所珍重,除上述四十二字藏书闲印外,现在可见的祁承爜藏印主要有[2]:

臣爜敬识
旷翁手识(白文方印)
旷园
山阴祁氏藏书
山阴祁氏藏书之章(白文方印)
宪章昭代

① 叶昌炽.藏书纪事诗[M].北京:北京燕山出版社,2008.
② 严倚帆.祁承爜及澹生堂藏书研究[M].台北:花木兰文化工作坊,2006.另见蒋复璁《两浙藏书家印章考》《藏园群书经眼录》《善本书所见录》《善本书室藏书志》等。

澹生堂藏书记

澹生堂经籍记(朱文长方印)

子孙永珍

子孙世珍

子孙宝之

山阴祁氏

澹生堂

子孙永宝

昭代宪章

第七章　祁承㸁藏书的继承与递守

祁承㸁一生酷爱图书,对子孙寄予殷切希望,"但念阿翁癖,子孙益之守弗失",他在告诫其子孙读书时说:

> 元世(王世贞)有言:"世有精于聚而俭于读者,即所聚穷天下书,犹亡聚也;世有侈于读而俭于辞者,即所读穷天下书,犹亡读也。"吾岂能必尔辈之善读,读而且饶于辞哉?……四民皆当世业,士大夫家子弟能知忠信孝友,斯可矣,然不可令读书种子断绝。有才气者出,便名世矣。斯余藏书之意乎?[1]

同时,祁承㸁还要求子孙要善待得来不易的藏书:"藏书聚散自是恒理,即余三十年来,聚而散,散而复聚,亦已再见轮回矣。今能期尔辈之有聚无散哉? 要以尔辈目击尔翁一生经历,耽耽简编,肘敝目昏,虞衡心困,艰难不避,讥诃不辞,节缩饔餐,变易寒暑,时复典衣销带犹所不顾,则尔辈又安忍不竭力以守哉?"[2]

祁承㸁去世之后,祁氏子孙谨遵父祖之命,继承与抵守祁承㸁之志,迎来了澹生堂藏书子孙两代之盛。清初小山堂主人赵昱的母亲朱氏自幼生长于旷园,由祁班孙夫人朱氏德蓉抚养长大,见证了当年澹生堂前"忆否旷亭朱榻畔,牙签风过一铿然"[3]的盛时繁华,"藏书充楹

---

[1][2]　祁承㸁.澹生堂藏书约[M].上海:上海古籍出版社,2005.
[3]　叶昌炽.藏书纪事诗[M].北京:北京燕山出版社,2008.

五楼,望若琅嬛秘府"①。朱氏曾向赵昱讲述"昔时梅里园林人物之盛,澹生堂藏书十万卷,悉人间罕观秘册,又东书堂为五六两舅父诗坛酒社名流往复之所"②。"五六两舅父"即祁理孙、祁班孙,而往来之名流都是当时著名的学者、藏书家,如钱谦益、毛晋、黄宗羲、曹溶、朱彝尊等。这种繁荣与传承直到明末战乱、社会动荡之时,才戛然而止。

第一节　祁彪佳与八求楼

祁承爜共五子,分别为祁麟佳、祁凤佳、祁骏佳、祁彪佳、祁象佳。其中尤以祁彪佳在藏书与文献学方面成就最为突出,现特为详述。

一、祁彪佳其人

祁彪佳字虎子,一字幼文,又字宏吉,号世培,别号远山堂主人。祁彪佳生于万历三十年(1602),万历四十六年(1618)中举人,天启二年(1622)登进士科。南明弘光元年(1645)闰六月初,清军攻陷杭州之时,不受招抚,自赴池水而死,享年四十四岁。

就个人境遇而言,祁彪佳经历了典型的传统士大夫阶层的人生。他出生在书香门第、文献世家,从小接受严格的儒家教育,二十岁中进士,可谓少年得志,从此入世为官。为官时,和其父一样,正直公允,在

---

① 见(清)赵昱《爱日堂诗稿》。转引自黄裳《淡生堂二三事》。

② 赵昱.春草园小记,旷亭条[M]//丛书集成续编:第57册.上海:上海书店出版社,1994.

福建兴化任职时,颇有政绩①。祁彪佳得到了崇祯帝的信任,平步青云,针砭时弊,颇有政见,也因此在任苏松巡抚时得罪首辅周延儒,辞官返乡。

崇祯十五年(1642),祁彪佳心怀救民族于危亡的社会使命再度慨然赴任。明朝败亡后,又与刘念台、史可法等人拥立福王朱由崧,写下了政治生涯中最后的悲壮一笔。祁彪佳以身殉节时留下了《绝命词》一首:

> 运会厄阳九,君迁国破碎。
>
> 鼙鼓杂江涛,干戈遍海内。
>
> 我生胡不辰,聘书乃返至。
>
> 委赘为人臣,之死谊无二。
>
> 予家世簪缨,臣节皆罔赘。
>
> 幸不辱祖宗,岂为儿女计。
>
> 含笑入九原,浩然留天地。②

祁彪佳自沉于寓山园池,成全了他一个受儒家思想教育的人生。他以末世忠臣的形象彪炳史册,在《明史》中留下一席之地,隆武在福建予谥其为“忠敏”;鲁王监国后,赠谥“忠毅”;清王朝在乾隆时期封谥“忠惠”。同乡张岱为祁彪佳所做《像赞》中,以“德裕园亭,文山声伎”概括了他的性情,隐喻了他的节操。祁彪佳是儒家士大夫阶层的典型代表。

祁氏一族诗书传家。祁彪佳之妻商景兰,字媚生,商周祚长女,颇

---

① 祁彪佳.祁忠敏公日记[M]//李德龙,俞冰.历代日记丛钞.北京:学苑出版社,2006.

② 黄裳.书林一枝[M].太原:山西古籍出版社,1998.

有文才,"教其二子理孙、班孙,三女德茝、德渊、德琼及子妇张德蕙、朱德蓉,葡萄之树、芍药之花,题咏几遍。经梅市者,望若十二瑶台焉。"①

阮元在《两浙輶轩录》中也对祁氏家族诗书传家颇为赞赏:

> 梅市祁忠敏一门,为才子薮。忠敏群从则骏佳、豸佳、熊佳;公子则班孙、理孙、鸿孙;公孙曜征。才女则商夫人以下,子妇楚缕、赵璧;女卞容、湘君,阃门内外,隔绝人事,以吟咏相尚。青衣家婢,无不能诗,越中传为美谈。②

二、祁彪佳的采访实践与藏书整理

祁彪佳继承了家族对于藏书的热情,因崇拜郑樵的"求书之道有八"之说,而将其藏书楼命名为"八求楼",并做《八求楼》文以叙其意:

> 昔郑渔仲论求书之道有八……先子每师其意,穷搜博采,凡积书十万余卷……顾余性虽喜书,极苦健忘,不获如王仲任向市门倚楗翻阅辄能记忆;即欲学魏甄琛秀才发愤研习,亦不能也。自吴中乞身归,计得书三万一千五百卷,庋置丰庄之后楼,镇日摩挲,亦仅得我先君子够求、聚书之似而已。③

祁彪佳从父亲祁承㸁那里继承的不仅是家传的十万卷藏书,更有不遗余力收集图书的热诚。据全祖望记载:"忠敏亦喜聚书,尝以朱红小椟数十张,顿放缥碧诸函。牙签如玉,风过有声铿然,其所聚则不若

---

① 朱彝尊.明诗综:卷八十六,《商景兰传》[M].北京:中华书局,2007.
② 见顾廷龙《续修四库全书》第1684册:(明)阮元《两浙輶轩录》卷三。
③ 祁彪佳.祁彪佳集:卷七[M].北京:中华书局,1961.

夷度先生之精。"①

　　从数量上,八求楼虽不及澹生堂藏书之多,但也有自己的特色:一是补益了澹生堂藏书所未收之四部书;二是有大量杂剧和传奇等戏曲类专类图书。

　　祁彪佳与其父一样,为采访文献想方设法。

　　其一,购书。在祁彪佳的日记中随处可见关于购书的记录。如:

　　　　(崇祯四年十一月十日)午后与圣鉴姚甥出访客……步至前门买历朝提录及传奇二种。

　　　　(十五日)雪晴至庙市,逢王觉斯于书肆,买会典及李念塘、邹匪石诸公疏十数种。

　　　　(崇祯五年正月初八日)欲观灯市……则市物尚未集,惟买洪武正韵及罗熙乐府二书归寓。

　　　　(崇祯十二年四月初六日)至书肆,买书数种归。②

　　其二,受赠。祁彪佳也常得到友人赠书,如:

　　　　(崇祯十五年六月十三日)得许孟宏孝廉书赠予《宋元通鉴纪事》及《仪礼经传》,又得毛子晋文学赠予《十三经注疏》,又得任正则文学书赠予。

　　　　(十六年十一月二日)吴门陈文学名济德者过访,赠以家刻《劝戒全书》及裁定《潜确书类》。③

　　其三,函托友人。在祁彪佳日记中记载有其函托亲朋好友代为借

　　①　全祖望.旷亭记[M]//朱铸禹.全祖望集汇校集注:第2册.上海:上海古籍出版社,2000.

　　②③　祁彪佳.祁忠敏公日记[M]//李德龙,俞冰.历代日记丛钞.北京:学苑出版社,2006.

阅或购买图书之事：

> （辛未年闰十一月十七日记）王云莱与姜仁超来访，姜言
> 其乡有徐君迎庆，徐相国之孙，善词曲，所蓄甚富，当为予
> 构之。①

其四，交换。是祁彪佳扩展藏品范围的重要渠道：

> 六月二十五日，张卿子来访，并以其所交换书籍出示祁
> 彪佳……②

祁彪佳这种千方百计访求图书的精神，与其父祁承爜一脉相承。可见，对于祁氏子孙而言，收藏书籍已成为其日常生活的一部分。在购书之余，祁彪佳关注其他藏家的动态，尤其关注专藏戏曲剧本的藏家动态。例如，祁彪佳写信给《盛明杂剧》的编者沈泰，打听其外甥的收藏情况，"闻令甥藏曲已及四百余本，不知可惠教曲目否？望仁兄留神昨弟所录远山曲剧之目，此外尚各藏有十数种未入于内"③。

经过多渠道访求藏书，远山堂藏品不断增加。崇祯八年（1635）祁彪佳返乡，至崇祯十年（1637）寓山园筑成之时已"计得书三万一千五百卷，庋置丰庄之后楼，镇日摩挲"④。可谓成绩斐然。

和父亲一样，祁彪佳也重视对图书的整理和编目，在他的日记中数次提及"登楼整书"：

> （七月初一日）予到家方两日，屏谢诸应酬，独与郑九华

---

① 祁彪佳. 祁彪佳文稿：第一册［M］. 北京：国家图书馆出版社，2009.
② 杨艳琪. 祁彪佳与《远山堂曲品·剧品》研究［M］. 北京：中国戏剧出版社，2007.
③ 祁彪佳. 祁彪佳文稿：第三册［M］. 北京：国家图书馆出版社，2009.
④ 祁彪佳. 寓山注［M］//（明）祁彪佳. 祁彪佳集. 北京：中华书局，1961.

于大楼整理书籍。

（初二日）归复整书，得焦猗园经籍志，欲仿之分诸书作四部。且条为诸目。

（初五日）予向有书籍藏之先子楼上，取以编入四部，于是史与集之类颇多。

（初六日）程氏两文学来晤，去则整书，是日已稍有次第，盖所藏已十余篚矣。

（初九日）旧书有为蠹鱼侵蚀，重为装订。

（九月初七日）午后夏孔林来晤，别去与郑九华登楼简装演诸书籍，因叹卷帙浩繁，审但不能读，即求时为摹挲，亦可得哉。

（初八日）于楼上简近日装书籍，以前所分之四部，条为诸目，大约仿先人所藏书，而予书未及其半。故归并条目，以就简约。

（初十三日）与郑九华所整者为前代及国朝文集，至此而四部已就绪矣。晚取章奏诗稿及诸书之散辞者，汇而为帙，不欲片纸供覆瓿也。

（十月初五日）与郑九华观新舟，……凡得五十余套。

（十一月十四日）登楼整书完祀。

三、戏曲类特色馆藏专目

祁彪佳还是一位戏剧作家、评论家。绍兴戏曲繁荣，长期生活在戏剧浸淫中的祁氏兄弟都是戏迷，祁麟佳、祁骏佳都撰写过戏剧剧本，堂兄祁豸佳更是一位戏剧艺术家。对戏剧的爱好已深植于性情之中，祁彪佳自知"素有顾误之癖"，还乡丁忧之年亦"多为音律所误"，但仍自称"赏音道人",并撰写了剧本和散曲。

崇祯八年(1635),祁彪佳致仕归乡。在其家居期间,祁彪佳过着精致而有情趣的隐退生活。和所有江南知识分子一样,祁彪佳寄情园林,自称有"泉石之癖",在密园之外,又建寓山别业,风景之胜,甲于越中①。与当地志同道合的文人雅士在此唱游应和,饮酒观剧,风流惬意,在其日记中经常可见:

> 光中上人遣其徒至……举酌演戏及暮,与之游寓园,更游密园乃别。②

> 于四负堂观《千金记》,已,小坐浮景台,观花火,主客之情甚畅,子夜送之。③

> 邀张宗子、介子至,平子后至。举五簋之酌已,与同游彤山,再至寓山,燃灯月下,月色甚皎,小酌于妙赏亭,听介子所携优人鼓吹,又登远阁望月。④

然而,精致、闲淡的生活并不能排解祁彪佳作为一个传统士大夫的良知与社会责任感。在时事动荡之时,许多知识分子寄情于"看戏"这一消遣活动,实则是通过戏曲的语言表达自己对忠诚大义的看法,宣泄对时局的不满。祁彪佳也是如此。对戏曲,祁彪佳逐渐由单纯的"顾误之癖"转为对社会良知的批判,戏剧被赋予了更多的社会职责。祁彪佳亲自撰写传奇剧本《全节记》,"坐书室竟日不出户,整向日所蓄词曲,汇而成帙"⑤。《全节记》以苏武的故事为主线,祁彪佳在序言中写道:

---

① 据《嘉庆山阴县志》记载:寓园在城西南二十里寓山之麓。园有八景:曰芙蓉渡、玉女台、回坡屿、梅坡、试莺馆、即花舍、归云轩、远山堂诸名。

②③④⑤ 祁彪佳.祁彪佳文稿:第二册[M].北京:国家图书馆出版社,2009.

子卿奇迹,《史》、《汉》业有全传矣。文人学士,无不扼腕而想见其人。然妪竖不识也。于是谱之声歌,借优孟衣冠,以开子卿之生面……试一演之,穷愁萧瑟之景,与慷慨激烈之慨,历历如睹。令观者若置身其间,为之歌哭凭吊,不能自已。今而后不特图书记籍有子卿,即村落市廛妪竖之胸中,亦有子卿矣。①

祁彪佳希望借苏武之民族气节表达自己的立场和决心,在王朝危亡之际起到醒世、救世的教化作用。

祁彪佳在撰写剧本的同时,花费大量精力收藏曲本、剧本。祁彪佳收藏戏剧剧本是受吕天成《曲品》的启发,因此,祁彪佳的戏曲类专藏也是围绕着吕天成曲目记录中所载的资源展开。他和吕天成的后人保持着密切的关系,经常向其借书,从吕天成藏书中获得了大量的一手资料。

为搜集戏曲剧本,祁彪佳将采选范围从绍兴扩展到了南京,他在写给好友郑观于的信中坦陈自己对于剧本的"嗜痂之癖","倘有人至南京,乞台托文士多方觅之,即抄本亦可"。可见,祁彪佳搜集剧本用力之深。

此外,祁彪佳大力支持刊刻曲本的人,并帮助承担校正工作。如他在给陈太乙的信中所说:

某息影苫块,暇日颇多,校雠之役,必不敢辞,冀以共成胜事,但不能任费耳……闻孙鉴老多元剧藏本,甥意叶桐柏或能得之,欲求王云翁转致。倘得其剧本在臧刻之外者梓

---

①　姚旭峰."忙处"与"闲处"——晚明官场形态与江南"园林声伎"风习之兴起[J].福建师范大学学报(哲学社会科学版),2008(1).

之,洛阳纸贵,必胜于明剧。①

经过祁彪佳的多年收藏,八求楼在剧曲特色馆藏方面成果卓著,在承继其父成果的同时,形成了自己的特色馆藏。经过祁彪佳的搜求,祁氏家族藏书更加丰富。据黄裳统计,远山堂所藏剧本"是我们所知有史以来私人收藏中最大的一个曲藏"②。

然而,由于没有目录流传下来,现已无从得知八求楼收书的全部内容,今人只能就《远山堂曲品》《远山堂剧品》来推测祁彪佳藏书之广。《远山堂曲品》《远山堂剧品》这两部名著完稿于崇祯十三年(1640),是难得的戏曲类馆藏专目,尤为重视作品思想内蕴的品鉴。为表达祁彪佳的政治主张,《曲品》《剧品》均重视时事剧的著录,仅《曲品》中著录时事剧就多达 40 余种。《曲品》《剧品》既反映祁彪佳对艺术的追求与修养,也反映了祁彪佳的政治诉求与生活态度,如评说《忠孝记》时,祁彪佳就认为"段段衬贴忠、孝二字,所以绝无生趣"③。

《远山堂剧品》中著录明代杂剧 242 种;《远山堂曲品》虽仅存残稿,但亦达 466 种。《曲品》《剧品》中收录的大量明传奇、杂剧的创作资料,在戏剧史上有着重要的文献价值。

> (祁)彪佳的两本稿本《远山堂明曲品剧品》却保留下来了。它替这个曲藏保留了一个粗略的面目。两品所著录的剧曲,共六百七十七种,这是一个值得重视的发现,拿来和明代的吕天成、清中叶的姚梅伯和近人王静安的著录比较一

① 张岱.陶庵梦忆[M].上海:上海古籍出版社,2001.
② 黄裳.远山堂明曲品剧品校录[M].上海:古典文学出版社,1957.
③ 祁彪佳.远山堂曲品[M].北京:中国戏剧出版社,1959.

下,保留了未经著录的剧曲达三百七十六种。《也是园旧藏古今元明藏剧》的发现,为元、明(主要是元人)增添了一百三十五种孤本,那么《远山堂曲品剧品》的发现,就为明人剧曲增添了更多的著录,虽然那原本大抵是失传了。①

就祁彪佳在日记中所提及的内容来看,其收藏的剧本不止于《曲品》《剧品》的范围。从其子祁理孙的《奕庆藏书楼书目》中,可以大概了解八求楼藏书的方向。继承于八求楼的《奕庆藏书楼书目》,子部有"乐府"一类,下设"评谱""传奇""杂剧""散词"四目。其中"传奇"目内著录传奇全本556种,162本。"杂剧"目中著录元剧百种、古今名剧选共56种,名剧汇270种,72本。"散词"目则著录九种乐府。传奇、杂剧及散曲三目总和达800多种。

与同时期其他藏书家相比,祁彪佳对戏曲类馆藏的收藏数量更多,质量更佳。

吕天成作为戏剧评论家,也致力于曲品的收藏,但其曲品只著录了220本传奇。与之相比祁彪佳的著录尺度也宽泛得多,收书立场也更加客观、中立,在保存曲品、剧品方面的贡献更为巨大。而且祁彪佳在著录中态度严谨,部分保留了撰人的姓氏和零星的记事,因而具有史料的价值,显得更加珍贵。《曲品》《剧品》在研究中国俗文化史方面也因此占据了一席之地。

其他明代藏书家很少会刻意去搜集戏曲作品,以明代书目而言,只有《百川书志》《宝文堂书目》及《红雨楼家藏书目》别立一类收入戏曲作品:《百川书志》史部有外史一类,收入传奇及戏曲56种;《宝文堂书目》有乐府一类杂收传奇及乐府之书,其中杂剧传奇有100多种;

---

① 黄裳.远山堂明曲品剧品校录[M].上海:古典文学出版社,1957.

《红雨楼家藏目录》子部有传奇一类,著录传奇杂剧等共 120 余种,以上三目,在数量上皆远不及《奕庆藏书楼书目》,且分类也不及其细致。因此,收藏有数量庞大的戏曲作品是祁彪佳藏书中最重要的特色。

第二节　祁理孙与奕庆楼

一、祁理孙其人

祁理孙,字奕庆,号杏庵,法名智昙,祁彪佳次子。祁理孙生于天启七年(1627),自幼聪慧,诗文俱佳,16 岁那年应童子试,列为首选,才名远播。祁理孙在祁氏这样的官宦世家、书香门第长大,可惜生逢乱世,朝廷更迭把他带离了常规的人生轨迹。

祁彪佳受福王之命重新出山后,祁理孙随父亲沿江督军,亲见父亲对明王朝的忠心和宦海失意的痛苦。祁彪佳殉节之后,祁理孙、祁班孙兄弟成为清初遗民群体的代表,名气大增,"祁氏兄弟名甚盛,四方之士无弗知者。班孙以慷慨豪迈著,而理孙更以醇谨长厚称"①,抗清之士纷纷与其结交,而他们也自愿收留了许多复明的志士,其中一人即是魏耕②。

根据全祖望的记载:

> 及公子兄弟,自任以故国之乔木,而屠沽市贩之流,亦兼

---

① 绍兴县修志委员会.绍兴县志资料:第一辑(二)[M].台北:成文出版社,1983.

② 魏耕,1614—1662,原名璧,字楚白,归安(今湖州)人,有诗名。清朝建立后,改名耕,字白衣,别号雪窦居士。

收并蓄。家居山阴之梅墅,其园亭在寓山,柳车踵至,登其堂,复壁大隧,莫能诘也。慈溪布衣魏耕者,狂走四方,思得一当,以为亳社之桑榆。公子兄弟,则与之誓天称莫逆。魏耕之谈兵也,有奇癖,非酒不甘,非妓不饮,礼法之士莫许也。公子兄弟,独以忠义故,曲奉之。时其至,则盛陈越酒,呼若耶溪娃以荐之,又发澹生堂壬遁剑术之书以示之,又约同里诸遗民如朱士稚、张宗道辈以疏附之。①

魏耕事败就义后,祁理孙、祁班孙兄弟受牵连入狱,后在祁家门人的帮助下,祁理孙获救,祁班孙充军宁古塔。此后,祁理孙余生醉心佛法,隐世而居。潜心佛学也许是祁理孙在清初严刑酷法之下的韬光养晦,安身立命之策;也有可能是遭到父亲殉国、家庭变故、国家灭亡的接连打击下的避世之选。祁理孙余生"尊遗命,绝意仕进。唯以读书养母为事"②。

但祁理孙在内心深处仍怀有根深蒂固的遗民思想。他在崇祯年间刻本《五朝注略》的卷端题"藏书楼午课,乙未四月二十日开卷,布衣臣祁理孙记",卷末题"乙未六月十七日臣祁理孙恭阅竟"③等字样。乙未正是清顺治十二年(1655),可见祁理孙仍心向故国,内心保持遗民心事。

在读书方面,受家风影响,祁理孙与其父祖一样,"好读书,手不释卷,或遇善本,尤加意校雠,订其伪谬。其于书之成诵者,手录至百余帙",晚年更是"闭门绝迹,坐卧一室中,潜心身心性命之旨……"④

---

①　全祖望.鲒埼亭集:卷十三,祁六公子墓志铭[M].上海:上海书店,1989.

②④　绍兴县修志委员会.绍兴县志资料:第一辑(二)[M].台北:成文出版社,1983.

③　黄裳.远山堂明曲品剧品校录[M].上海:古典文学出版社,1957.

二、奕庆藏书楼藏书

祁理孙的奕庆藏书楼建于清顺治七年(1650),藏书由未转移的部分澹生堂藏书、八求楼藏书,以及祁理孙自己的收藏组成。奕庆楼所藏之书,约1598种、42636卷,其中经部205种、3469卷;史部243种、11 267卷;子部460种、10 322卷;集部676种、16 956卷;四部汇14种、622卷①。

藏书可以说是祁氏家风,祁理孙从十四、十五岁时就开始协助父亲整理藏书。然而,受社会动荡的客观影响,日渐落魄的祁理孙已没有实力再续父祖藏书的辉煌。从《奕庆藏书楼书目》②可见,祁理孙时期的采书活动已渐低缓,奕庆楼的藏书数量增长有限。跟祁彪佳时期的三万卷藏书相比,祁理孙并未增加多少藏书。与祁彪佳撰写的《远山堂杂汇》比对,奕庆楼藏书中的大部分是接收自八求楼藏书;《奕庆藏书楼书目》中所录明代传奇杂剧,也与《曲品》《剧品》大致相同。

虽然大多是承继先人遗书,但祁理孙在藏书方面也有自己的特色和偏重,从《奕庆藏书楼书目》来看,祁理孙以诗歌、法书和戏剧三种为特色馆藏,其中尤以诗文集为最。根据书目统计,《诗余》《诗总》《前代诗文》和《国朝诗文》四类共著录图书506种,12 936卷。此外,祁理孙对碑帖这种不甚为藏书家所重视的类目表现出浓厚的兴趣和重视,

---

① 钱亚新.浙东三祁藏书和学术研究[R].江苏省图书馆学会,1981.

② 近人刊行的各种书目中一直未见奕庆藏书楼书目的记载。直到1958年6月,古典文学出版社出版《鸣野山房书目》,发现其书其实是《奕庆藏书楼书目》的误题。现一般认为商务印书馆于2005年出版《奕庆藏书楼书目》是目前可知的较完整版本。《奕庆藏书楼书目》原钞本现藏于国家图书馆。

专门在小学类下设《法书》一目,收藏碑帖四十种,二百九十卷(本)①。戏剧类文献的收藏则直接继承自父亲的藏书,因而祁理孙藏书"戏曲颇富,杂剧甚多"。

祁理孙藏书印有②:

> 理孙
>
> 理孙之印
>
> 奕庆
>
> 藏书楼经籍记子孙世守(白文大方印)
>
> 智昙(白文扁方印)
>
> 钵公(白文扁方印)
>
> 法名智昙(白文方印)
>
> 奕庆藏书(朱文方印)

三、祁理孙在目录学方面的创新与承继

1. 创新五部分类法

在分类方面,祁理孙创新性地发展四部分类法为五部分类,即在经、史、子、集传统四部分类之上加上"四部汇",共五部,38 类、16 子目。其中的"四部汇",即丛书。丛书的立目,始于祁承㸁。祁理孙则把"丛书"升级为与经、史、子、集四部并驾齐驱的一级类目,强调了"丛书"的地位,是传统分类法上的首创。同时,根据丛书内容、性质不同,将丛书分入不同部类。"四部汇"所包含的丛书为综合性丛书,其他专门性丛书仍按内容分入不同类目,如此更显操作简便,眉目清晰。

---

① 钱亚新. 浙东三祁藏书和学术研究[R]. 江苏省图书馆学会,1981.
② 严倚帆. 祁承㸁及澹生堂藏书研究[M]. 台北:花木兰文化工作坊,2006.
另见蒋复璁《两浙藏书家印章考》,黄裳《远山堂明曲品剧品校录后记》。

如,《汉魏丛书》《津逮秘书》分入"四部汇";而《五经总类》入经部,《诸子汇函》入诸子类,《藏说小萃》入"说从"目。

奕庆藏书楼藏书继承自澹生堂藏,但《奕庆藏书楼书目》与《澹生堂藏书目》则有部分出入,体现了祁理孙不同的分类理念和思考。

在经部类目的设立上,《奕庆藏书楼书目》与《澹生堂藏书目》并没有太大差别。《澹生堂藏书目》经部共分十一小类,而《奕庆藏书楼书目》则分为十类,将"论语""孝经"二类合并于"四书"类下。《澹生堂藏书目》在"小学"类下分为七目,而《奕庆藏书楼书目》此类只分四目,删去"蒙书""家训""纂训"三目。

在史部的类目方面,两部目录出入较多,这种变化体现了书目编纂者不同的藏书方针和爱好取向。祁承爜对于史书收藏有自己的想法,用力很深,因此类目设置较为详细,共分十五目,祁理孙较之少了五目:将明代史书特别提出成为一目"国别史",另删去"通史""约史""史钞""霸史"目,"史评"改为"评论"。

在子部的类目方面,因祁理孙重视戏曲、剧本,《奕庆藏书楼书目》中新立了"稗乘家"和"乐府家"两类。各类又再分为四目,"稗乘家"下设"说汇""说丛""杂笔""演义"四目;"乐府家"下设"评谱""传奇""杂剧""散词"四目。这样设置类目显现条理性和层次感。

在集部的类目方面,祁理孙删除"总集"这一类目,代之以"文总""诗总""章疏""尺牍""骚客""诗余",而"诗文集"又增设"前代诗文""国朝诗文"两类,其中受祁承爜重视当代文集的藏书思想的影响,祁理孙在诗集类收藏上也以当代著作为主。

2. 著录格式的继承

在著录方面,《奕庆藏书楼书目》继承了《澹生堂藏书目》的传统。

其一,编目中对于明代著者,在姓名前加上籍贯以示区分,如太原王世贞、常熟赵用贤、古吴冯梦龙等。这在集部的"国朝诗文"目下尤为明显。这种著录方式，可以有效地区分辨别著者的身份，区分同一姓名的不同著者，避免张冠李戴，同时，还有利于进行地域性专题研究、地方文献研究等。这种区分与现代文献编目中名称规范的目的相类似。

其二，采用表格式编目。表格式书目来源于祁承爜，这是一种更直观、更便于检索的著录格式。如前文所述，祁承爜在《澹生堂藏书目》的编目过程中完全采用了表格式的著录方法，不过《澹生堂藏书目》在"图志""释家""丛书""总集"四目中多未记卷数，而《奕庆藏书楼书目》在"图志""释家"两部分中著录了详细的卷数信息，对于《澹生堂藏书目》中著录的不完备的地方进行了补充。至于"丛书"目则和祁承爜一样，只著录书名未著录卷数。

总之，从《奕庆藏书楼书目》与《澹生堂藏书目》的比较中可以发现，虽然奕庆藏书楼大部分藏书都来自于家族藏书，但著录中却有很多出入。相较而言，《奕庆藏书楼书目》的著录较为简略，书名之下仅以著者、籍贯以示区别，没有《澹生堂藏书目》著录翔实。而且，随着时光流逝，藏书几经易手，辗转变化，同样一部书在两部书目中的著录卷数也出现差别，有些是因为社会动荡部分藏书已然流失，有些是因为后人对前人藏书进行了重新整理和补充。比如，集部中章疏类，《澹生堂藏书目》所著录《陆宣公奏议》有二十四卷，而《奕庆藏书楼书目》只记载二十二卷；《朱子奏议》根据《澹生堂藏书目》所记载仅有十五卷，而《奕庆藏书楼书目》却记录了十六卷。再如，《澹生堂藏书目》中有《范氏二十种奇书》一条，实际仅著录十九种，而《奕庆藏书楼书目》则补上了《两同书》，足有二十种。

第三节　祁氏藏书流散情况

澹生堂藏书是祁承爜"典衣销带"毕生所藏,与儿孙订立的殷殷规约言犹在耳,"勿分析,勿覆瓿,勿归商贾手",然而,转身不过40年,澹生堂十万卷藏书分崩离析。祁氏一族自身虽已竭尽所能,但时局动荡之下,澹生堂藏书还是难逃散佚的命运。有学者云:"澹生堂储经籍铭识款印,将为子孙世珍,百年之间,散落人手。近人有诗云:宣绫包角藏经笺,不抵当时装订钱。"①

一、明末澹生堂藏书散佚的开端

祁承爜辞世十几年后,明末战乱爆发。祁彪佳在世的最后一年(1645),受时事所迫,开始大规模整理家中澹生堂、八求楼藏书,筹划藏书转移事宜,以避战火。祁彪佳日记中有记载:"托郑九华移先人所藏书于大楼,欲渐移山中。"②这一时期,祁彪佳主持的大规模迁移藏书工作,以其父祁承爜所藏澹生堂藏书为主,他在这一时期曾多次整理祁承爜遗稿和澹生堂藏书,且将自己所收藏的文献暂时留在身边,直到祁理孙时期才完成全部藏书的迁移。正如全祖望所感叹的,"忠敏殉难,江南尘起,几二十年⋯⋯旷园之盛,自此衰歇。今且陵夷殆

---

① 见马瑷《闻过斋集跋》。转载于:叶昌炽. 藏书纪事诗[M]. 北京燕山出版社,2008.

② 祁彪佳. 祁忠敏公日记,三月十三[M]//李德龙,俞冰. 历代日记丛钞. 北京:学苑出版社,2006.

尽,书卷无一存者,并池榭皆为灌莽,其可感也"①。

祁彪佳殉节后,祁氏子孙继续组织保护澹生堂。在澹生堂藏书中《老子全抄》一书中有祁骏佳的题记,"此先夷度府君手自点阅之书也,计其时尚为诸生,先人手泽,子孙当世珍焉,不肖男骏佳谨识。时辛亥(黄裳按曰:为辛酉之误)孟春,已七十八岁矣"②。

又《唐宋八大家文钞》一书有祁班孙手批曰:"予家自夷度公至于先忠敏,虽不能如欧阳公、王廷尉,然亦不为之下。阅聚而必散之语,使人惕然。祖父所遗而失于子若孙,可不慎哉! 至于兵火所加,亦将尽心于是,力竭而不足,则天之命乎?"③可见祁氏子孙对澹生堂藏书的重视,竭力守护。

然而,祁彪佳晚年信佛,祁理孙在魏耕事件后避世于佛学,祁班孙自宁古塔逃回后也隐身于山寺,落发为僧。祁氏一族对佛教的信仰十分虔诚,对寺院僧人也非常信任,因此将澹生堂藏书的转移之所选择为云门山化鹿寺④。"直到康熙丙午(即康熙五年,1666)之前,还没有大批的散佚"⑤。

藏书转移到山寺后疏于管理,再加上祁理孙"因为佞佛的关系,晚年不大注重,书籍零碎地被沙门赚去了不少"⑥。化鹿寺成为澹生堂藏书散佚的开端。如赵昱所言:"六舅父坐事遣戍沈阳,旋出家为僧,

---

①　全祖望.旷亭记[M]//朱铸禹.全祖望集汇校集注:第 2 册.上海:上海古籍出版社,2000.

②　黄裳.淡生堂二三事[J].社会科学战线,1980(4).

③　转引自黄裳《远山堂明曲品剧品校录后记》。

④　化鹿山,祁氏茔墓所在地。有寺名化鹿寺。祁承㸁去世后,祁彪佳守制家居读书,题有"读于化鹿寺墓舍"等字样(见黄裳《远山堂明曲品剧品校录后记》)。

⑤⑥　黄裳.远山堂明曲品剧品校录[M].上海:古典文学出版社,1957.

终于戍所。五舅父暮齿颓龄,焚香讲读,守而不失,惜晚岁以佞佛视同土苴,多为沙门赚去。"①黄宗羲在《天一阁藏书记》中也有记载:"祁氏旷园之书,初庋家中,不甚发现。……乱后迁至化鹿寺,往往散见市肆。"②

澹生堂藏书自此开始散佚。全祖望所言也证明了这一点:

> 祁氏自夷度先生以来,藏书甲于大江以南,其诸子尤豪喜结客、讲求食经。四方簪履望以为膏粱之极选,不径而集。……呜呼,自公子兄弟死,澹生堂书星散,岂特梅墅一门之衰,抑亦江东文献大厄运也。③

至清初,澹生堂藏书主要流转于黄宗羲续抄堂、吕留良讲习堂、赵谷林小山堂等诸家之手,其余则散落书市。与祁氏家族颇有往来的朱彝尊比较了解祁氏藏书散落过程,曾有这样的记载:

> 参政富于藏书,将乱,其家悉载至云门山寺。惟遗元明来传奇,多至八百余部,而叶儿乐储不与焉。予犹及见之。其手录群书目八册,今存古林曹氏。寺中所储,已尽流转于姚江御儿乡矣。④

---

① 赵昱.春草园小记[M]//丛书集成续编:第57册.上海:上海书店出版社,1994.

② 黄宗羲.天一阁藏书记[M]//李希泌,张椒华.中国古代藏书与近代图书馆史料[M].北京:中华书局,1982.

③ 全祖望.鲒埼亭集:卷十三,祁六公子墓志铭[M].上海:上海书店,1989.

④ 朱彝尊.静志居诗话[M].北京:人民文学出版社,1990.朱彝尊入寺查看于黄吕二人之后。黄吕二人皆道学家,重经部和子部儒家类文献,因而祁彪佳之戏曲类专藏尚保存在寺中。

二、黄吕对澹生堂藏书的争夺

澹生堂藏书大规模散佚"始于黄梨洲和吕晚村的大担捆载,论秤而出的那一次"①。黄宗羲、吕留良均为当时大儒,本情谊深厚,后却交恶,最后演变成"若近梨洲门庭者,便谤晚村;依晚村门庭者,必毁梨洲"的局面。其起因就是澹生堂藏书。

黄宗羲曾在祁彪佳掌理澹生堂时多次登楼阅书,因而对澹生堂藏书十分向往。澹生堂藏书从化鹿寺散出后,黄宗羲亲自前往寻书,他自述道:"丙午(1666)余与书贾入山翻阅三昼夜,余载十捆而出,经学近百种,稗官百十册,而宋元文集无存者。途中又为书贾窃去卫湜《礼记集说》《东都事略》。山中所存者惟举业讲章、各省志书尚二大厨也。"②从中可见,当黄宗羲前往化鹿寺时,"宋元文集已无存者",可挑选的范围"惟举业讲章、各省志书尚二大橱也"。在回程中,黄宗羲所挑精品又被同去的商贾偷去《礼记集说》《东都事略》。而这书贾乃吕留良所派。黄吕二人由此交恶。

了解其中渊源的,当首推全祖望。全祖望在《小山堂祁氏遗书记》中记载道:

> 吾闻澹生堂书之初出也,其启争端多矣。初,南雷黄公
> 讲学于石门,其时用晦父子俱北面执经,已而以三千金求购
> 澹生堂书,南雷亦以束脩之人参焉。交易既毕,用晦之使者
> 中途窃南雷所取卫湜《礼记集说》、王偁《东都事略》以去,则
> 用晦所授意也。南雷大怒,绝其通门之籍,用晦亦遂反而操

---

① 黄裳.远山堂明曲品剧品校录[M].上海:古典文学出版社,1957.

② 黄宗羲.天一阁藏书记[M]//李希泌,张椒华.中国古代藏书与近代图书馆史料[M].北京:中华书局,1982.

戈,而妄自托于建安之徒,力攻新建,并削去《蕺山学案》私淑,为南雷也。……时文之陷溺人心一至于此,岂知其滥觞之始,特因淡生堂数种而起,是可为之一笑者也。然用晦所借以购书之金,又不出自己,而出之同里吴君孟举,及购至,取其精者,以其余归之孟举,于是孟举亦与之绝。①

沈玉清在《冰壶集》中也记载了这一公案,但立场却不同,"石门吕晚村与梨洲先生素善,延课其子。相传晚村以金托先生买祁氏藏书,先生择其奇秘难得者自买,而以其余致晚村"。

至此黄吕双方均已收购部分澹生堂藏书。吕留良也有一首《得山阴祁氏澹生堂藏书三千余本示大火》云:

阿翁铭识墨犹新,大担论斛换直银,说与痴儿休笑倒,难寻几世好书人。宣绫包角藏经笺,不抵当时装订钱,岂是父书渠不惜,只缘参透达摩禅(祁氏参临济宗)。

这段公案双方虽各执一词,孰是孰非亦难判断,但是"旷园之书,其精华归于南雷,其奇零归于石门"②却是可以肯定的。黄宗羲在这场藏书争夺中获得了较为珍贵的部分,吕留良所得多是零散的常见图书。

然而,两位如此爱书、懂书之人,却也未能成为澹生堂藏书的安全

① 全祖望.鲒埼亭集外编:卷十七,小山堂祁氏遗书记[M].上海:上海书店,1989.

② 全祖望.小山堂藏书记[M]//李希泌,张椒华.中国古代藏书与近代图书馆史料.北京:中华书局,1982.

归宿。黄宗羲藏书在其晚年遭遇水灾、火灾之难，"其存者归于鹳浦郑氏[1]"；而吕留良藏书在其身后受文字狱牵累被变卖充公，不知所踪[2]。由此，澹生堂藏书均未能保存下来，全祖望也不由得感叹"予过梅里，未尝不叹风流之歇绝也"[3]。

三、赵氏对澹生堂藏书之收集

黄吕之后，收藏澹生堂遗书之大宗是赵谷林之小山堂。

赵昱（1689—1747）原名殿昂，字功千，号谷林；赵信（1701—？），字辰垣，号意林，赵氏兄弟人称"二林"。兄弟二人皆好藏书，有藏书楼"小山堂"。祁班孙事败后，夫人朱氏正值盛年，收养其兄朱子升之女，此女后来与赵汝旭在旷园东书堂完婚，这就是赵昱兄弟的母亲。赵汝旭亲见澹生堂藏书之丰厚，就"心思得之"，后因朱氏阻止而做罢。全祖望曾有关于此事的记载：

> 谷林太君朱氏，山阴襄毅公女孙，祁氏之所自出。祁公子东迁，夫人取朱氏女孙育之以遣日，即谷林太君也。方谷林尊公东白翁就婚山阴，其成礼即在祁氏东书堂中。是时澹生堂中之牙签尚未散，东白翁心思得之。太君法然流涕曰：

---

① 二老阁郑氏。郑性（1665—1743），字义门，号南溪，又号五岳游人，郑溱之孙，郑梁之子，慈溪人。黄宗羲死后，其藏书由门人郑梁之子正性整理而得三万卷，藏于二老阁，至乾隆年间"半秩于四库采辑写本还真之日，后又不戒于火，半为护火者夺去，虽有存者仅矣。"见谢振定《知耻斋文集》卷二。

② 在各藏书志中，吕氏讲席堂藏澹生堂藏本共六种：《黎狱诗集》一卷附录一卷，《傅汝砺文集》十一卷附录一卷，《周翰林近光集》二卷扈从集一卷附补遗，《对床夜话》五卷，《止斋先生文集》五二卷附录一卷，《临安集》。

③ 全祖望. 小山堂藏书记[M]//李希泌，张椒华. 中国古代藏书与近代图书馆史料. 北京：中华书局，1982.

亦何忍为此言乎？东白翁默而止。①

多年后，澹生堂已然没落，藏书四散，风光不再。康熙十四年（1675），赵昱追思旷园昔时风采："正月晦日至梅市，访祁氏故居大楼，是先祖就婚之所，岿然无恙……又西五里即寓山园，则忠敏公殉节处，已拾为佛寺，拜瞻遗像，或叹不已。"

另有记载，"蹉跎四十余年，谷林渡江访外家，则更无长物，只'旷亭'二大字尚存，董文敏所书也，乃奉以归"。出于对旷园昔日风采的憧憬，赵昱"欲于池北竹林中构数椽，即以旷亭铭之，以志渭阳之思，别于其他书籍之藏于小山堂也"②。

当然，追思澹生堂，最重要的是收集澹生堂遗书。受家风影响，赵氏兄弟对澹生堂藏书一直非常向往，"独惓惓母氏先河之爱，一往情深，珍若拱璧，何其厚也。夫因庭闱之孝，而推而进之以极其无穷之慕，其尽伦也，斯其为真学者也"③。全祖望也认为赵昱兄弟对澹生堂遗书的着意搜求是出于对母亲的孝道，因而大加赞赏："二林兄弟聚书，其得之江南储藏之家多矣。独于祁氏澹生堂诸本，则别储而弃之，不忘母氏之遗也。"④

初期，小山堂着重收藏黄吕以外散落的澹生堂藏书，"谷林所藏书亦多澹生旧本"，但就数量而言，恐不过数十册。赵昱于《爱日堂集》记道：

> 购得山阴《祁夷度先生文集》，又吴门王邵棠见遗澹生堂

① 全祖望.旷亭记［M］//朱铸禹.全祖望集汇校集注：第2册.上海：上海古籍出版社，2000.

② 徐珂.清稗类钞［M］.北京：中华书局，2010.

③④ 全祖望.鲒埼亭集外编：卷十七，小山堂祁氏遗书记［M］.上海：上海书店，1989.

藏书印章,予蓄祁氏书仅数十册,年来欲广收而未能也。志感二首:文献江东旧业传,澹生堂认蠹鱼篇。负惭宅相搜遗集,重忆馆甥悲昔年。忠孝成家惟习学,兵戈换劫等云烟。黄金散尽贫犹乐,何惜初时装订钱。缪书深印赫蹄光,刓角精莹水玉方。四库标题千帙遍,一瓻争抵百缣强。旷亭旧迹荒园业,遣象清风曲水旁。谁为流传王粲是,令人犹念蔡中郎。[①]

丁丙也曾记载:

　　赵谷林、意林二征士,祁氏之甥也,尝访其遗书,仅得十数部。拾其旷园一扁,补筑于小山堂中。吾乡藏书之风,肇之小山,而小山实承旷园之余韵[②]。

此后,经过多年苦心孤诣的搜访,小山堂藏澹生堂遗书渐成规模。全祖望曾记录道:

　　近日浙中聚书之富,必以仁和赵征君谷林为最。予尝称之为尊先人希弁当宋之季,接踵昭德,流风其未替耶。而吴君绣谷以为希弁远矣。谷林太孺人朱氏,山阴襄敏尚书之女孙,而祁氏甥也。当其为女子时,尝追随中表姑湘君辈读旷园书。既归于赵时,时举梅里书签之盛以勖诸子。故谷林兄弟藏书,确有渊源,而世莫知也。[③]

可见,赵昱着重收藏澹生堂遗书,经过多年搜访,到乾隆年间已颇

①　叶昌炽.藏书纪事诗[M].北京:北京燕山出版社,2008.
②　见顾廷龙《续修四库全书》第927册:(清)丁丙《善本室藏书》。
③　全祖望.小山堂藏书记[M]//李希泌,张椒华.中国古代藏书与近代图书馆史料.北京:中华书局,1982.

有规模,俨然成为澹生堂藏书收集之大宗,而且"谷林兄弟聚书之精,其渊源颇得自外家"①。澹生堂藏书辗转多年,"其飘零流转而幸而得归于弥甥,以无忘其旧也,亦已悕矣"②。

小山堂藏书以赵氏兄弟30年之力,倾其所有只为藏书,与宁波范氏天一阁、扬州马氏小玲珑山馆互相传抄,尤其得到同郡绣谷亭吴氏的帮助,颇有书缘,藏书顶峰时期达数万卷,"谷林小山堂图籍埒于秘省,益之四明范氏、广陵马氏之借钞,加之以吴君秀古亭之做助,穷搜博讨,倾筐倒庋而不惜"。全祖望曾赞曰:"露钞雪购,小山堂插架之盛,遂与代兴,为吾浙河东西文献大宗。"

然而,赵昱去世后,其藏书也难逃散佚的命运,据叶昌炽记载"书尽归广陵马氏③矣"。而孙峻在《八千卷楼藏书目序》中说:

> 乾隆壬辰诏开四库,征天下遗书,吾杭之进书者,若鲍氏知不足斋、汪氏开宛楼、吴氏瓶花斋、汪氏振绮堂、与吾家寿松堂,得五家焉……先通议公所进之书多小山藏本,小山之书多澹生堂藏本,盖通议之考娶于赵氏;二林之考娶于祁氏,两家书散半为馆甥所得也。咸丰辛酉寇烽再炽,寒家所藏图籍,尽付云烟。峻生也晚,不获观当时珍秘,但闻诸家君所诏而已。④

寿松堂主人为孙宗濂,字粟忱,号隐谷,仁和人,其子孙仰曾即四库诏书时进呈书目者,也就是孙峻所言的"通议公",为赵昱之女婿。

---

① 全祖望.鲒埼亭集:卷十三,祁六公子墓志铭[M].上海:上海书店,1989.
② 全祖望.鲒埼亭文集选注[M].济南:齐鲁书社,1982.
③ 即扬州马氏小玲珑山馆。
④ 见(清)丁丙《八千卷楼藏书目》:(清)孙峻《序言》。

由这段文字可以看出澹生堂、小山堂与寿松堂之间的渊源关系。

此后,澹生堂藏书零星散落,转展各藏书家之后,存世可见之书已寥寥无几。

附:《旷亭读书图歌注》

赵昱之子赵一清曾做《旷亭读书图歌注》,将澹生堂藏书的故实以诗歌的形式叙述表达。台湾学者李宗侗写《赵东潜旷亭图书图歌注》刊于《华冈学报》①。原诗见于《九方集》中,但今遍寻而不得,故转录此诗于此。

　　　山阴祁氏华族良,蓬莱清浅驹隙忙。翩翩公子年少郎,自许忠义酬先皇。一朝运去势难挽,弟兄争坐甘斧戕,竟遣其季戍辽阳。从此林亭日益荒,旷园无复曩时望。惟有守贞六大娘,二九盛年早毁庄。翳惟太君祁之甥,遂往奉侍慰余生,娴习礼仪鸣衍璜。先祖就婚东书堂,太君作嫔爱归杭。尔时澹生十万籍,朱墨勾乙储石食。家公顾视颜色喜,太君谓否徒慨慷。五先生者实家督,守兹群典侔琳琅。学佛成仙学道死,鸾骖准驭双翱翔。桀黠窥伺谋夺之,儒林谨咋滋纷争。蔚我征君思继起,小山图史慎弆藏。瞥见外氏旧铭勒,减衣缩食重新装。梅里踯躅访遗还,旷亭榜题弃道旁。亟为购取君子泽,输以白粲四石强。太君回忆说江乡,紫荆花树犹苍苍。卜筑竹间垂烈光。吁嗟廿载终漫浪,迩来如梦亦如幻,云烟过眼同枯盲。乃有第五擅才调,人身骥骑谁颉颃!恪予往事奚为尔,不压谆复语特详。学古之人畊且养,语末

---

①　李宗侗.赵东潜旷亭读书图歌注[J].华冈学报二期,1965(12).转录于:严倚帆.祁承㸁及澹生堂藏书研究[M].台北:花木兰文化工作坊,2006.

卒既心怦怦。西偏列屋并古香,朝夕啸咏郊匡床,颜曰旷亭嗝阿兄。阿兄状似失林麋,别无长物足宝惜,惟余此额堪激扬。八分隶楷法久亡,安得妙手邮亭王?夷度使君远流芳,忠敏克绍声腾骧。少师尚书蜀孔明,两家姻媾朱陈英。联珠迭琲孰敢方,金童玉女世艳称。愿因宅相勤缥缃。呜呼!太君之德永莫忘。

四、20 世纪上半叶祁氏藏书的散出

在王朝更迭中,祁承爜的子孙纷纷加入抗清斗争,使得祁承爜所撰的《澹生堂集》(除《澹生堂藏书约》外)在清代的文化统治中被列为"禁毁书",有清一代都没能流传开来。如同祁理孙所言:

> 初则以畏祸避仇,不敢刻;继则以遭难破家,不能刻:引为切骨恨、莫大罪、毕生未了心。晚年,切望后人稍有能力者,首任刻行;若力不能刻,必抄存名山,以俟因缘。或遇有力大人好义,刻行手书、遗训,世守勿忘①。

祁氏子孙竭力选择家族藏书中较为珍贵,或是留有祖先遗迹的部分保存下来。祁承爜、祁彪佳、祁班孙、祁理孙等先人的藏书、书信被祁家后人秘藏几百年,据黄裳所言:"经过清初的残酷镇压,祁氏遭到了家破人亡的惨祸,但还是冒着杀头、灭族的风险保存下了这些著作。事实本身就是极为悲壮的。"②

1937 年,经过与祁氏后人的协商,绍兴县修志委员会根据远山堂

---

① 祁彪佳.祁忠敏公日记[M]//李德龙,俞冰.历代日记丛钞.北京:学苑出版社,2006.

② 黄裳.黄裳书话[M].北京:北京出版社,1996.

原本刊印出版《祁忠敏公日记》,共十册,其中收录了祁彪佳自崇祯四年至弘光元年十五年间的日记手订本,并附有祁熊佳所撰写的《行实》,杜春生辑录的《遗事》和梁廷楠、龚沉补编的《祁忠敏公年谱》。祁彪佳十一世孙祁子明拿出家传祁彪佳著述35种,209册,由绍兴修志委员会编成"祁忠敏公遗书存目记",附于《祁忠敏公日记》之后,里面有不少孤本及祁彪佳的遗墨。

同时据傅增湘记载,民国初年《澹生堂集》已流入市场,且估值颇高,"此帙旧为涉园陶氏所藏,顷舆他书同斥去,流入文友堂,书坊悬值过高,力不能收,因假置案头者半月,略事披览而记其大要于此。俾后之得是书者,知其罕观而幸加护持也"①。傅增湘所见之《澹生堂集》由陶湘处辗转流出,后入北平图书馆,现藏于台湾。

此后,直到1952年前后,祁家世代深藏密锁传承300余年的澹生堂遗书陆续在绍兴复出于世,其内容主要是祁氏先人著作、祁氏手批本、明乡试录登科录,以及明刻戏曲总集等,其中最著名的就是崇祯刻本的《澹生堂集》②。现在所见《澹生堂集》中"奴""虏""酋"等字样都被浓墨涂去,特别是卷十七、十八更是满眼墨丁。与《文集》同时流出的还有《澹生堂诗文钞》稿本四册,由祁氏后人从《澹生堂集》中精选而成,共四册,始终未能刊刻,《诗文钞》中也做了避讳修改③。

1951—1953年是祁氏遗书的最后一次大规模散佚,澹生堂藏书的历史至此终结。谢国桢在《江浙访书记》中载:

　　杭州古旧书店严宝善同志到浙江各地去采购书籍,如绍

---

① 傅增湘.藏园群书题记,卷七[M].上海:上海古籍出版社,1989.
② 可惜这一版本目前下落不明,黄裳《淡生堂二三事》中记载原书"迷失"了。
③ 黄裳.黄裳书话[M].北京:北京出版社,1996.

兴祁氏澹生堂和远山堂钞藏的书籍,祁彪佳一生的著述、文集、日记、奏稿、揭帖,均是作者的手迹,为四五十种,为研究清史和江南奴仆暴动的重要资料,今分藏于北京、南京各图书馆,尤以浙江图书馆所藏为主。①

又在《记祁彪佳所著书》中言:

(祁)彪佳所草疏稿、尺牍,及积存当日揭帖函件,不下数十种。其所手书稿件,皆用版心所刻"澹生堂"或"远山堂"蓝格纸亲笔手书。而澹生堂或远山堂钞藏之书最有名于世者也。今彪佳所手写《按吴疏稿》等项稿本或刻本,分藏于北京、南京、杭州各图书馆。

谢国桢"在浙江图书馆见馆藏祁氏遗著不下二三十种之多,兹将书目钞录如下:

《读宜焚草小引》(一帙)

《按吴疏稿》

《林居尺牍》(丁丑、丙子)

《西台疏草钞》(崇祯五、六年)

《巡城疏钞》(崇祯五年)

《辛巳越见记》

《词隐先生北词韵选》

《未上疏揭稿钞》(崇祯七年)

《崇祯七年揭帖十份》(北京图书馆有八份)

《私杂件原稿》

《翁贤书(思贻先生赞》)原稿

---

① 谢国桢.江浙访书记[M].上海:上海书店:2004.

《在籍公聚》原稿(崇祯十六年癸未二月)

《为许(都)逆危浙请浙敕抚臣监军会剿事》

《按吴请留州守》原稿

《赠文义公居官要类》附残稿　　内有对于辅行施设之
记载

《特藏'忠敏抚疏'稿》"①

除机构收藏之外,现代藏书家黄裳先生作为私人收藏者也大量收购数批澹生堂散出遗书,"所得颇富而精,自承爜祖司员公粤西奏议,至祁晋原朗所藏,数世藏书皆有之。诸书以承爜《两浙古今著作述考》稿本,彪佳《守城全书》、《曲品》稿本,祁理孙、班孙手批《水月斋指月录》、《五朝注略》,刻本彪佳《按吴政略》为最精;承爜、彪佳乡试原卷及此家书数十通为最秘"②。这些非常珍贵的祁承爜家书,"凡五十许通,订一厚册,未订者亦十数札。纸用棉料,白折。行草甚朴茂。……并排比后先,知此为天启元年至四年数年中所作"③。黄裳"取以十许札分赠北京、金陵图书馆"余者20年后经整理清录,附于《祁承爜家书跋》之后公布于世,成为后世研究祁承爜的重要资料。此外,黄裳先生还收购了《远山堂曲品》《远山堂剧品》两书,并在此研究校勘的基础上出版了《远山堂明曲品剧品校录》④。

根据《远山堂明曲品剧品校录后记》《祁承爜家书跋》,黄裳整理的祁氏藏书有:

手批本(6种)。

---

①　谢国桢. 江浙访书记[M]. 上海:上海书店:2004.

②　黄裳. 榆下杂说[M]. 上海:上海古籍出版社,1992.

③　黄裳. 祁承爜家书跋[J]. 中华文史论丛,第三十二辑.

④　黄裳. 远山堂明曲品剧品校录[M]. 上海:古典文学出版社,1957.

祁承爜手批本：

《易测》：竹纸绿格写本，版心上有"聊尔编"三字，朱、蓝二色笔圈批。书衣有祁骏佳墨笔跋："此夷度府君为诸生时手自点阅之书。"

《老子全抄》：竹纸绿格写本，版心上有"聊尔编"三字，朱、蓝二色笔圈批。书衣有祁骏佳墨笔跋："此夷度府君为诸生时手自点阅之书。"

《通鉴前编》十八卷，举要二卷，首一卷，明吴勉学刻本。

祁理孙手批本：水月斋《指月录》（万历本）

祁班孙手批本：

　　《五朝注略》

　　《唐宋八大家文钞》

祁氏藏书（3 种）：

　　明刻精图戏曲总集《柳枝集》《酹江集》

　　明人画绢本《江苏北部地域图》

　　《吴越诗选》（残本）

万历以后《乡试录》若干本

祁氏著述（15 种）：

　　《祁司员粤西奏议》

　　祁承爜《两浙古今著述考》稿本

　　祁承爜《澹生堂集》

　　祁骏佳手订：《重编澹生堂集》八卷底本

　　《祁承爜家书》数十通

　　祁彪佳《救荒全书》稿本十数册

　　《远山堂抄本尺牍》

　　祁彪佳《曲品》稿本

《远山堂尺牍底册》

《澹生堂诗文钞》

祁彪佳《按吴政略》刻本

《远山堂明曲品稿本》:启元社黑格抄本

《远山堂明剧品》

《远山堂文稚》:启元社黑格抄本

祁彪佳《守城全书》

祁骏佳《悦合集》残稿

这批散出的澹生堂藏书是祁氏后人所保留的流传绝罕的真迹,记录了明季许多经济、政治史料,史料价值弥足珍贵。正如黄裳所言:

> 晚明官场、科试、骚递、豪奴、兴造诸端,罔不涉及,其官书所不记,野史所未详者,多能于此中得其实状。又往往记东人之入侵,曹、郓之白莲教,邹、滕民变,三王之国,宿州矿工起义,此尤晚明国政巨事。所关匪细,尽见记录者。其事诸子以经营田产,兴遥屋宇,垦荒机房诸事,更为详细,地主乡宜资生之道,俱可于此中知之,又晚明经济良史料也。即嘱诸子购备衣物一札,所列士宜名色,亦颇有关系。苏州织物,凤阳角带,陛文远之黄头笔,杭州之太史纸,皆人所不记者。当日不过日用之物,无以之入着连者,日月既迈,后不更知,是可重之又一事也。[①]

五、澹生堂现存藏书情况

20 世纪 60、70 年代,黄裳藏书被征收,澹生堂藏书部分收入各图

---

① 黄裳.祁承㸁家书跋[J].中华文史论丛,第三十二辑.

书馆,部分流入民间。据黄裳估计,"今日公私所藏之澹生堂抄本书,通计之亦不过二三十种耳"①,加之澹生堂藏本,也不到 100 种②。台湾学者严倚帆遍查"台湾所能见到清代以来各家藏书志及藏书目,统计其中所著录的澹生堂藏本及钞本,总数不过六十种上下"③。今笔者所查可见澹生堂藏本及抄本近 90 种。

时至今日,在机构收藏者中,中国大陆地区,多数入藏中国国家图书馆;南京图书馆、浙江图书馆、上海图书馆等 14 处也有部分入藏,共计约 88 种;台湾汉学研究中心和"故宫博物院"共收藏 15 种 323 卷。美国国会图书馆有《栖碧先生黄杨集三卷补遗》一卷,其他海外图书馆并私人收藏者另有零星藏书。具体现存书目见附录。

澹生堂藏书的辗转命运并没有结束。20 世纪 90 年代末到 21 世纪初期,黄裳藏书陆续出现在拍卖品市场,其中有祁承爜书札、祁彪佳手订书稿以及祁氏读书等。以下文献在拍卖品市场中昙花一现④,现存于私人藏家手中,仅著录于此,以窥一斑。

1997 年秋拍:《韩诗外传》,嘉靖十八年(1539)薛氏芙蓉泉书屋刻本,四册。钤印有:寓山藏书、祁奕应图书章、黄裳小雁、黄裳、黄裳百嘉、黄裳藏本、容家书库、草草亭藏、来雁榭珍藏记、木雁斋、上海图书馆藏、上海图书馆退换图书章。此为澹生堂旧藏读书,书中间有祁理孙墨笔圈点和朱笔补字。黄裳题跋四则"韩诗外传嘉靖凡三刻,而以芙蓉泉书屋刊本为最善而罕传"。最终以 33 000 元价格成交。

---

① 黄裳.榆下杂说[M].上海:上海古籍出版社,1992.

② 黄裳.淡生堂二三事[J].社会科学战线,1980(4).

③ 严倚帆.祁承爜及澹生堂藏书研究[M].台北:花木兰文化工作坊,2006.

④ 摘录于姜寻《中国拍卖古籍文献目录》《中国古籍文献拍卖图录》《中国古籍文献拍卖图录年鉴》(2003 年)《中国古籍文献拍卖图录年鉴》(2004 年)等。

1998 年秋拍:《祁承㸁致祁彪佳书札》,明天启二年(1622)手稿本,四通四页,为祁承㸁任宿州知府时给祁彪佳的书札,从中可见对祁彪佳寄予未来为将为相的厚望。最终以 49 500 元成交。

《祁承㸁致儿辈书札》,明天启年间,二通二页,为祁承㸁致祁凤佳、祁彪佳等儿辈的书札,内容包括友人托办事及平安家报。有钤印"而光"。最终以 22 000 元成交。

《苏患三端》,祁彪佳撰,崇祯年间澹生堂抄本,一页。最终以11 000元成交。

《守城全书》,崇祯年间祁彪佳手定稿本,十八卷,八册。钤印有:黄裳藏本、黄裳、黄裳百嘉、黄裳藏本、容家书库、草草亭藏、来雁榭珍藏记、木雁斋、上海图书馆退还图书之章等。全书内容包括守城有关的军政、纪律、组长、练兵、物具、武器、历代故事、奏疏等,极具史料价值。原书为书法甚佳的多人誊抄,如陈振孟、陈绳之等。书中朱、淡墨、蓝圈点涂改,均为祁彪佳手定,改动之处,可见此书编写过程。此书未有刻本,祁理孙云:"遗集初则以畏祸避仇,不敢刻,继则遭难破家,不能刻,引为切骨恨、莫大罪,毕生未了心。"书中屡见"奴""虏"字样,是祁氏子孙深藏秘锁三年余年的藏品。最终以 22 万元成交。

《苏松巡按察院置买役田书册》,祁彪佳撰,崇祯年间苏松按察院刻本,一册。钤印有:黄裳小雁、黄裳、黄裳百嘉、黄裳藏本、容家书库、草草亭藏、来雁榭珍藏记、木雁斋、上海图书馆藏、上海图书馆退还图书章等。此澹生堂旧藏,官刻本,版本传世极为罕见,极具史料价值。黄裳跋二则,"此批书初出时,为纸贩论斤而得,已毁其半。洎余以重值买之,乃陆续而出,价亦渐昂,终至力不能举而后已。然终不悔之也。"最终以 28 600 元成交。

《楚词》,明万历刻本,三册。钤印有黄裳百嘉、黄裳、黄裳青襄文苑、草草亭藏、木雁斋、黄裳藏本、上海图书馆藏、上海图书馆退还图书章。此为澹生堂旧藏。书中朱墨圈点为祁氏手迹。书根有"楚词东书堂"字样。黄裳在跋语中备述东书堂及祁氏藏书散佚始末。

《澹生堂外集》，明刻本，附傅节子手抄《澹生堂藏书约》，二册。钤印有:檇李曹溶、王端履、萧山王端履年六十后所见书、节子辛酉以后所得书、傅氏藏本、傅氏抄本、以礼题跋、节子题识、杭州王氏九峰旧庐藏书之章、九峰旧庐藏书记、绶珊六十以后所得书画、绶珊考藏善本、琅园秘籍、黄裳、小雁、木雁斋、容家书库、黄裳珍藏善本、草草亭藏、草草亭藏书记、黄裳青襄文苑、黄裳浏览所及。《外集》包括《两游苏门山记》《琅玡过眼录》《符离弥变纪事》三种;傅节子光绪五年据"知不足斋丛书"本手抄《澹生堂藏书约》。傅节子朱笔手校。为清中期曹溶、道光时王端履、清末傅节子、民国时王傅节子等名家递藏。《符离弥变纪事》为祁承㸁处理宿州煤工事件的记录，可见早期资本萌芽及其劳资关系，极具史料价值。王端履、傅节子三则、黄裳七则跋。最终成交价 35 200 元。

1999 年春拍，《名家诗文》，祁彪佳等书，明崇祯手写本，一册八开，泥金纸。

1999 年秋拍，《祁承㸁致祁彪佳书札》，手稿本，两页。

2000 年春拍，《澹生堂外集》再次现身拍卖市场。

2000 年秋拍，《明山阴祁承㸁家书诗卷》，手稿本，一卷纸本。内收致祁骏佳座右铭、寿春道中诗二首、平安家报五通。有关于澹生堂藏书楼建筑的重要文献《藏书楼事宜书传二郎四郎》《起造事宜又详示四郎》。估价 38 万至 40 万元，最终流拍。

《祁承㸁会试朱卷》，明万历三十二年(1604)，祁氏抄稿本，一册纸本。钤印有上海图书馆藏、上海图书馆退还图书章。此为祁承㸁万历三十二年应会试朱卷。首有监考官同考试卷蓝批,内有"弥封官关防""誊录官关防""对读书关防",此件可见明代会试制度。为澹生堂故物。

《祁彪佳顺天乡试头场朱卷》,明万历四十六年(1618),祁氏抄稿本,一册纸本。首页为祁氏自书,内朱文即誊录。有誊录、对读、阅卷官等戳记。

2005年秋季,《祁承爜示子祁彪佳信札》,两页两通。钤印有:来燕榭珍藏记。最终以154 000元成交。

2006年秋季,《祁承爜家书》,四通四页,手稿原件再次出现在拍卖品市场。

2007年秋季,《祁承爜家书诗卷》合装,再次出现在拍卖品市场。

黄宗羲曾感叹:"读书难,藏书尤难,藏之久而不散,则难之难矣。"[1]祁承爜及其子孙都是知书、爱书之人,搜访图书不遗余力,对藏书事业、分类方法等都有独到的见解,"祁氏三世藏书的数量及范围,都远远超过其他的藏家"[2]。然而,三代藏书最终都湮灭在历史的洪流之中,今日仅有寥寥数本可窥当时之盛。

---

[1]　黄宗羲.天一阁藏书记[M]//李希泌,张椒华.中国古代藏书与近代图书馆史料.北京:中华书局,1982.

[2]　黄裳.远山堂明曲品剧品校录[M].上海:古典文学出版社,1957.

第八章　结语

钱亚新先生曾这样评价祁承㸁：

祁氏对于图书，不论在聚书、读书、鉴别、购求上，不论在分类、编目、典藏、借阅上，都有精辟的言论，独到的见解，新颖的方法，可行的规约。他不仅继承发扬我国先哲有关图书馆工作中和目录学上的优良传统，而且通过自己多年的实践，创造了不少可贵的经验。特别应强调的，是他的一切活动，能以经世致用为鹄的；所有的工作，能以理论联系实际，不尚空谈，这是值得我们老老实实恭恭敬敬向他学习的。我国历来的藏书家和目录学家之所以异口同声推崇祁氏的巨大成就，不是幸致的，也不是偶然的。[①]

祁承㸁作为明代中后期"有名的藏书家，优秀的目录学家，卓越的图书馆学先驱者"，其思想和作为既能展现出明代社会的特性，也能折射出时代与历史的作用；既具有明代私家藏书家的共性，也具有自身的个性魅力。祁承㸁的藏书思想上承汉宋，下启有清，对今天的文献收藏、整理、利用都有很大的启示作用。祁承㸁、祁氏家族、明末藏书家群体，乃至整个明代知识分子的活动体现了明代在中国传统社会中鲜明的个性特征：

---

① 钱亚新.祁承㸁——我国图书馆学的先驱[J].图书馆,1962.

（1）书籍刻印、出版业繁荣,私人刻书活跃;

（2）图书市场繁荣,文献流通、采访便利;

（3）明末社会风尚转变,小说、戏曲、书画繁荣带来了藏书风尚的转变;

（4）经学思想活跃,辨伪之学兴盛;

（5）思想开明的学者逐渐接受外来文化,明末传教士带来的西方文化逐渐本地化,并被士大夫群体中的开明派所接受,在学科分类和内容上对目录学产生影响。

（6）市民社会形成,公共空间初步开放,藏书楼出现从封闭向开放转变的萌芽。

然而,由于历史的原因,对于祁承爜这样一位凝聚了时代和社会文化特色,思想突破,实践不辍的藏书家,其研究还远远不够。本书即是希望以一己之力,揭示一个鲜活而全面的祁承爜,从祁承爜的文献采访思想、编目思想、藏书管理思想等方面入手,全面分析其中所涉及的文献学、图书馆学思想,以及相关的目录学、辨伪学、辑佚学、版本学等具体分支,进而以祁承爜为个案分析明代中后期文献流通、刊刻出版的情况,从一个社会文化的大背景中考察祁承爜的文献学思想。

时代背景、社会背景及祁承爜家族与师承背景,是祁承爜文献学思想产生的深层原因。祁承爜所处的时代正是印刷术成熟的时代,图书出版蔚然成风,成为标榜尚文之举;他所处的地区也是刻书繁盛之地,有所谓"其精吴为最,其多闽为最,越皆次之;其直重吴为最,其直轻闽为最,越皆次之"①的说法。在这样的条件下,明代"二百年间,颇多缥缃之贮,对于空疏之习,多所纠正。而自嘉靖以降,海宇平定,私

---

① 胡应麟.经籍会通[M].北京:北京燕山出版社,1999.

家藏书,极称一时风尚"①。祁承㸁的家族充分传承了江南私家藏书的传统。家有聚书渊源,他的祖父、父亲都是进士出身,有不少藏书留传。受家风影响,祁承㸁从小就喜爱读书,十岁时就沉醉书海,乐而忘返。随着年龄增长,祁承㸁开始主动地搜求图书。他每次到杭州应试时,都"偏访坊肆所刻",更向"委巷深衢"尽享淘书之乐,"觅有异本,即鼠余蠹剩,无不珍重市归,手为补缀。"

在文献采访方面,祁承㸁有成熟而独立的思考,形成了系统的理论和方法,这成为澹生堂藏书品质的保证。在采访手段上,祁承㸁采取了自行采购、团购、交换、赠送等多种方法。澹生堂藏书丰富且绝不盲目,与古代藏书家注重版本收藏不同,祁承㸁的藏书有其自己明确的采访方针,以经世致用为目的,而不是单纯追求藏书数量的增长。

在文献著录方面,祁承㸁从文献的性质出发,采用"分析著录"和"互见著录"的方法,使《澹生堂藏书目》不是单纯的藏书登记簿,而是能够体现编者编目思想的目录学著作。万历四十八年(1602),祁承㸁对澹生堂藏书进行了一次全面的整理,为规范藏书整理撰写了《庚申整书略例》四则,提出了在传统编目史上占有重要地位的"因""益""通""互"四字著录原则,有意识地以互见著录、分析著录的方法来揭示文献的内容:如果内容一样,但在卷册和版本上有所不同,则以"又"字另著一条;对上、下或正、续编则分条著录。这种著录方法展露出图书分析著录的内容萌芽,"此古人所不识,石破天惊"②。

在文献分类方面,祁承㸁对四部分类法进行了修正和改良,提出了四部四十六类二百四十四目的分类法,四部之下"多有新意"③,其

① 袁同礼.明代私家藏书概略[J].图书馆学季刊,1927,2(1).
② 姚名达.中国目录学史[M].上海:上海古籍出版社,2005.
③ 来新夏.古典目录学浅说[M].北京:中华书局,1981.

中在分类学史上具有重大意义的就是确定了"丛书"的独立地位。

在文献管理方面，澹生堂藏书 10 万册,为了管理如此庞大的藏书,祁承㸁细致地思考了馆藏相关的各方面内容,他在与子孙规约中明确藏书的利用、阅览与出借问题,对图书保存、文献整理、古籍修补等问题都提出来自己的观点和主张。澹生堂所藏抄本,世称"祁抄",版心有"澹生堂抄本"五字,"纸墨俱洁净"[①]。此外,祁承㸁在藏书楼的设计与建造方面也颇费心思,巧妙设计,防火防潮,兼顾江南知识分子的园林情怀,其 42 字的澹生堂藏书闲印也是藏书史上的一例经典。

在澹生堂藏书的继承与递守方面,正如祁承㸁在藏书铭印中所祈盼的"澹生堂中储经籍,主人手校无朝夕,读之欣然忘饮食,典衣市书恒不给。后人但念阿翁癖,子孙益之守弗失"。祁承㸁的儿孙坚守规约,不仅在时事动荡中竭尽全力保存澹生堂藏书,还在目录学等理论方面有所成就。

祁承㸁及其澹生堂藏书的命运折射出学术发展脉络与社会变迁的趋势。从思想文化史的视野来考察,祁承㸁的文献学思想体现了明代多种学术观点的融合,既在辨伪学、辑佚学等方面有所成就,又深受师承关系尤其是理学价值观念的影响,还受西学观点的冲击。

从前文文献综述中可以看出,前代学者对祁承㸁及其澹生堂藏书的研究更多地是就事论事,严谨地从图书馆学、文献学的方面研究、考证其思想观点,而忽视了在明代这样一个变革的时代,这样一个思想活跃的时代,祁氏祖孙身上所具有的这个时代士大夫阶层的典型特性和知识分子阶层的典型思维。可以说,祁承㸁的思想外围远远超出了文献学的界定,而投射到明代政治、文化、社会等诸多方面。因此,只

---

① 全祖望.旷亭记[M]//朱铸禹.全祖望集汇校集注:第 2 册.上海:上海古籍出版社,2000.

有把他们放在时代的大背景下,放在历史的动态中,以文化的广域视角来审视其藏书思想,才能得出正确的结论。本书虽以此为基点,力图有所创新,但受知识素养和认识所限,尚不能完全把握,还有许多可进一步阐析的空间,需要笔者在日后的学习和学术积累过程中不断完善:

其一,澹生堂藏书及祁承爍文献学思想对清代的影响。明代私家藏书的繁荣,藏书风气的形成开启了清代私家藏书之兴盛,"明季藏书已渐成风尚,如匪载、悬磬、七桧、脉望、世学、天一、澹生、仁雨、小苑、千顷、汲古、绛云诸家;有至清犹存者。而清代江浙二省,有千顷、天一、世学、澹生、汲古、绛云等开其端,惟藏书之风,尤冠他处。亦一时风会所趋也"①;

其二,祁氏藏书家族与范氏天一阁藏书的比较;

其三,浙东藏书家与常熟藏书家之异同;

其四,明代藏书风气对社会阅读和浙东学风的影响等。

综上所述,通过层层剖析可以发现,祁承爍对文献内在特性的掌握及其对有关图书事业多层次、多方面的考察,从现代图书馆学的观点来看,已初步建立起一套系统的私人图书馆采、编、阅、藏的完整格局,奠定了其在书史上的首创地位;同时,在文献学的大视野下,对目录学、辨伪学、辑佚学等方面提出了自己突破性的观点,并积极地应用于文献利用的实践之中。

---

① 洪有丰.清代藏书家考[J].图书馆季刊,1926,1(1).

参考文献

祁氏著作

1. 祁承㸁.澹生堂藏书约[M].上海:上海古籍出版社,2005.

2. 祁承㸁.澹生堂藏书目[M]//顾廷龙.续修四库全书:第919册.上海:上海古籍出版社,2002.

3. 祁承㸁.皇明理学名臣言行录[M]//于浩,杜云虹,唐桂艳.丛书人物传记资料类编:学林卷.北京:北京图书馆出版社(今国家图书馆出版社),2006.

4. 祁承㸁.宋西事案[M].银川:宁夏人民出版社,2004.

5. 祁承㸁.明南京车驾司职掌[M].上海:商务印书馆,1934.

6. 祁彪佳.寓山注[M]//祁彪佳.祁彪佳集.北京:中华书局,1961.

7. 祁彪佳.祁彪佳文稿[M].北京:国家图书馆出版社,2009.

8. 祁彪佳.祁忠敏公日记[M]//李德龙,俞冰.历代日记丛钞.北京:学苑出版社,2006.

9. 祁彪佳.远山堂曲品[M].北京:中国戏剧出版社,1959.

10. 祁彪佳.远山堂剧品[M].北京:中国戏剧出版社,1982.

11. 祁理孙.祁忠敏公年谱[M]//祁彪佳.甲乙日历.台北:台湾银行,1969.

12. 祁理孙.奕庆藏书楼书目[M]//林夕.中国著名藏书家书目汇刊(明清卷),14.北京:商务印书馆,2005.

13. 祁韵士,祁寯藻,祁友直.祁氏世谱[M]//国家图书馆地方志家谱文献中心.清代民国名人家谱选刊续编:卷三十五.北京:北京燕山出版社,2006.

专著

1. 长孙无忌.隋书经籍志[M].北京:中华书局,1985.

2. 晁公武.郡斋读书志校证[M].上海:上海古籍出版社,2011.

3. 郑樵.通志二十略[M].北京:中华书局,1995.

4. 马端临.文献通考[M].北京:中华书局,1986.

5. 晁瑮.晁氏宝文堂书目[M].上海:上海古籍出版社,2005.

6. 高儒.百川书志[M].上海:上海古籍出版社,2005.

7. 龚立本.烟艇永怀[M]//明代传记资料丛刊:第一辑,37.北京:北京图书馆出版社(今国家图书馆出版社),2008.

8. 胡应麟.经籍会通.北京:北京燕山出版社,1999.

9. 胡应麟.四部正讹[M].北京:朴社,1933.

10. 焦竑.焦氏笔乘[M].北京:中华书局,2008.

11. 徐𤊸.徐氏红雨楼书目[M].上海:上海古籍出版社,2005.

12. 杨士奇.文渊阁书目[M].北京:中华书局,1985.

13. 姚希孟.响玉集[M]//四库禁毁书丛刊:集部.第179册.

14. 曹溶.明人小传[M]//明代传记资料丛刊:第一辑,16.北京:北京图书馆出版社(今国家图书馆出版社),2008.

15. 陈田.明诗纪事[M].上海:上海古籍出版社,1993.

16. 丁日昌.持静斋书目[M].上海:上海古籍出版社,2008.

17. 傅椿.苏州府志[M].香港:蝠池书院出版有限公司,2006.

18. 黄丕烈.荛圃藏书题识[M].上海:上海远东出版社,1999.

19. 黄虞稷.千顷堂书目[M].上海古籍出版社,2001.

20. 黄宗羲.明儒学案[M].北京:中华书局,2008.

21. 黄宗羲.南雷文案[M]//四部丛刊正编.台北:商务印书馆,1979.

22. 黄宗羲.思旧录[M]//丛书集成续编:第28册.上海:上海书店出版社,1994.

23. 纪昀.四库全书总目提要[M].石家庄:河北人民出版社,2000.

24. 李亨特.乾隆绍兴府志[M].上海:上海书店,1993.

25. 龙文彬.明会要[M].北京:中华书局,1956.

26. 陆心源.皕宋楼藏书志[M].北京:中华书局,1990.

27. 缪荃孙.藕香零拾[M].北京:中华书局,1999.

28. 全祖望.鲒埼亭集[M].上海:上海书店,1989.

29. 阮元.四库未收书目提要[M].上海:商务印书馆,1955.

30. 沈复粲.鸣野山房书目[M].上海:上海古籍出版社,2005.

31. 徐文梅.嘉靖山阴县志[M].上海:上海书店,1993.

32. 叶昌炽.藏书纪事诗[M].北京燕山出版社,2008.

33. 张廷玉.明史[M].北京:中华书局,1985.

34. 张宗泰.鲁严所学集[M].台北:文海出版社,1975.

35. 张之洞.书目答问补正[M].上海:上海古籍出版社,2001.

36. 章学诚.校雠通义[M].北京:中华书局,1985.

37. 赵尔巽.清史稿[M].北京:中华书局,1977.

38. 赵一清.东潜文稿[M].沈阳:辽宁教育出版社,1998.

39. 赵昱.春草园小记[M]//丛书集成续编.第57册.上海:上海书店出版社,1994.

40. 赵昱.小山堂藏书目录备览[M]//林夕.中国著名藏书家书目汇刊(明清卷),21.

41. 周中孚.郑堂读书记[M].上海:上海书店出版社,2009.

42. 朱彝尊.静志居诗话[M].北京:人民文学出版社,1990.

43. 朱彝尊.明诗综[M].北京:中华书局,2007.

44. 宗源翰,郭式昌.同治湖州府志[M].上海:上海书店,1993.

45. 北京大学图书馆.北京大学图书馆藏古籍善本书目[M].北京大学出版社,1999.

46. 北京师范大学图书馆古籍部.北京师范大学图书馆古籍善本书目[M].北京:北京图书馆出版社(今国家图书馆出版社),2002.

47. 北京图书馆.北京图书馆古籍善本书目[M].北京:书目文献出版社(今国家图书馆出版社),1987.

48. 北京图书馆.北京图书馆善本书目[M].北京:中华书局,1959.

49. 卜正民.纵乐的困惑:明朝的商业与文化[M].北京:三联书店,2004.

50. 曹淑娟.流变中的书写:祁彪佳与寓山园林论述[M].台北:里仁书局,2006.

51. 昌彼得,潘美月.中国目录学[M].台北:文史哲出版社,1986.

52. 昌彼得.版本目录学论丛:第二辑[M].台北:学海出版社,1977.

53. 昌彼得.蟫庵论著全集[M].台北:"故宫博物院",2009.

54. 昌彼得.中国目录学讲义[M].台北:文史哲出版社,1973.

55. 昌彼得.中国目录学资料选辑[M].台北:文史哲出版社,1981.

56. 陈登原.古今典籍聚散考[M].上海:上海书店,1990.

57. 陈力.中国图书史[M].台北:文津出版社,1996.

58. 范凤书.私家藏书风景[M].石家庄:河北教育出版社,2007.

59. 范凤书.中国私家藏书史[M].郑州:大象出版社,2001.

60. 方志远.明代城市与市民文学[M].北京:中华书局,2004.

61. 费振钟.堕落时代——明代文人的集体堕落[M].上海:上海书店,2007.

62. 冯惠民,李万健.明代书目题跋丛刊[M].北京:书目文献出版社(今国家图书馆出版社),1994.

63. 傅璇琮,谢灼华.中国藏书通史[M].宁波:宁波出版社,2001.

64. 傅增湘.藏园群书经眼录[M].北京:中华书局,2009.

65. 傅增湘.藏园群书题记[M].上海:上海古籍出版社,1989.

66. 高路明.古籍目录与中国古代学术研究[M].南京:江苏古籍出版社,1997.

67. 高桑驹吉,李继煌.中国文化史[M].上海:商务印书馆,1926.

68. 顾志兴.浙江藏书家藏书楼[M].杭州:浙江人民出版社,1987.

69. 顾志兴.浙江出版史研究(元明清时期)[M].杭州:浙江古籍出版社,1993.

70. 洪湛侯.中国文献学新编[M].杭州:杭州大学出版社,1994.

71. 黄裳.黄裳书话[M].北京:北京出版社,1996.

72. 黄裳.书林一枝[M].太原:山西古籍出版社,1998.

73. 黄裳.远山堂明曲品剧品校录[M].上海:古典文学出版社,1957.

74. 黄镇伟.中国编辑出版史[M].苏州:苏州大学出版社,2003.

75. 贾晋华.香港所藏古籍书目[M].上海:上海古籍出版社,2003.

76. 蒋元卿.中国图书分类之沿革[M].台北:中华书局,1957.

77. 来新夏.古典目录学浅说[M].北京:中华书局,2003.

78. 来新夏.中国古代图书事业史[M].上海:上海人民出版社,1990.

79. 李瑞良.中国古代图书流通史[M].上海:上海人民出版社,2000.

80. 李盛铎.木犀轩藏书题记及书录[M].北京:北京大学出版社,1985.

81. 李希泌,张椒华.中国古代藏书与近代图书馆史料[M].北京:中华书局,1982.

82. 李雪梅. 中国近代藏书文化[M]. 北京:现代出版社,1999.

83. 梁启超. 饮冰室合集[M]. 上海:中华书局,1936.

84. 梁启超. 中国近三百年学术史[M]. 太原:山西古籍出版社,2001.

85. 林平,张纪亮. 明代方志考[M]. 四川:四川大学出版社,2001.

86. 林申清. 明清藏书家印鉴[M]. 上海:上海书店,1989.

87. 刘国钧. 中国古代书籍史话[M]. 北京:中华书局,1962.

88. 柳和城,宋路霞,郑宁. 藏书世家[M]. 上海:上海人民出版社,2002.

89. 缪咏禾. 明代出版史稿[M]. 江苏:江苏人民出版社,2000.

90. 罗孟祯. 中国古代目录学简编[M]. 重庆:重庆出版社,1983.

91. 南炳文. 明代文化研究[M]. 北京:人民出版社,2006.

92. 南炳文,汤纲. 明史[M]. 上海:上海人民出版社,2003.

93. 潘美月、沈津. 中国大陆古籍存藏概况[M]. 台北:编译馆,2002.

94. 钱亚新. 浙东三祁藏书和学术研究[M]. 南京:江苏省图书馆学会,1981.

95. 任继愈. 中国藏书楼[M]. 沈阳:辽宁人民出版社,2001.

96. 上海图书馆. 上海图书馆善本书目[M]. 上海:上海图书馆,1957.

97. 绍兴县修志委员会. 绍兴县志资料:第一辑（二）[M]. 台北:成文出版社,1983.

98. 沈津. 美国哈佛大学哈佛燕京图书馆中文善本书志[M]. 上海:上海辞书出版社,1999.

99. 施金炎. 中国书文化要览[M]. 长沙:湖南教育出版社,1992.

100. 施廷镛. 古籍珍稀版本知见录[M]. 北京:北京图书馆出版社(今国家图书馆出版社),2005.

101. 施廷镛. 中国古籍版本概要[M]. 天津:天津古籍出版社,1987.

102. 寺田隆信. 明代乡绅の研究[M]. 京都:京都大学学术出版会,2009.

103. 汪辟疆. 目录学研究[M]. 台北:文史哲出版社,1973.

104. 王国强. 明代目录学研究[M]. 中州古籍出版社,2000.

105. 王余光. 读书四观[M]. 武汉:崇文书局,2004.

106. 王重民. 中国目录学史论丛[M]. 北京:中华书局,1984.

107. 王重民.美国国会图书馆藏中国善本书目[M].台北:文海出版社,1972.

108. 吴晗.江浙藏书家史略[M].北京:中华书局,1981.

109. 香港中文大学图书馆.香港中文大学图书馆古籍善本书录[M].香港:中文大学出版社,1999.

110. 谢国桢.江浙访书记[M].北京:三联书店,2008.

111. 谢国桢.明末清初的学风[M].上海:上海书店,2004.

112. 徐海松.清初士人和西学[M].北京:东方出版社,2000.

113. 徐雁,王燕均.中国历史藏书论著读本[M].成都:四川大学出版社,1990.

114. 严倚帆.祁承㸁及澹生堂藏书研究[M].台北:花木兰文化工作坊,2005.

115. 严佐之.古籍版本学概论[M].上海:华东师范大学出版社,1989.

116. 杨立诚,金步瀛.中国藏书家考略[M].上海:上海古籍出版社,1987.

117. 杨艳琪.祁彪佳与《远山堂曲品·剧品》研究[M].北京:中国戏剧出版社,2007.

118. 姚名达.中国目录学史[M].上海:上海古籍出版社,2005.

119. 叶德辉.书林清话[M].北京:中华书局,1957.

120. 叶德辉.郋园读书志[M].台北:明文书局,1990.

121. 余嘉锡.目录学发微[M].北京:中国人民大学出版社,2004.

122. 余英时.中国知识人之史的考察[M].桂林:广西师范大学出版社,2004.

123. 张舜徽.中国文献学[M].上海:上海古籍出版社,2009.

124. 赵前.明本[M].南京:江苏古籍出版社,2002.

125. 郑鹤声.中国史部目录学[M].上海:商务印书馆,1956.

126. 郑伟章,李万健.中国著名藏书家传略[M].北京:书目文献出版社(今国家图书馆出版社),1986.

127. 郑振铎.劫中得书记[M].上海:上海古籍出版社,2006.

128. 中国古籍善本书目编辑委员会.中国古籍善本书目[M].上海:上海古籍出版社,1985—1994.

129. 中国科学院图书馆.中国科学院图书馆藏中文古籍善本书目[M].北京:科学出版社,1994.

130. 周明初. 晚明士人心态及文学个案[M]. 北京:东方出版社,1997.

131. 周少川. 藏书与文化:古代私家藏书研究[M]. 北京:北京师范大学出版社,1999.

132. 周绍明. 书籍的社会史:中华帝国晚期的书籍与士人文化[M]. 北京:北京大学出版社,2009.

133. Shera,Jesse Hauk. Introduction to library science[M]. Littleton,Colo.:Libraries Unlimited,1976.

学术论文

1. 蔡彦. 留意桑梓集刊文献——绍兴县修志委员会整理祁氏史料述略[J]. 浙江高校图书情报工作,2010(1).

2. 唱春莲. 北京图书馆藏明代祁彪佳著作探究[J]. 北京图书馆馆刊. 1998(2).

3. 陈步京,李鸿翔. 藏书世家——祁承㸁及其澹生堂考究[J]. 图书馆工作与研究,2010(5).

4. 陈长文. 明代人事档案——进士登科录的刊刻、流布与珍藏[J]. 档案与建设,2007(8).

5. 陈蕙文. 晚明祁彪佳戏曲活动研究[D]. 中兴大学中国文学研究所硕士论文,2006.

6. 陈居渊. 清初的黄、吕之争与浙东学术[J]. 宁波党校学报,2004(6).

7. 陈居渊. 学术、学风与黄宗羲吕留良关系之新解[J]. 史学史研究,2006(2).

8. 陈少川,刘东民. 祁承㸁图书分类理论浅探[J]. 河北图苑,1991(4).

9. 陈少川. 祁承㸁藏书建设思想浅析[J]. 山东图书馆季刊,1988(1).

10. 陈学文. 论明清江南流动图书市场[J]. 浙江学刊,1998(6).

11. 范凤书. 中国古代私家藏书概述[J]. 书与人,1997(4).

12. 顾志华. 祁承㸁在历史文献整理工作中的贡献[J]. 华中师范大学学报(哲社版),1988(4).

13. 韩文宁. 明清江浙藏书家的主要功绩和历史局限[J]. 东南文化,1997(2).

14. 洪有丰. 清代藏书家考[J]. 图书馆季刊,1926,1(1).

15. 胡明. 明清藏书楼建筑设计文化[J]. 津图学刊,1998(2).

16. 胡玉冰.《宋西事案》考略[J]. 民族研究,2005(2).

17. 胡玉冰. 明朝汉文西夏史籍述略[J]. 宁夏社会科学,2001(11).

18. 黄权才. 祁承㸁藏书建设理论之三说[J]. 图书馆学刊,1987(3).

19. 黄裳. 跋祁承㸁《两浙古今著作考》稿本[J]. 中国文化,1992(2).

20. 黄裳. 淡生堂二三事[J]. 社会科学战线,1980(4).

21. 黄裳:祁承㸁家书跋[J]中华文史论丛,第三十二辑.

22. 况能富. 中国十五至十八世纪图书馆学思想论要[J]. 武汉大学学报,1984(4).

23. 李薇. 浙江著名学者祁承㸁述略[J]. 中国历史文物,1991(1).

24. 李宗侗. 赵东潜旷亭读书图歌注[J]. 华冈学报二期,1965(12):235—245.

25. 刘东民. 祁承㸁图书分类理论浅析[J]. 图书与情报,2003(2).

26. 刘勇强. 明清私家书目著录的通俗小说戏曲[J]. 中国典籍与文化,1995(1).

27. 卢贤中. 略评祁承㸁的藏书与分类理论[J]. 大学图书情报学刊,1995(4).

28. 罗友松,朱浩. 互著与别裁的理论探讨始于谁[J]. 图书馆杂志,1982(1).

29. 罗友松,萧林来. 黄宗羲藏书考[J]. 华东师大学报,1980(4).

30. 孟丽娟. 明清时期商品经济发展对编辑出版的影响[J]. 安徽文学,2010(6).

31. 牛红亮. 祁承㸁的澹生堂藏书及其目录学思想[J]. 图书馆建设,2000(4).

32. 钱亚新. 祁承㸁——我国图书馆学的先驱[J]. 图书馆,1962.

33. 秦佩珩. 祁承㸁及其《澹生堂藏书谱》[J]. 河南图书馆学刊,1985(2).

34. 沈津. 明代坊刻图书之流通与价格[J]. 国家图书馆馆刊,1996(1).

35. 舒炎祥. 祁承㸁藏书理论简析[J]. 绍兴文理学院学报,2004(2).

36. 寺田隆信. 紹興祁氏の「澹生堂」について[C]//东方学会创立四十周年纪念东方学论集. 东京:东方学会,1987.

37. 王国强. 中国古代书目著录中的互著法和别裁法[J]. 郑州大学学报,2002(7).

38. 王俊义. 全祖望《小生堂祁氏遗书记》[J]. 社会科学战线,2006(3).

39. 王慕东. 丛书在目录学中地位的确立[J]. 图书与情报,2001(1).

40. 王日根. 论明清时期的商业发展与文化发展[J]. 厦门大学学报(哲学社会科学版),1993(1).

41. 王伟凯.明代图书的国内流通[J].社会科学辑刊,1996(2).

42. 王新田.澹生堂藏书聚散考[J].江苏大学学报(高教研究版),1999(3).

43. 王延荣,朱元桂.澹生堂主人祁承爜"爜"字音义考辨[J].绍兴文理学院学报,2008(9).

44. 王燕飞.祁氏澹生堂藏书小识——澹生堂重建四百年祭[J].绍兴文理学院学报,2002(3).

45. 王艺.明代私家目录体例之研究[J].四川图书馆学报,1989(2).

46. 温显贵.丛书在目录学上的地位初探[J].湖北大学学报(哲学社会科学版),1999(7).

47. 吴金敦.祁承爜目录学思想探析[J].四川图书馆学报,2008(6).

48. 吴哲夫.祁承爜澹生堂藏书印章[J].故宫文物,1989(7).

49. 席龙飞,何国卫.马欢《瀛涯胜览》明代淡生堂抄本寻访记[J].海交史研究,2005(1).

50. 袭成发.杭州刻书在出版史上的地位[J].晋图学刊,1987(1).

51. 项士元.浙江藏书家考略[J].文澜学报,第3卷,第1期.

52. 萧碧云.藏书史上两部颇有价值的专著——《澹生堂藏书约》、《藏书记要》述评[J].阜阳师范学院学报(社科版),1996(2).

53. 肖东发,袁逸.略论中国古代官府藏书与私家藏书[J].图书情报知识,1999(1).

54. 肖东发.私家刻书的源流及特点——中国古代出版印刷史专论之八[J].编辑之友,1991(6).

55. 谢德雄.元明两代官修目录之简率及其原因[J].图书馆杂志,1985(3).

56. 谢国桢.明清时代的目录学[J].历史教学1980(3).

57. 谢彦卯.明代图书市场初探[J].图书馆理论与实践,2006(3).

58. 徐凌志.中国古代的藏书保护理念及措施[J].江西图书馆学刊,2006(4).

59. 徐雁."难得几世好书人"——关于吕留良手札残卷的考定[J].吴中学刊,1995(3).

60. 徐雁.中国古旧书业[J].东方文化,2003.

61. 严迪昌.谁翻旧事作新闻——杭州小山堂赵氏的"旷亭"情结与《南宋杂事

诗》[J].文学遗产,2000(6).

62. 杨军.明代翻刻宋本出版兴盛的社会文化背景探析[J].图书与情报,2008(1).

63. 姚旭峰."忙处"与"闲处"——晚明官场形态与江南"园林声伎"风习之兴起[J].福建师范大学学报(哲学社会科学版),2008(1).

64. 杨绍溥.明季江阴祁氏家族述略[J].求是学刊,1993(6).

65. 杨艳琪.祁彪佳研究史略[J].北京印刷学院学报.2003(4).

66. 杨艳秋.明代目录著作中的史部分类[J].中国典籍与文化,2006(1).

67. 杨祖逖.论明末私家藏书思想的进步[J].图书馆理论与实践,2006(4).

68. 袁同礼.明代私家藏书概略[J].图书馆学季刊,1927,2(1).

69. 袁同礼.清代私家藏书概略[J].图书馆学季刊,1926,1(1).

70. 袁逸.明后期我国私人刻书业资本主义因素的活跃与表现[J].浙江学刊,1989(3).

71. 张敏慧.丛书的起源、发展及其目录学意义[J].江淮论坛,2003(4).

72. 张木早.中国古代私藏典籍的收集[J].中国图书馆学报,1996(4).

73. 张能耿,单家琇.祁承爍和藏书楼澹生堂[J].书城,1996(2).

74. 张玮.明代藏书家祁承爍的采访思想[J].国家图书馆学刊,2010(4).

75. 钟鸣旦,杜鼎克.简论明末清初耶稣会著作在中国的流传[J].史林,1999(2).

76. 周飞越.明代藏书事业繁荣的政治因素探究[J].新世纪图书馆,2010(3).

77. 周彦文.千顷堂书目研究[D].东吴大学中国文献研究所博士论文,1985.

78. 朱冬芝.一个明末士绅的社交生活:祁彪佳的交游、社群与地方活动[D].暨南国际大学硕士论文,2006.

79. 朱冬芝.寓园于乡:祁彪佳的园林书写[J].中极学刊,2008(6).

80. 邹桂香,李姝娟.晚明西学传播的文化氛围[J].图书与情报,2006(5).

附录1 澹生堂藏书知见录

1. 题名:安定先生周易系辞

   责任者:(宋)胡瑗(撰)

   卷/册数:二卷,附说卦一卷,序卦一卷,杂卦一卷

   版本:(明)山阴祁氏澹生堂蓝格抄本

   馆藏/出处:上海图书馆;复旦大学图书馆

2. 题名:安雅堂集

   责任者:(元)陈旅(撰)

   卷/册数:十三卷

   版本:(明)祁氏澹生堂抄本

   馆藏/出处:国家图书馆

   载体形态:十行二十字,白口,左右双边。

3. 题名:半江赵先生文集

   责任者:(明)赵宽(撰);王守仁(序);(明)费宏(序);(明)徐师曾(序)

   卷/册数:十五卷/六册,附录一卷

   版本:明嘉靖四十年(1561)吴江赵氏家刊本

   馆藏/出处:台湾汉学研究中心

   载体形态:左右双边。每半叶九行,行十七字。左右双栏,版心白口,单白鱼尾。藏印:"澹生堂藏书印"朱文长方印、"吴兴刘氏嘉业

堂藏"朱文长方印、"慈溪耕余楼藏"朱文长方印、"冯氏辨斋藏书"白文方印、"祁氏家藏"朱文长方印。

4. 题名：栟榈先生文集

责任者：(宋)邓肃(撰)；(清)丁丙(跋)

卷/册数：二十五卷/四册

版本：(明)祁氏淡生堂抄本①

馆藏/出处：南京图书馆

载体形态：十行二十字，蓝格，版心有"淡生堂抄本"五字。钤印：澹生堂经籍记、旷翁手识、子孙世珍、山阴祁氏藏书之章。

5. 题名：潮溪先生扪虱新话

责任者：(宋)陈善(撰)；(清)黄丕烈(校跋)；(清)丁丙(跋)

卷/册数：十五卷/四册

版本：(明)祁氏澹生堂抄本

馆藏/出处：南京图书馆

载体形态：十行二十字，单鱼尾。

6. 题名：楚汉余谈

责任者：(明)高岱(撰)；(明)祁骏佳抄录；(清)丁丙(跋)

卷/册数：一卷/一册

版本：(明)祁氏澹生堂抄本

馆藏/出处：南京图书馆

---

① 卷一至十一、十七至二十五配清抄本。

载体形态:版心"淡生堂抄本"字样,十行二十字,四周单边,前有祁承爍小引。

7. 题名:大象义述

责任者:(明)王畿(撰);(明)徐阶(序)

卷/册数:一卷/一册

版本:明刊本

馆藏/出处:台湾汉学研究中心

载体形态:九行十八字。双栏,版心白口,单白鱼尾,上刻书名"大象义述",中刻叶次。藏印:"澹生堂中储经籍主人手校无朝夕讀之欣然忘饮食典衣市书恒不给后人但念阿翁癖子孙益之守弗失旷翁铭"朱文方印、"澹生堂经籍记"朱文长方印、"旷翁手识"白文方印、"子孙世珍"朱文圆印、"山阴祁氏藏书之章"白文方印等。

8. 题名:丹崖集

责任者:(明)唐肃(撰)

卷/册数:八卷,附录一卷

版本:(明)祁氏澹生堂抄本

馆藏/出处:上海图书馆

载体形态:十行二十字,蓝格。

9. 题名:澹生堂藏书目

责任者:(明)祁承爍(藏并撰);(清)丁丙(跋)

卷/册数:不分卷

版本:稿本

馆藏/出处:南京图书馆

载体形态:十行二十字,兰格,白口,四周单边。

丁丙跋:"《澹生堂藏书谱》八册,《藏书训略》二册,原写本。是书为山阴祁承㸁所编,此则旷翁原本。每叶十六行,上截载书名,下截分两行,载卷册撰人姓氏,蓝格竹纸。版心刊澹生堂藏书目,更有澹生堂经籍记、旷翁手识、山阴祁氏藏书之章、子孙世珍等印。前有郭子章、周汝登、沈淮、李维祯、杨鹤、马之骏、商家梅、钱允治、姜逢元、陈元素、管珍、朱篁诸叙跋,且摹其书而钤以图章焉。并有旷翁自序。"

10. 题名:澹生堂丛钞二十一种

　　卷/册数:三十六卷

　　版本:(明)祁氏澹生堂蔬水轩抄本

　　馆藏/出处:上海图书馆

11. 题名:澹生堂集

　　责任者:(明)祁承㸁撰;(明)陈继儒(序);(明)范允临(序)

　　卷/册数:二十一卷/三十六册

　　版本:明崇祯癸酉(六年)山阴祁氏家刊本

　　馆藏/出处:台北"故宫博物院"图书馆

12. 题名:澹生堂诗文钞

　　馆藏/出处:黄裳藏书

13. 题名:澹生堂书目

　　责任者:(明)祁承㸁(藏并撰);李冬涵(跋)

　　卷/册数:不分卷

　　馆藏/出处:中山大学图书馆

14. 题名:淡生堂余苑

　　责任者:(清)钱天树(跋)

　　卷/册数:一百八十七种,七百一卷

　　版本:(明)祁氏淡生堂抄本(太玄,明蔬水轩抄本)

15. 题名:澹生堂外集宋贤杂佩

　　卷/册数:一卷

　　版本:明刻本

　　馆藏/出处:国家图书馆

　　载体形态:八行二十字,白口,四周双边。

16. 题名:滇载记

　　责任者:(明)杨慎(撰)

　　卷/册数:一卷

　　版本:(明)祁氏澹生堂蓝格钞本

　　馆藏/出处:上海图书馆

17. 题名:蝶庵道人清梦录

　　责任者:(明)顾成宪(撰);(明)祁骏佳(抄录);(清)丁丙(跋)

　　卷/册数:一卷/一册

版本:(明)祁氏澹生堂抄本

馆藏/出处:南京图书馆

载体形态:十行二十字,蓝格,四周单边。版心下镌"淡生堂抄本"。

18. 题名:读周易

责任者:(宋)方实孙(撰)

卷/册数:二十一卷/十册

版本:祁氏澹生堂校钞本

馆藏/出处:香港大学冯平山图书馆

19. 题名:对床夜语①

责任者:(宋)范晞文(撰);(明)祁承㸁(跋);(清)张载华(校);(清)丁丙(跋)

卷/册数:五卷/二册

版本:(明)祁氏澹生堂抄本

馆藏/出处:上海图书馆

载体形态:十行二十字。

20. 题名:范德机诗集

责任者:(元)范梈(撰)

卷/册数:七卷

版本:(明)祁氏澹生堂抄本

① 又记《对床夜话》。

馆藏/出处:杭州大学图书馆

21. 题名:傅与砺文集

责任者:(元)傅若金(撰);(清)丁丙(跋)

卷/册数:十一卷①,附录一卷

版本:(明)祁氏澹生堂抄本

馆藏/出处:南京图书馆

载体形态:十行二十字,蓝格,四周单边。版心下镌"淡生堂抄本"。钤印有"澹生堂经籍记""旷翁手识""子孙世珍""山阴祁氏藏书之章"及"御儿吕氏讲习堂经籍图书"。

22. 题名:艮斋先生薛常州浪语集

责任者:(宋)薛季宣(撰);(清)丁丙(跋)

卷/册数:三十五卷/十二册

版本:(明)祁氏澹生堂抄本②

馆藏/出处:南京图书馆

载体形态:十行十九字至二十字,蓝格,版心有"淡生堂抄本"五字。钤印有:"山阴祁氏藏书之章""澹生堂经籍记""旷翁手识""子孙世珍"及"澹生堂中储经籍,主人手校无朝夕,读之欣然忘饮食,典衣市书恒不给,后人但念阿翁癖,子孙益之守弗失,旷翁铭"。丁丙跋:"此淡生堂旧籍,复取架上残本,补缀抄全免致丙残而弃,殊可嘉也。"

---

① 卷一至五配清抄本。

② 卷三至二十二、二十七至二十九、三十二至三十三配清抄本。

23. 题名:贡礼部玩斋集

责任者:(元)贡师泰(撰)

卷/册数:十卷①

版本:(明)祁氏澹生堂抄本

馆藏/出处:国家图书馆

载体形态:十行十八字至二十字,白口,四周单边。

24. 题名:乖崖先生文集

责任者:(宋)张咏(撰);(清)丁丙(跋)

卷/册数:十二卷,附录一卷

版本:(明)祁氏澹生堂抄本②

馆藏/出处:南京图书馆

载体形态:十行二十字。版心下方记淡生堂钞本。钤印有澹生堂经籍记、旷翁手识、子孙世珍、山阴祁氏藏书之章。

25. 题名:管窥小识

卷/册数:四卷/一册

版本:(明)山阴祁氏澹生堂蓝格钞本

馆藏/出处:台北"故宫博物院"图书馆

26. 题名:广笔畴

责任者:(明)祁骏佳(录);(明)祁承爜(跋);(清)丁丙(跋)

卷/册数:一卷

---

① 存卷四至七,凡四卷。

② 卷一至七配清抄本。台湾汉学研究中心藏卷一至卷七。

版本:(明)祁氏澹生堂抄本

馆藏/出处:南京图书馆

载体形态:蓝格白纸,十行二十字,版心有"淡生堂抄本"字样。有祁承㸁前记一篇,钤印有"山阴祁氏藏书之章""澹生堂藏书记""子孙世珍"及"澹生堂中储经籍,主人手校无朝夕,读之欣然忘饮食,典衣市书恒不给,后人但念阿翁癖,子孙益之守弗失,旷翁铭"方圆大小四印,及"八千卷楼藏书记"。

27. 题名:国朝名臣事略

　　责任者:(元)苏天爵(辑);(清)黄丕烈校跋并抄补缺叶

　　卷/册数:十五卷/四册

　　版本:(明)祁氏澹生堂抄本

　　馆藏/出处:国家图书馆

　　载体形态:八行十八字,白口,四周单边。

28. 题名:汉泉曹文贞公诗集

　　责任者:(元)曹伯启(撰)

　　卷/册数:十卷,文集后录一卷

　　版本:(明)山阴祁氏澹生堂蓝格抄本

　　馆藏/出处:上海图书馆

　　载体形态:十行二十字,蓝格。

29. 题名:河南先生文集

　　责任者:(宋)尹洙撰;(明)祁承㸁(校);(清)莫尔昌(题识)

卷/册数:二十七卷①,附录一卷

版本:(明)祁氏澹生堂抄本

馆藏/出处:上海图书馆

载体形态:十行十八字,蓝格。

30. 题名:鸿庆居士文集

责任者:(宋)孙觌(撰)

卷/册数:四十二卷

版本:(明)祁氏澹生堂钞本

馆藏/出处:上海图书馆

31. 题名:滹南遗老王先生文集

责任者:(金)王若虚(撰)

卷/册数:四十五卷,续集一卷

版本:(明)澹生堂蓝格钞本

馆藏/出处:中国科学院图书馆

载体形态:十行,白口,四周单边。

32. 题名:黄杨集

责任者:(元)华幼武(撰)

卷/册数:六卷/二册

版本:(明)山阴祁氏澹生堂蓝格钞本

馆藏/出处:台湾"故宫博物院"图书馆

---

① 存卷八至二十七,凡二十卷。

33. 题名:会试硃卷

　　责任者:(明)祁承爜撰

　　卷/册数:一卷

　　版本:祁氏淡生堂抄本

　　馆藏/出处:南京图书馆

　　载体形态:双鱼尾,钤黄裳印。

34. 题名:金石录

　　责任者:(宋)赵明诚(撰)

　　卷/册数:三十卷①

　　版本:(明)祁承爜澹生堂抄本

　　馆藏/出处:洛阳市图书馆

35. 题名:经子难字

　　责任者:二卷/二册

　　卷/册数:(明)杨慎(撰);(明)王尚脩(序)

　　版本:(明)山阴祁氏澹生堂蓝格钞本

　　馆藏/出处:台湾汉学研究中心

　　载体形态:四周单边。每半叶十行,行二十一字,注文小字双行,字数同。版心花口,上方记书名,如"经子难字",中间记叶次,下方印有"淡生堂抄本"字样。卷之下第二十二叶叶码重复,唯内文未重复。藏印:"淮阳张氏崇素堂藏书"朱文方印、"介圃收藏"朱文长方印、"次柳所藏秘本"朱文长方印、"张凯印"白文方印、"二树

---

　　①　存一至五、十九至三十卷,凡十七卷。

书画之印"朱文长方印、"张凯私印"白文方印等。

36. 题名:九经疑难

责任者:(宋)张文伯(撰)、(清)钱东垣(跋)、(清)严元照(跋并题诗)

卷/册数:十卷①/二册

版本:澹生堂钞本

馆藏/出处:国家图书馆

载体形态:十行二十字,蓝格,白口,四周单边。

37. 题名:九夷古事

责任者:(明)况叔祺(撰)

卷/册数:一卷

版本:(明)祁氏澹生堂抄本

馆藏/出处:国家图书馆

载体形态:十行二十字,白口,四周单边。

38. 题名:会稽掇英总集

责任者:(宋)孔延之(编)

卷/册数:二十卷/二册

版本:(明)山阴祁氏澹生堂钞本

馆藏/出处:台湾汉学研究中心

载体形态:每半叶十行,行二十字。单栏。藏印:"介圃收藏"朱文

---

① 存一至四卷,凡四卷。

长方印、"朱印学勤"白文方印、"修伯"朱文方印、"唐栖朱氏结一庐图书"朱文方印、"翰林院印"汉满朱文大方印等。

39. 题名:愧郯录

　　责任者:(宋)岳珂(撰)

　　卷/册数:十五卷①

　　版本:(明)祁氏澹生堂蓝格钞本

　　馆藏/出处:上海图书馆

40. 题名:乐全先生文集

　　责任者:(宋)张方平(撰);(宋)苏轼(序)

　　卷/册数:四十卷,附行状一卷

　　版本:(明)山阴祁氏澹生堂蓝格钞本

　　馆藏/出处:国家图书馆存卷十七至十九,凡三卷。台湾汉学研究中心收录三十七卷,缺卷十七至十九。

　　载体形态:四周单边。每半叶十行,行二十字,注文小字双行,字数不等。版心花口,无鱼尾,蓝格。版心下方记"淡生堂抄本"。

41. 题名:类说

　　责任者:(宋)曾慥(撰)

　　卷/册数:五十卷/三十册

　　版本:(明)山阴祁氏澹生堂蓝格钞本

　　馆藏/出处:台湾汉学研究中心

---

① 存一至七卷,凡七卷。

载体形态:四周单边,十行二十字。注文小字双行,字较小,每行约三十余字不等。板心上方题"曾氏类说卷之几",中央记叶次,下端则印有"淡生堂抄本"字样。钤有:"天籁阁"朱文长方印、"黄冈刘氏绍炎过眼""黄冈刘氏校书堂藏书记""珊瑚阁珍藏印"朱文长方印。

42. 题名:梨狱诗集

　　责任者:(唐)李频(撰);(清)丁丙(跋)

　　卷/册数:一卷,附录一卷/一册

　　版本:(明)祁氏澹生堂抄本

　　馆藏/出处:南京图书馆

　　载体形态:十行二十字,蓝格白口,四周单边。版心下镌"淡生堂抄本"。钤印有"澹生堂经籍记""旷翁手识""子孙世珍""山阴祁氏藏书之章"及"御儿吕氏讲习堂经籍图书。"

43. 题名:丽泽论说集录

　　责任者:(宋)吕祖谦(撰);(宋)吕乔年(编)

　　卷/册数:十卷/八册

　　版本:宋嘉泰四年(1204)刊明南监修补本

　　馆藏/出处:台湾汉学研究中心

　　载体形态:每半叶十行,行二十字。左右双栏。版心白口,双鱼尾,上记大小字数,下记刻工名。"原刻:周份、杨先、赵中、史永、张仲辰、吴春、刘昭、宋琚等。修补:李思贤、朱宽"。卷末有明国子监修版跋文,但末行被剜去,未知修补年代。藏印:"山阴祁氏藏书之章""旷翁手识""澹生堂经籍记""雪川许氏怀辛斋图籍""怀辛居士""博明鉴藏""许怀辛收集书画印记"(许厚基)"抱经楼""余园藏书"。

44. 题名:两浙古今著作考

　　责任者:(明)祁承㸁(撰)

　　卷/册数:十五册

　　版本:稿本

　　馆藏/出处:黄裳藏书

　　载体形态:蓝格竹纸,白口,单栏,十行,二十字。板心下有"澹生堂抄本"五字。

45. 题名:临安集

　　责任者:(明)钱宰(撰)

　　卷/册数:诗五卷,文五卷

　　版本:(明)祁氏澹生堂抄本

　　馆藏/出处:国家图书馆

　　载体形态:十行二十四字,蓝格,白口,四周单边。

46. 题名:麟角集

　　责任者:(唐)王棨(撰)

　　卷/册数:一卷,附录省题诗一卷

　　版本:(明)祁氏澹生堂抄本

　　馆藏/出处:四川省图书馆

　　载体形态:十行二十字,白口蓝格,四周单边。

47. 题名:论语解①

   责任者:(宋)尹焞(撰);(清)韩应陛(跋)

   卷/册数:不分卷

   版本:(明)祁氏澹生堂抄本

   馆藏/出处:国家图书馆

48. 题名:漫堂随笔

   版本:(明)祁氏澹生堂抄本

49. 题名:明州阿育王山志②

   版本:明万历刻本

   馆藏/出处:绍兴图书馆

50. 题名:牧津

   责任者:(明)祁承爜(撰)

   卷/册数:四十四卷

   版本:(明)天启四年刻本

   馆藏/出处:湖北省图书馆藏

   载体形态:半页九行,行十八字,白口,鱼尾,四周单边。版心镌书
   名、类目、卷次、页码。

---

① 根据《文禄堂访书记》记载,澹生堂藏书中有《尹和靖论语解》(尹焞,号
和靖处士)二卷,所经藏书家有汪士钟、韩德均钱润文夫妇等,应为此部。

② 唐微.绍兴图书馆古籍善本收藏概况及其特色[J].图书馆研究与工作,
2009(1).

51. 题名:南窗纪谈
    版本:(明)祁氏澹生堂抄本

52. 题名:南阳集
    责任者:(宋)韩维(撰)
    卷/册数:三十卷;附录一卷
    版本:(明)祁氏澹生堂抄本
    馆藏/出处:上海图书馆
    载体形态:十行十八字,蓝格。

53. 题名:南野闲居录
    版本:(明)祁氏澹生堂抄本

54. 题名:南诏野史
    责任者:(明)倪辂(撰)
    卷/册数:一卷
    版本:(明)祁氏澹生堂蓝格钞本
    馆藏/出处:上海图书馆

55. 题名:栖碧先生黄杨集①
    责任者:(明)祁氏澹生堂抄本
    卷/册数:六卷/四册

---

① 是集有两本,繁简不同。一为玄孙守方辑本,凡六卷,淡生堂本多诗文二百十四首,俱详《藏园群书题记续集》卷五页四下。另有幼武仲子公恺辑本,三卷补遗一卷,为幼武十世孙与进所刻,诸家本道及,在公恺辑本中,亦罕传之本也。

馆藏/出处:美国国会图书馆

56. 题名:祁承㸁家书

责任者:(明)祁承㸁(撰)

卷/册数:不分卷/一册

版本:稿本

馆藏/出处:南京图书馆

57. 题名:群书丽句

馆藏/出处:台湾汉学研究中心

58. 题名:萨天锡诗集

责任者:(元)萨都剌(撰)

卷/册数:六卷①

版本:(明)祁氏澹生堂抄本

馆藏/出处:国家图书馆

载体形态:十行十八字,蓝格,白口,四周单边。版心下镌"淡生堂抄本"。

59. 题名:三易备遗

责任者:(宋)朱元升(撰);(宋)林千之(序);(宋)朱士立(跋)

卷/册数:十卷/二册

版本:乾隆三十八年(1773)浙江巡抚进呈明澹生堂蓝格钞本

----

① 存卷一至二。

馆藏/出处:台湾汉学研究中心

载体形态:正文卷端题"三易备遗卷之一,东嘉朱元升日华述"序:
"癸巳腊月朔林千之能一序","咸淳庚午冬至朱元升序"跋:"元贞
乙未立春日男士立百拜谨志"十行,行二十字。版心花口,上记书
名卷第,中记叶次,下题"淡生堂抄本"。藏印:"臣昀臣锡熊恭阅"
朱文长方印、"澹生堂经籍记"朱文长方印、"旷翁手识"白文方印、
"子孙世珍"朱文圆印、"山阴祁氏藏书之章"白文方印、"翰林院
印"汉满朱文大方印、"礼培私印"白文方印、"扫尘斋积书记"朱文
方印、"介圃收藏"朱文长方印、"小招隐馆"白文方印、"湘乡王氏
秘籍孤本"朱文长方印等。

60. 题名:沈先生春秋比事

　　责任者:二十卷/十册

　　卷/册数:(宋)沈棐(撰)

　　版本:(明)祁氏澹生堂抄本

　　馆藏/出处:国家图书馆

　　载体形态:十行二十字,白口,四周单边。

61. 题名:师山先生文集

　　责任者:(元)郑玉(撰)

　　卷/册数:八卷,遗文五卷

　　版本:(明)祁氏澹生堂抄本

　　馆藏/出处:国家图书馆

　　载体形态:十行二十字,白口,四周单边。

62. 题名:诗话补遗

　　责任者:(明)杨慎(撰)

　　卷/册数:三卷

　　版本:(明)祁氏澹生堂抄本

　　馆藏/出处:国家图书馆

　　载体形态:十行二十字,蓝格,白口,四周单边。版心下镌澹生堂抄本。

63. 题名:诗辑

　　责任者:(宋)严粲(撰)

　　卷/册数:一卷

　　版本:(明)祁氏澹生堂抄本

　　馆藏/出处:国家图书馆

　　载体形态:十行二十字,白口,四周单边。

64. 题名:石屏诗集

　　责任者:(宋)戴复古(撰)

　　卷/册数:十卷

　　版本:(明)祁氏澹生堂钞本

　　馆藏/出处:北京大学图书馆

　　载体形态:十行十九至二十字。

65. 题名:诗总闻

　　责任者:(宋)王质(撰)

　　卷/册数:二十卷

版本:(明)山阴祁氏澹生堂蓝格钞本

馆藏/出处:上海图书馆

66. 题名:书蔡氏传纂疏六卷卷首

责任者:(宋)蔡沈(集传);(元)陈栎(疏)

卷/册数:一卷/七册

版本:(明)山阴祁氏澹生堂传钞元泰定间梅溪书院刊本

馆藏/出处:台湾汉学研究中心

载体形态:四周单边。每半叶十行,行二十字,夹注双行字数同。版心白口,其上方记书名"书集传",不记卷第,也无鱼尾,中间记叶次。下方则淡淡地印有"淡生堂抄本"。藏印:"山阴祁氏藏书之章"白文方印、"澹生堂经籍记"朱文长方印、"旷翁手识"白文方印、"澹生堂中储经籍,主人手校无朝夕,读之欣然忘饮食,典衣市书恒不给,后人但念阿翁癖,子孙益之守弗失,旷翁铭"朱文方印、"子孙世珍"朱文圆印、"曹溶之印"白文方印、"洁躬"朱文方印、"介圃收藏"朱文长方印、"鉏菜翁"朱文方印、"马玉堂"白文方印、"笏斋"朱文方印等。

67. 题名:顺斋先生闲居丛稿

责任者:(元)蒲道源(撰);翁同龢(题签)

卷/册数:二十六卷

版本:(明)祁氏澹生堂抄本①

馆藏/出处:上海图书馆

---

① 四库底本。

68. 题名:宋西事案

责任者:(明)祁承爜(撰)

卷/册数:二卷

版本:(明)天启刻本

馆藏/出处:南京图书馆

69. 题名:唐百家诗存

责任者:(明)朱警(重编);(明)徐献忠(序)

卷/册数:一百五十五卷①/三十二册,附唐诗品一卷

版本:明嘉靖间(1522—1566)刊本

馆藏/出处:台湾汉学研究中心

载体形态:每半叶十行,行十八字,左右双栏。版心白口,单黑鱼尾。藏印:"澹生堂经籍记"朱文长方印、"旷翁手识"白文方印、"子孙世珍"朱文圆印、"山阴祁氏藏书之章"白文方印、"筱东所藏"朱文方印、"闲闲轩珍藏"白文方印。

70. 题名:唐骆先生文集

责任者:六卷/六册

卷/册数:(唐)骆宾王(撰);(明)虞九章等(订释)

版本:明万历十九年(1591)刻本

馆藏/出处:天津图书馆

载体形态:九行十八字,白口左右双边单白鱼尾。版心下镌刻工:范子章…[等]版心上镌:骆先生文集。有"山阴祁氏藏书之章"

---

① 王勃等十三家卷数不全,合计缺十六卷。

"澹生堂经籍记"诸印①。

71. 题名:《通鉴前编》十八卷,举要二卷,首一卷

责任者:(宋)金履祥(撰);(明)吴勉学(校)

卷/册数:二十册

版本:明吴勉学刻本

馆藏/出处:国家图书馆

载体形态:十行二十字,小字双行同白口,左右双边,单鱼尾,有朱笔圈点,祁承爜手批

72. 题名:万历大政类编

卷/册数:不分卷

版本:(明)祁氏澹生堂远山堂抄本

馆藏/出处:国家图书馆

载体形态:十行二十字,蓝格,白口,四周单边。

73. 题名:温公琐语

责任者:司马光

版本:(明)祁氏澹生堂抄本

74. 题名:闻过斋集

责任者:(元)吴海(撰);(清)马瑗(跋)

卷/册数:四卷/二册

---

① 版本参据《中国科学院图书馆中文古籍善本书目》第412页。

版本:(明)山阴祁氏澹生堂钞本

馆藏/出处:国家图书馆

载体形态:十行二十字,蓝格,白口,四周单边。

75. 题名:咸平集

责任者:(宋)田锡(撰);(清)彭元瑞(跋)

卷/册数:三十卷/四册

版本:(明)山阴祁氏澹生堂钞本

馆藏/出处:国家图书馆

载体形态:十行二十字,白口,四周单边。

76. 题名:新刊地理紫囊书①

责任者:(明)赵祐(撰)

卷/册数:八卷

版本:明万历龚尧惠刻本

馆藏/出处:绍兴图书馆

载体形态:钤"澹生堂经籍记""子孙世珍""旷翁手识""山阴祁氏藏书之章"等章。祁承爜朱笔圈点。

77. 题名:许白云先生文集

责任者:(元)许谦(撰);(清)丁丙(跋)

卷/册数:四卷/二册

---

① 唐微.绍兴图书馆古籍善本收藏概况及其特色[J].图书馆研究与工作,2009(1).

版本:(明)祁氏澹生堂抄本①

馆藏/出处:南京图书馆

载体形态:十行十四字,蓝格,版心有"淡生堂抄本"字样。钤印有"旷翁手识""子孙世珍"及"山阴祁氏藏书之章"。

78. 题名:杨公笔谈

版本:(明)祁氏澹生堂抄本

79. 题名:养蒙先生文集

责任者:(元)张伯淳(撰);(明)祁承爜(校并跋)

卷/册数:十卷

版本:(明)山阴祁氏澹生堂抄本

馆藏/出处:上海图书馆

载体形态:十行二十字,蓝格。

80. 题名:易小传

责任者:(宋)沈该(撰);(清)沈复粲(跋);张钧衡(跋)

卷/册数:六卷;附系辞补注一卷

版本:(明)山阴祁氏澹生堂蓝格钞本

馆藏/出处:上海图书馆

81. 题名:瀛涯胜览

责任者:(明)马欢(撰)

---

① 卷三至四配清抄本。

卷/册数:一卷

版本:(明)祁氏澹生堂抄本

馆藏/出处:福建省图书馆

载体形态:蓝格,版心有"淡生堂抄本"字样。钤印:"澹生堂藏书印""子孙世珍""山阴祁氏藏书之章""龚少文收藏书画印""大通楼藏书印"。

82. 题名:云庄刘文简公文集

责任者:二十卷

卷/册数:(宋)刘爚(撰)

版本:(明)祁氏澹生堂抄本①

馆藏/出处:国家图书馆

载体形态:十行二十字,白口,四周单边。

83. 题名:在野集

责任者:(明)袁凯(撰);(清)丁丙(跋)

卷/册数:二卷/一册

版本:(明)祁氏澹生堂蓝格抄本

馆藏/出处:南京图书馆

载体形态:十行二十字,蓝格,版心下镌"淡生堂抄本"。丁丙称"极为珍慕"。

---

① 四库底本。卷十六配清抄本。

84. 题名:张乖崖先生行文录

　　责任者:(宋)张咏(撰)

　　卷/册数:三卷,遗文录三卷

　　版本:(明)祁氏澹生堂抄本

　　馆藏/出处:华东师范大学图书馆

85. 题名:真率纪事

　　版本:(明)祁氏澹生堂抄本

86. 题名:周翰林近光集

　　责任者:(元)周伯琦(撰);(清)丁丙(跋)

　　卷/册数:三卷,扈从诗一卷,补遗一卷

　　版本:(明)祁氏澹生堂抄本

　　馆藏/出处:南京图书馆

　　载体形态:十行十九字,蓝格。版心下镌"淡生堂抄本"。钤印有
"澹生堂经籍记""旷翁手识""子孙世珍""山阴祁氏藏书之章"及
"御儿吕氏讲习堂经籍图书"。

87. 题名:周益公文集

　　责任者:(宋)周必大(撰),(清)瞿镛(校并跋)

　　卷/册数:二百卷/一百册①,附年谱一卷,附录五卷

　　版本:(明)祁氏澹生堂钞本

　　馆藏/出处:国家图书馆

---

①　年谱一卷(宋)周纶撰;附录五卷,瞿镛校并跋。

载体形态:十行二十字,白口,蓝格,左右双边。

88. 题名:周易义海撮要

责任者:(宋)李衡(撰)

卷/册数:十二卷/三册①

版本:(明)祁氏澹生堂抄本

馆藏/出处:国家图书馆

载体形态:十行二十字,白口,四周单边。

---

① 附诗辑一卷。国家图书馆另藏有十二卷抄本,九行二十字,蓝格,白口,四周单边。

附录2　祁承㸁大事年表

1563年,嘉靖四十二年癸亥,祁承㸁出生。

1568年,隆庆二年戊辰,祁承㸁六岁,祖父祁清赴陕西布政使任。

1570年,隆庆四年庚午,祁承㸁八岁,祖父祁清病逝,享年五十九岁①。

1572年,隆庆六年壬申,祁承㸁十岁,父祁汝森病逝,享年三十三岁。
又三月,其弟祁承勋出生②。

1585年,万历十三年乙酉,祁承㸁首次参加乡试。

1593年,万历二十一年癸已,祁承㸁读书于山中云门僧房。

1594年,万历二十二年甲午,祁承㸁三十二岁。祖母沈氏、母亲金氏相
继去世。

1597年,万历二十五年丁酉,祁承㸁三十五岁,收集藏书已十余年。是
年冬日,载羽堂藏书全部毁于祝融。

1599年,万历二十七年己亥,祁承㸁三十七岁。夏,北上燕京,游金山、
广陵等地,做《金山记游》,沿途赴书肆访书。

1600年,万历二十八年庚子,祁承㸁三十八岁。秋,中举人。

1601年,万历二十九年辛丑,祁承㸁三十九岁。应试归乡重病,愈后拜
师周汝登。是年,兴建密园及澹生堂。

1602年,万历三十年壬寅,祁承㸁四十岁。十一月二十二日,四子祁彪

---

① 见祁承㸁《澹生堂集》卷十五《先祖考通奉大夫陕西布政使蒙泉府君暨先
祖妣金太夫人行实》。

② 见祁承㸁《澹生堂集》卷十五《先考文林郎直隶苏州府长洲县秋宇府君暨
先妣沈孺人行实》。

佳出生。

1604 年,万历三十二年甲辰,祁承爜四十二岁,中进士。

1605 年,万历三十三年乙巳,祁承爜四十三岁,选宁国令,举家赴任。

1606 年,万历三十四年丙午,祁承爜四十四岁,冬,入京述职。

1607 年,万历三十五年丁未,祁承爜四十五岁,游岱山,做《岱游记》,赴长州任。

1608 年,万历三十六年戊申,祁承爜四十六岁。长州大旱,祁承爜以蓄米法平粜粮价,赈济灾民。《澹生堂初集》刻成,张涛、冯时可、邹迪光等为之做序。

1609 年,万历三十七年己酉,祁承爜四十七岁,入京述职。

1610 年,万历三十八年庚戌,祁承爜四十八岁,升南京兵部主事。秋归家,为祁彪佳聘商等轩之三女。

1611 年,万历三十九年辛亥,祁承爜四十九岁,赴南京任。任上与同好共同搜罗藏书。长孙祁鸿孙出生。

1612 年,万历四十年壬子,祁承爜五十岁。十月,沿长江南北巡视马政。十一月二十五日顺道返乡。

1613 年,万历四十一年癸丑,祁承爜五十一岁。与张素之等组搜书会。巡视马政结束,购买及交换书籍一千二百余卷。四月二日返乡,整理藏书,撰《澹生堂藏书约》。九月返回南京。

1614 年,万历四十二年甲寅,祁承爜五十二岁。加入文学集社,与社友校录《说郛》,编《国朝征信丛录》。

1615 年,万历四十三年乙卯,祁承爜五十三岁。冬,升江西吉安知府。

1616 年,万历四十四年丙辰,祁承爜五十四岁,积极应对章贡水灾、旱灾。二月初八,祁承爜与诸子游虎跑及石屋。三月一日,取南官试试题试诸子。吉安任内,刻《澹生堂藏书约》。

1617年,万历四十五年丁巳,祁承爍五十五岁。春,祁承爍罢官返乡。

1618年,万历四十六年戊午,祁承爍五十六岁。居乡,辑《两浙名贤著作考》四十六卷及《世苑》。九月十五日,祁彪佳中举。

1619年,万历四十七年己未,祁承爍五十七岁,补沂州缺,做《琅邪过眼录》。

1620年,万历四十八年庚申,祁承爍五十八岁,编《澹生堂藏书目》,撰《庚申整书小记》《庚申整书例略》四则。

1621年,天启元年辛酉,祁承爍五十九岁,任宿州知州。

1622年,天启二年壬戌,祁承爍六十岁。二月,平宿州煤矿工人变乱,遂迁兵部员外郎。

1624年,天启四年甲子,祁承爍六十二岁。秋,紫芝轩建成,祁承爍撰家书《藏书事宜书付二郎、四郎奉行》《起造事宜又详示四郎》二通,详嘱藏书楼事宜。

1625年,天启五年乙丑,祁承爍六十三岁,备兵河南磁州。

1628年,崇祯元年戊辰,祁承爍六十六岁,升江西右参政。十一月初一,祁承爍病逝于里。

1629年,崇祯二年己巳,卜祁承爍藏地于会稽化山。

1630年,崇祯三年庚午,十月,下葬。